प्रत्यंचा

(व्यंग्य संग्रह)

प्रत्यंचा

ज्ञान चतुर्वेदी

भारतीय ज्ञानपीठ

दूसरा संस्करण : 2015
तीसरा संस्करण : 2022

तीसरे संस्करण की प्रकाशित प्रतियाँ : 500

भारतीय ज्ञानपीठ
लोकोदय ग्रन्थमाला : ग्रन्थांक 1060

समनुदेशिती
वाणी प्रकाशन ग्रुप
4695, 21-ए, दरियागंज, नयी दिल्ली-110 002
फोन : 011-23273167, 23275710
ईमेल : sales@vaniprakashan.in

ISBN : 978-81-263-2060-8

प्रत्यंचा
(व्यंग्य संग्रह)
ज्ञान चतुर्वेदी

PRATYANCHA
(Hindi Satire)
by Gyan Chaturvedi

मुद्रक : आर. टेक ऑफ़सेट प्रिंटर्स, दिल्ली-110 032

आवरण : श्रीकान्त आप्टे

Third Edition : 2022
Price : INR. 295

मेरे प्रिय कवि भगवत रावत, राजेश जोशी, नरेश सक्सेना
और
निरंजन श्रोत्रिय को

‘प्रत्यंचा’ के बारे में

नौ वर्षों से ज्यादा का समय बीत गया। आज सोचता हूँ तो हैरान-सा सोचता ही रह जाता हूँ। तब ‘नया ज्ञानोदय’ का पहला अंक आया था और ‘बाराखड़ी’ नाम से मैंने इसमें एक नियमित व्यंग्य कॉलम लिखना शुरू तो किया था परन्तु मुझे तब लगता था कि एकाध साल भी नियमित लिख पाया तो कमाल हो जायेगा। अनियमित आदतों और धन्धे वाला मैं—कहाँ मैं नियमित कॉलम कर सकूँगा? परन्तु ऐसा हुआ। पहले प्रभाकर श्रोत्रियजी, फिर रवीन्द्र कालियाजी—दोनों ने बेहद आत्मीयता, सम्मान तथा प्रमुखतापूर्वक मेरे व्यंग्य कॉलम को ‘नया ज्ञानोदय’ में जगह दी। न कभी विषय के लिये टोका, न मेरी एक पंक्ति तक काटी, न ही कई बार विवादास्पद-से प्रतीत होते विषयों पर भी मेरे भेजे लेखों को रोका। ऐसे उदार और कद्रदान सम्पादक कहाँ मिलते हैं? मुझे मिले। मेरा सौभाग्य। रवीन्द्र कालियाजी ने अलबत्ता जब ज्ञानोदय सँभाला तो मेरे कॉलम को एक नया नाम तथा नया रूप दिया। ‘बाराखड़ी’ को एक नया नाम ‘प्रत्यंचा’ दिया। ‘प्रत्यंचा’ नाम, फोन पर मेरे से बात करने के दस मिनट बाद ही देते हुए बताया कि ममता (कालिया) जी कह रही हैं कि कॉलम का नाम ‘प्रत्यंचा’ रखो क्योंकि तुम्हारे लेखन में व्यंग्य की प्रत्यंचा तनी ही रहती है। इससे बेहतर नाम हो भी नहीं सकता था। यह नाम ममताजी ही दे सकती थीं। मैं न केवल आज तक उस नाम के लिए ममताजी का आभारी हूँ, बल्कि यह नाम मुझे ऐसा भाया कि इस संग्रह का नाम भी ‘प्रत्यंचा’ रखने का मोह संवरण नहीं कर सका हूँ।

बहरहाल, फिलवक्त स्थिति यह है कि ‘नया ज्ञानोदय’ के इन्हीं व्यंग्य लेखों तथा व्यंग्य कथाओं का संग्रह है ‘प्रत्यंचा’ जो आपके हाथ में है। ये व्यंग्य लेख व्यंग्य विधा के प्रचलित ढाँचे तथा स्वरूप से तनिक हटकर हैं। इनके विषय भी साहित्य, फिलासफी, धर्म, समाजशास्त्र, प्रशासन के वे पहलू हैं जिन पर व्यंग्य भी लिखा जा सकता है—ऐसा प्राय: माना नहीं जाता। ‘नया ज्ञानोदय’ के पाठकों में हिन्दी के अनेक बड़े लेखक तथा आलोचक भी हैं। मुझे इस कॉलम द्वारा यह सुअवसर मिला कि हिन्दी

की मुख्यधारा (?) के बड़े हस्ताक्षरों तक हिन्दी व्यंग्य की ताकत तथा सम्भावना की सूचना पहुँचाऊँ। कदाचित पहुँची भी।

एक ही जगह लगभग सारी रचनाएँ देखकर अब एकबारगी तो लगा भी है कि यार, खूब लिखा तूने भी, तो दूसरे ही पल मैं इस संकोच में भी पड़ा कि व्यंग्य के अपने दिग्गज पूर्वजों के काम के सामने अभी तू पहुँचा ही कहाँ तक है, जो ऐसे सन्तोष से भरा महसूस कर रहा है? उसी संकोच, असन्तोष तथा आगे बहुत सारा और बहुत अच्छा लिखने के संकल्प के साथ यह व्यंग्य संग्रह पाठकों को समर्पित है—स्वीकारें।

—ज्ञान चतुर्वेदी

अनुक्रम

पीछे के दरवाज़ों वाली इमारत

आदमी की फितरत होती है कि वह सहूलियत तलाशता है। आदमी मूलतः आरामतलब प्राणी है और उसकी हार्दिक इच्छा रहती है कि लेटे-लेटे ही यदि काम निबट जाए, तो खड़े होने का परिश्रम क्यों किया जाए? टिकिट खिड़की पर कतार में खड़े होने से अच्छा होगा कि देखें कि काउंटर पर अपने प्यारे मियाँ की ड्यूटी है अथवा नहीं? अन्दर से जाकर टिकिट लेने का जुगाड़ बन पाएगा या नहीं? इसी सहूलियत के फेर में आदमी दूर न जाकर पड़ोस की लड़की से प्यार करता है, किताबों में आँखें फोड़ने की जगह पेपर आउट करने के प्रयास करता है, दुबले होने की चाहत में तर माल खाते हुए भी चमत्कारी गोलियों की तलाश में रहता है, पेट छोटा या कम करने के लिए व्यायाम-आहार इत्यादि की बेवकूफियों में न पड़कर ढीला पैंट सिलवाकर बेल्ट में तीन और छेद करवा लेता है या महिलाओं के सामने पड़ जाने पर साँस अन्दर खींचकर पेट दबाकर खड़ा रहता है (चाहे इस चक्कर में मुँह नीला क्यों न हो जाए), स्वयं पैसा कमाने के चक्कर में पसीना बहाने की जगह ससुराल से पैसे झटकने के प्रयास करता है, घर में खाना पकाने के स्थान पर बाज़ार का पिज़्ज़ा चबाता है, गेस-पेपर तथा कुंजियाँ खरीदता है और कॉपियों की जँचाई के दौरान नम्बर बढ़वाने के लिए परीक्षक के साढ़ू भाई को पकड़कर उनके शहर पहुँचता है। वास्तव में आदमी जायज तरीके से कोई काम नहीं करना चाहता क्योंकि उसमें मेहनत लगती है, आदमी बैठे-बैठे या गादी पर पाँव फैलाकर ही सारे काम करना चाहता है। आदमी को ज्ञात है कि वह अन्य जानवरों से भिन्न है और गधे (या घोड़े, या कहिए कि कुत्ते आदि) की भाँति यत्र-तत्र भाग दौड़ करके जीवन-यापन करना उसकी अस्मिता के विरुद्ध है। यदि हमें काम या पढ़ाई का बोझ ही ढोना था, तो हम गधे ही क्यों न पैदा हुए? यदि ईश्वर की इच्छा हमसे काम करवाने की ही होती, तो वह खटिया क्योंकर बनाता? जैसे ईश्वर ने भैंस के लिए तालाब तथा सूअर के लिए नाली बनायी, वैसे ही वह चाहता था कि आदमी आराम करे। इसी चक्कर में ईश्वर ने खटिया, आराम-कुर्सी, एयर कंडीशनर, कार इत्यादि बनाये। सो, आदमी ईश्वर की इच्छा का मान

करता हुआ आरामतलब हो गया है।

आदमी की इसी फितरत के चलते पिछले दरवाज़े का जन्म हुआ है।

एक होता है मुख्य दरवाज़ा। मेन-गेट।

इस पर या तो ताला पड़ा रहता है, या यहाँ दरबान खड़ा होता है, या फिर मुख्य दरवाजे से प्रवेश की आकांक्षा तथा कोशिश में व्यस्त भारी भीड़ जमा रहती है। तात्पर्य यह कि घुसना कठिन। खड़े रहिए। कीजिए प्रतीक्षा। नम्बर आ जाए, तो भाग्य आपका। वरना टापते रहिए उनको जिनको येन-केन-प्रकारेण अन्दर जाने को मिल गया। या फिर कल आइए। आते रहिए। बाद में तो दरबान तक पहिचानने लगेगा आपको, और दूर से ही दुत्कार देगा। इस देश में हर जायज कार्य तथा मुख्य दरवाज़ा बड़ा धैर्य, परिश्रम तथा फालतू समय माँगता है, जो आपके पास है नहीं। सो, समझदार आदमी पीछे के दरवाज़े से अन्दर चला जाता है, काम करवा के फटाफट निकल आता है और फिर घर जाकर उस खटिया पर सो जाता है, जो ईश्वर ने आपके लिए भी बनायी थी, पर आप पिछले दरवाजे का महत्त्व न जानने के अज्ञानवश खटिया से दूर बने मुख्य दरवाजे पर जाकर खड़े रह गये। हर चलता-पुर्जा, जिसे आजकल आदरपूर्वक समझदार कहकर सम्बोधित किया जाता है, नियमों की इमारत के पिछले चोर-दरवाज़ों का पता जानता है या उन्हें खोज लेता है, या फिर बना लेता है। माना कि कानून-क़ायदे, नियम, आचार-संहिताओं आदि की हमारी पुरानी सांवैधानिक इमारत का प्रमुख द्वार बड़ा भव्य, रौबदार, आकर्षक तथा भारी भरकम है और ऐसा भ्रम भी पैदा करता है कि इसमें नियमों का पालन करते हुए मुख्यद्वार से ही घुसा जा सकेगा, परन्तु हर समझदार को पता है कि इसी इमारत में चोर दरवाज़े भी हैं, सुरंगें हैं, चोर-रास्ते हैं, शॉर्ट-कट्स हैं—जो सभी पिछवाड़े से शुरू होते हैं।

अब आप यह भोला तथा मूर्खतापूर्ण प्रश्न कर सकते हैं कि फिर यार, यह मुख्यद्वार का झंझट ही क्यों रख छोड़ा है—सभी को पीछे की तरफ से आने दो। प्रश्न की भाँति आप भी भोले हैं। पर जो भोले नहीं हैं और सत्ता के तन्त्र की इमारत के वास्तुशास्त्र तथा नक्शानवीसी से परिचित हैं, वे जानते हैं कि मुख्यद्वार की भव्यता, दुरूहता, रौब तथा डर पर ही तो यह ध्वस्तप्राय महल टिका है। मुख्यद्वार तो रहेगा ही। बल्कि, ज्यों-ज्यों इमारत दरकेगी, त्यों-त्यों मुख्य दरवाज़ा और भी भव्य होता जाएगा। कुछ लाइलाज, बेसमझ तब भी उससे ही आते-जाते रहेंगे तथा हमेशा इस परम-आस में खड़े मिलेंगे कि कब यह द्वार खुलेगा और कब हम इसमें घुसेंगे। इधर, दूसरी ओर जो समझदार हैं (या कहिये जो बेसमझ नहीं हैं, या कि जो थे परन्तु इलाज कराके ठीक हो गये हैं) वे पीछे की तरफ जाएँगे, वहाँ कोई ईंट खिसकाकर, या झरते

पलस्तर को उखाड़कर चोर-रास्ता बनाएँगे और इमारत में घुसकर अपना कार्य साधकर वापस भी आ जाएँगे। यही हो रहा है। इस तरह इमारत के पिछवाड़े इतने रास्ते बन गये हैं कि अब मुख्यद्वार की वास्तव में कहीं कोई अहमियत रह नहीं गयी है। मुख्यद्वार का अब आलंकारिक महत्त्व भर है। बहुत प्रयोग में आता भी नहीं यह। रख-रखाव भी नहीं होता इसका। नियम-कायदा-कानून आदि का यह मेनगेट चीं-चीं करके शोर खूब करता है, जंगशुदा हो गया है, पूरी तरह खुल भी नहीं पाता और इसके ताले की चाबी तो अब इसके मालिकों के पास भी नहीं है। वे खिड़की से झाँकते हैं और मुख्यद्वार पर खड़ी जनता को इशारों में समझाते रहते हैं कि द्वार के खुलने के चक्कर में रहोगे, तो तुम्हारा जीवन ही बीत जाएगा—तुम तो पिछवाड़े के रास्ते से आ जाओ; रास्ता हम बताते हैं।

सो, इस देश में शनैः शनैः यह हुआ है कि सभी सांवैधानिक संस्थाओं के मुख्यद्वार सँकरे होते गये हैं और पीछे की तरफ के द्वार बड़े, सुविधाजनक, आरामदायक तथा सुगम हो गये हैं। मुख्य दरवाज़े सँकरे भी हुए हैं, और नीचे तथा ओछे भी। कोई सिर उठाकर इन छोटे दरवाज़ों से गुजर नहीं सकता। झुकें, साष्टांग हो जाएँ, रेंगकर आएँ, हें-हें करें, घिसटते हुए पहुँचें—तो कदाचित घुस भी सकें। अन्यथा तो आज अस्पताल से लेकर अदालत तक एक नितान्त जायज काम करवाने के लिए भी जाइए तो आप मन में यूँ काँपते रहेंगे, मानो कि कोई घोर नाजायज काम कराने को पहुँचे हों। आप अतिरिक्त विनम्रता दिखायेंगे, शर्माये-से फिरेंगे, माफ़ी-सी माँगती शक्ल लिये हें-हें करते घूमेंगे और एकदम अधिकार तथा कानूनसम्मत काम के लिए दस जगह बीस आदमियों द्वारा लतियाये जाने का बुरा भी नहीं मानेंगे। आपको ज्ञात ही है कि मुख्यद्वार से प्रवेश करने में यह सब तो हो ही सकता है। बिना रिश्वत या सिफारिश वाले चोरद्वारों को तजकर, कोई सीधे ही मुख्यद्वार से एकदम नियमानुकूल काम कराने किसी दफ्तर में पहुँच भी जाए तो लोग आ-आ कर ऐसे अजूबे को देखते हैं और हँसते हैं। वे पहले संकेतों से, और बाद में बाक़ायदा नक्शा खींचकर समझाते हैं कि यार, इधर पिछवाड़े की तरफ से आओ।

अभी उस दिन मेरे एक दोस्त मुझसे पूछने लगे कि यार पोस्ट ऑफिस में कोई पहिचान का आदमी हो, तो बताओ।

"क्यों?" मैंने पूछा।

वे बोले, "यार, कभी कुछ पैसे जमा कराये थे, सो आज निकालने की सोच

रहा हूँ।'' उनके मुँह पर उड़ती हवाइयों को देखकर आश्चर्यचकित हो मैंने पूछा, ''पैसे तो आपके ही हैं न? फिर क्यों घबरा रहे हो?''

मित्र ने कहा, ''तुम्हें पता नहीं है क्या? वे टरका सकते हैं। वे कह सकते हैं कि तुम्हारे दस्तख़त तो मेल नहीं खा रहे और फोटू में तो बाल घने हैं, जबकि तुम्हारी थोड़ी गंज निकल रही है। या हो सकता है कि कहें कि डीलिंग क्लर्क लम्बी छुट्टी पर है, या गबन करके भाग गया है और उसकी जगह किसी और को अभी रखा नहीं है—सो काम रुके पड़े हैं। या रजिस्टर ही न मिले। या कह दें कि अभी हेडऑफिस से कैश ही नहीं आया है, या आ तो रहा था परन्तु बीच में ही डकैतों ने लूट लिया। या कह दें कि आपका पैसा तो निकाला जा चुका है, या जो गबन में गया, वह तुम्हारा ही पैसा था, या कि जो लुटी है, उसमें तुम्हारी रक़म भी शमिल थी—वे कुछ भी कह सकते हैं।''

''ऐसा कैसे हो सकता है यार...पैसे तुम्हारे...'' मैंने समझाने की कोशिश की।

''तुम्हारा पैसा, हमारा पैसा क्या रट रहे हो यार...'' दोस्त चिड़चिड़ा उठा, ''भैया, पैसा अपना है, तो क्या हुआ? वो फिर भी मना कर सकते हैं। सौ बहाने हैं उनके पास।''

''यार कानून भी कोई चीज़ है कि नहीं?'' मेरी आवाज़ न जाने क्यों दबी-दबी सी निकली।

दोस्त उखड़ गया। बोला, ''तो तू मुझे अदालतों का चक्कर कटवाना चाहता है? पाँच हज़ार की लड़ाई में दस हज़ार लग जाएँगे मेरे। देख, पहिचान वाला कोई हो, तो सीधे बता वर्ना छोड़।''

मैंने सान्त्वना देते हुए कहा कि यार, अब देश में ऐसी धाँधलेबाजी भी नहीं मची है, कानून का राज भी कोई चीज़ होती है।

कानून के राज की बात सुनकर वह हँसने लगा। हँसते-हँसते दोहरा हो गया। बोला कि यार, यदि कोई पहचान न हो तो कोई बात नहीं, परन्तु कानून, नियम-कायदे का रास्ता बताकर दुश्मनी तो कम से कम मत भँजा।

मैं जान गया। उसे मुख्यद्वार पर कोई ऐतबार नहीं रहा था और मैं उसे मूर्खतावश उसी में घुसेड़ रहा था।

क्या वास्तव में देश में अब चोर रास्ते ही मुख्य मार्ग हैं? कि पिछला दरवाज़ा ही आने-जाने मुख्य ज़रिया रह गया है? जायज़ तथा कानूनसम्मत काम कराने की कोशिश क्या आज सबसे बड़ी लानत है? लगता तो यही है। अब तो नाजायज़ काम करवाने पधारे बन्धुओं का स्वागत है। उन्हें सादर पिछवाड़े की दिशा में ले जाया जा रहा है। मुख्यद्वार पर उनकी अगवानी तथा आरती होती है, क्योंकि वे पिछले दरवाज़े से जाने के लिए आये हैं। इधर जायज़ काम को, जायज़ तरीके से करवाने की कोशिश

तथा बालहठ में मुब्तिला लोग, कतारबद्ध होकर, फार्म की एक-एक पंक्ति सभी से पूछ सही-सही भरकर, अपनी बारी की प्रतीक्षा करते हुए खड़े हैं। इन कतारों में हर व्यक्ति का मुँह सूख रहा है, टाँगे काँप रही हैं, मुख पर हवाइयाँ उड़ रही हैं, हृदय धक-धक कर रहा है और कुल मिलाकर ये कतारें दयनीय पात्रों की कतारें होकर रह गयी हैं। ये जायज़ काम कराने के लिए लगी नियमसम्मत कतारें अस्पताल, स्कूल, नगरपालिका, तहसील, कलक्टरेट, सचिवालय, इनकमटैक्स, थाने तथा अदालतों में घबरायी-सी खड़ी हैं। इनमें लगे लोग आसपास वाले को 'तनिक हमारी जगह देखिएगा' कहकर जाते हैं और बार-बार पेशाब करके आते हैं, अन्यथा घबराहट ऐसी विकट है कि कपड़ों में भी छूट सकती है। इस देश ने कानून तथा नियमों पर चलने वाले नागरिक की ऐसी दुर्दशा की है कि उसे कानून पर अपना यह भरोसा तक नाजायज़ लगने लगा है। डरावनी बात यह है कि अब तो ये भी पिछले दरवाज़े तलाशने में विश्वास करने लगे हैं। वे देख रहे हैं कि रोज़ ही इमारत के पिछवाड़े खड़े लोग नियम की कोई ईंट उखाड़ लेते हैं और नये चोररास्तों से वहाँ घुस जाते हैं, जहाँ क़ायदे से हमें होना चाहिए था।

मुझे दो बातें डरा रही हैं।

एक तो यह कि यह इमारत पीछे से इतनी पोली न हो जाए कि ढह ही जाए। और दूसरी यह कि नाजायज़ तथा तिरस्कृत महसूस करते देश के सामान्य नागरिक का इस इमारत पर से ही विश्वास न उठ जाए। वह सारी इमारत को ही नाजायज़ न मानने लगे। उस दिन की सोचकर भी डर लगता है। पता नहीं कि इमारत के मालिकों को लगता है या नहीं?

सर्कस का शेर और सत्ता का स्टूल

सर्कस का शेर है वह।

शेर स्वयं में कितना भी शेर रहा हो और दहाड़ने में कभी कैसा भी उस्ताद रहा हो, पर एक बार जब वह सर्कस में भर्ती होकर स्टूल पर बैठने की प्रैक्टिस में लग जाता है तो उसके शेरपने में वो बात नहीं रह जाती। शेर समझ ही नहीं पाता कि उसके क्रान्तिकारी व्यक्तित्व को सत्ता का सर्कस कैसे स्टूल पर बैठने वाले दोपाये में बदल देता है। सर्कस के शेर की यह विडम्बना हो जाती है कि वह ख़ुद को शेर ही माने चला जाता है जबकि वह कभी का बच्चों के मनोरंजन की वस्तु मात्र बनकर रह गया होता है। तम्बुओं, हंटर, समय पर फेंके गये ढेर सारे गोश्त के टुकड़े, तालियाँ, कुर्सी, स्टूल और आसपास नित्य एकत्रित होने वाली तमाशबीन भीड़ के बीच उसका शेरपन छीजता जाता है। सर्कस के शेर को पता ही नहीं चल पाता कि कब इस स्टूल से उस स्टूल तथा इस पिंजरे से उस पिंजरे में कूदते-कूदते वह अपनी असली छलाँग भूल गया है। वैसे पिंजरे से बाहर उसे जाना ही नहीं पड़ता सो छलाँग, दहाड़ और पैने नाखूनों की आवश्यकता उस तरह से रह भी नहीं जाती है। हाँ, फोटो खिंचाने तथा तमाशा करने लायक दहाड़, नाखून तथा छलाँग तो उसके पास हमेशा ही रहती है—यार, कभी तो वह भी शेर रहा ही है!

तो क़िस्सा ऐसे ही सर्कस के एक शेर का।

हुआ यह कि एक रात शेर का पिंजरा खुला रह गया। रात गहरी थी। सर्कस का आख़िरी शो को ख़त्म हुए दो घंटे से ऊपर हो गये थे। हाड़ तोड़ मेहनत करके सर्कस के कलाकार कब के सो चुके। सर्कस की बत्तियाँ कुछ जलीं, शेष बन्द। तम्बुओं के साये। बल्लियों, कनातों की प्रेत बस्ती-सा सर्कस। खड़े-खड़े सोते घोड़े। किसी हाथी ने मुंडी हिलाई है तो गदर्न से टँगी घंटी की टनटन अँधेरे-उजाले के बीच भटकती रही, देर तक। घास। फूल। लीद। गोबर। टाट। तम्बू। रंगीन बोर्ड।

जानवर।...सबकी मिलीजुली गन्ध में सना अँधेरा। इसी में खुले पिंजरे में बैठा शेर।

''महाराज आपके पिंजरे का दरवाज़ा खुला छूट गया है।...भाग निकलिए!'', पास के पिंजरे में कैद भालू ने फुसफुसा कर शेर को चेताया। जंगल, शहद, पेड़ और जंगल की आत्मा से अभी भी बाहर नहीं निकल सका है सर्कस का भालू। उसका जी करता रहता है कि कभी सर्कस की साइकिल पर ही बैठकर जंगल की तरफ ऐसा भागा जाए कि कोई पकड़ ही न सके।

शेर ने कुछ भी नहीं किया। मानो कि सुना ही न हो। पर खुला दरवाज़ा तो शेर को भी दिख ही रहा होगा? पता नहीं। भालू समझ न सका। सलाखों के ऐन पास थूथन लाकर भालू ने इस बार ऊँची आवाज़ में शेर से कहा, ''मालिक, वे आपका पिंजरा बन्द करना भूल गये हैं।...भाग लें।'' भालू की आवाज़ में उत्साह और रोमांच है। वह रोमांचित है। जिस शेर के क्रान्तिकारी व्यक्तित्व से जंगल में गति रहती थी और जानवरों को प्रेरणा मिलती थी कि जानवर भी जब शेर होता है तो उसका कद आदमी से कम नहीं होता। शेर को सर्कस के स्टूल पर चारों पाँव सिकोड़ कर बैठे देखता है तो भालू का हृदय ज़ार-ज़ार रोता है। हाय, हमारे क्रान्तिकारी राजा का यह हश्र! यह दुख उसने सर्कस के कुत्तों, हाथियों, लंगूर तथा घोड़ों पर प्रकट भी किया था पर वे हँसने लगे थे। बोले कि भोले हो तुम। अरे, रहा होगा तुम्हारा यह शेर कभी क्रान्तिकारी। लगाता रहा होगा छलाँगें दरियाओं पर। दहाड़ता होगा तो मचान खिसक जाते होंगे आततायी शिकारियों के, कभी। क्रान्तिकारी होते ही ऐसे हैं।...पर अब तो शेर को सर्कस की लत लग चुकी है। अब शेर में वह बात नहीं—समझाते रहे वे भालू को। कहते रहे कि कभी ध्यान से देखना स्टूल पर बैठे शेर को; वह दुखी नहीं, परम सुखी होता है स्टूल पर बैठकर। मज़ा आने लगा है उसे इसमें। तेरा शेर तो इसी स्टूल को अपनी पहचान मान बैठा है, मानो कोई क्रान्तिधर्मी कामरेड, समाजवादी या नक्सलवादी अन्ततः किसी कुर्सी, लालबत्ती वाली कार या दफ़्तर की कुर्सी को ही अपनी पहचान और उपलब्धि मान बैठे। तेरा शेर अब वह शेर नहीं रहा, सभी समझाते रहे, बाद में भी। परन्तु भालू नहीं मानता। उसे विश्वास है कि शेर तो मज़बूरीवश सर्कस की सत्ता का हिस्सा है। कभी अवसर बने तो हमारा शेर वापस अपने जंगल के पेड़ों, जानवरों और पंछियों के साथ खड़ा होना चाहेगा। यह बात पक्की है। शेर के क्रान्तिकारी कारनामों के किस्से सुन-सुनकर बड़ा हुआ है भालू।

''निकल भागें सरकार...जंगल आपकी प्रतीक्षा में होगा।'' भालू ने फिर कहा।

अबकी शेर बोला। बोला क्या, बाक़ायदा भाषण टाइप देने लगा, ''निकलना तो मुझे है ही। मैं कभी किसी सर्कस का हिस्सा बन ही नहीं सकता हूँ। सत्ता का स्टूल मुझे बाँध नहीं सकता। भाता ही नहीं यह। वो तो मज़बूरी में बैठ जाता हूँ, सो तुम्हें पता ही है। रिंग में छलाँगें लगाना, रिंगमास्टर के हंटर की सटाक सुनकर पोजीशन

लेना ये बातें मेरी फितरत में नहीं, गो कि कर लेता हूँ। यहाँ हूँ पर मन तो जंगल में ही रहता है। रहता पिंजरे में हूँ परन्तु मन तो गुफा में भटकता है।...सो निकलना तो है ही। निकलूँगा। एक दिन इस सर्कस से निकलना ही है। यह तय है...''

''पर अभी क्यों नहीं निकल लेते सरकार?...दरवाज़ा रोज़-रोज़ खुला थोड़े ही मिलेगा?'' भालू ने कहा।

''देखो, मात्र दरवाज़ा खुला होना ही पर्याप्त नहीं होता। परिस्थितियों का अध्ययन कर रहा हूँ मैं। हम क्रान्तिकारिओं को आगे देखना भी सीखना चाहिए। आगे क्या? दरवाज़े के बाद कहाँ? क्रान्ति तो कर लें, फिर? बाद में क्या? कहाँ खाना, रहना...समझे न?'' शेर ने अपनी क्रान्तिकारी फिलॉसफी समझाई।

''बाद में क्या?...अरे, जंगल में प्रतीक्षा हो रही है आपकी।...आगे जाइये सरकार।...''

''निकलूँगा न। निकलना ही है मुझे।...कुछ शो और निबट जाएँ तो सबकुछ छोड़कर निकलना ही है। आज तो खैर निकल जाना यों भी ग़लत होगा क्योंकि कल के शो में स्वयं प्रधानमन्त्री आ रहे हैं। राजधानी में तम्बू गाड़ दो तो वे आ जाते हैं।...कल का शो बेहद महत्त्वपूर्ण है भालू। तुम भी कल ठीक से साइकिल चलाना। गिरना मत।...कल देखना मुझे। स्टूल पर ऐसे सधकर टिकूँगा कि प्रधानमन्त्री वाह-वाह कर बैठेंगे। शेरों के कैरियर के लिए आवश्यक है कि सही आदमी की निगाह में चढ़ जाए।...कल हमें यही करना है।'' शेर बोला। शेर बोलता ही गया।

शेर बोलता रहा। भालू सुनता रहा। समझ न पाया। नादान। भालू अभी भी, बीच-बीच में खुले दरवाज़े की तरफ इशारा कर रहा था। पर शेर का सारा ध्यान कल के शो पर है। पिंजरे का दरवाज़ा खुला पड़ा है, परन्तु शेर भागने की सोच ही नहीं रहा। शेर जब किसी सर्कस में भर्ती हो जाता है तो यही होता है। वह जानने लगता है कि कल इसी दरवाज़े से खाना आयेगा।

तो पागल कौन है?

''इन्हें हमेशा सन्देह लगा रहता है। हर एक पर। कहते हैं कि ऊपर से वो ज़रूर मीठी बातें कर रहा है, पर इसके अन्दर कुछ और ही है। इसे ज़रूर किसी ने भेजा है। पता करके अब यहाँ की बात वहाँ करेगा।...और ऐसा ये उसके मुँह पर ही कह देते हैं। धक्का-मुक्की तक कर देते हैं। हमेशा भयभीत। अन्देशा-सा लगा रहता है। उस दिन बहू ने पाँव छू लिए तो लात मारने की कोशिश की। कहने लगे कि टाँगे खींचने की फ़िराक में है और सोचती है कि मानो हमें कुछ ख़बर ही नहीं।...जीना दूभर हो गया है। सब परेशान हैं।...कुछ कीजिये डॉक्टर साहब...।''

होगा पैंसठ साल के आसपास का आदमी। घर वाले मेरे पास लेकर आये हैं। बूढ़ा सुनता रहा उनकी सारी बातें। चुपचाप। बीच-बीच में मुस्काता।

घर वाले बता रहे हैं कि पिछले काफ़ी समय से बूढ़ा बेहद शंकालु हो गया है। डरा-डरा रहता है। ऐसा कब से?...हो तो तक़रीबन सात-आठ साल से रहा था। मानिये कि उस साल से डॉक सा'ब कि जब अचानक ही बैंकों ने जमा रुपये पर ब्याज दरें गिराकर आधी कर दी थीं और यह ख़बर थी कि अभी और गिरेंगी। बस, उसी के आसपास मान लें। बूढ़े के कुछ फिक्स्ड डिपोजिट बैंक में थे। कहता रहता था कि रिटायरमेंट के बाद ब्याज की आमदनी से आराम से जी लेंगे। आमदनी अचानक आधी रह गयी। सन्न रह गया वह। यह कैसे? 'कोई ऐसा कैसे कर सकता है—बस, यही कहते रहते थे।' घबराया रहता था बूढ़ा। रात में पत्नी को जगाकर पूछता कि कहीं ये अपना सारा पैसा तो ज़ब्त नहीं कर लेंगे? शाम को बूढ़ों का एक ग्रुप था, जिनके साथ टहलने के बाद पुलिया पर गपियाता था वह। वहाँ भी वह बार-बार सबसे यही शंका प्रकट करने लगा कि सरकार का कोई भरोसा नहीं भैया। पैसे ज़ब्त हो सकते हैं। मकान पर कब्ज़ा करके रजिस्ट्री छीन लें, गहने उतरवा लें या अन्दर ही बन्द न कर दें। पावर है उनके हाथों में। क्या कर लोगे? कुछ भी कर सकते हैं ये। सभी ने शुरू में तो समझाया। बाद में कटने लगे उससे। अब अकेला ही घूमता वह। अकेले ही बड़बड़ाता। ख़ुद को सुनाता। घबराता। लोगों से मिलने से बचता। न जाने

कौन उनका भेजा हुआ आदमी हो? अन्दर तक ऐसा हिल गया था कि सभी पर सन्देह करता।

रिटायर हुए सात-आठ साल हुए। दो बेटे। आर्थिक स्थिति भी ठीकठाक ही। मध्यमवर्ग का आदमी। पेंशन वाला। रिटायरमेंट पर ठीकठाक पैसा मिला था। लड़के अच्छा कमाते हैं। नाती-पोते हैं। स्वस्थ शरीर। बच्चे ध्यान भी ख़ूब रखते हैं। बहुएँ भी। और क्या चाहिए? ''न जाने क्या चीज़ है कि जो खाये जाती है इनको। कहीं खटका भी हो तो काँपने लग जाते हैं। कोई शख़्स घर के सामने जूते के तस्मे भी कसने के लिए रुक जाएँ, तो छुपने लगते हैं कि इसे उन्होंने मेरी टोह लेने भेजा है। कार आ रही हो तो सड़क से हटकर नाली में खड़े हो जाते हैं कि कहीं किसी ने मारने को न भेजी हो। पासबुक को रोज नयी जगह छुपाते हैं। रात में उठकर खिड़कियों से झाँकते हैं। दिन में परदे खींचकर रखवाते हैं। खाना खाते हुए पूछते हैं कि कहीं किसी ने इसमें कुछ मिला तो नहीं दिया क्योंकि स्वाद कुछ गड़बड़ लग रहा है। बेचैन रहते हैं। रात में उठ-उठकर पूरा घर चेक करते हैं। किसी दोस्त को घर नहीं बुलाते कि वह सारी बातें गवर्नमेन्ट तक पहुँचा देगा। रात-दिन मुसीबत मचाये रहते हैं।...''

ढेर-सी बातें बता दी हैं घर वालों ने।

बूढ़ा चुपचाप सुनता रहा। मानो कि वे किसी और का क़िस्सा बयान कर रहे हों। फोबिया का मानसिक रोगी प्रतीत होता है—मैंने सोचा। अभी कुछ ट्रेंक्यूलाइज़र देकर किसी अच्छे साइकेट्रिस्ट के पास भेज दूँगा।

''ऐसा क्यों लगता है आपको?'' मैंने पूछा है बूढ़े से।

''क्योंकि ऐसा ही है...'' उसने ठंडे स्वर में उत्तर दिया।

मैंने तसल्ली-सी देते हुए कहा कि ऐसा तो नहीं है। हर एक पर सन्देह करेंगे तो यह दुनिया कैसे चलेगी? सरकार आपके पीछे क्यों पड़ेगी? जासूस क्यों भेजेगी? मित्र आपके विरुद्ध क्यों षडयन्त्र करेंगे? देखिये, दुनिया पर तनिक भरोसा तो करें। सब ठीक है। डर की कोई बात ही नहीं। आप ये गोलियाँ खाएँ। एकदम ठीक हो जाएँगे।...इसी तरह की बातें।

बूढ़ा बेधती निगाहों से देखता रहा मुझे। लगातार ऐसे रहस्यात्मक तरीके से मुस्कराता रहा कि बोलते-बोलते मैं लड़खड़ा गया। उसकी नज़र मानो कह रही थी कि हमें पता है कि ऐसा तुम क्यों कह रहे हो और तुम किससे मिले हुए हो?

अचानक ही बूढ़ा बोलने लगा, ''डॉक्टर, तुम्हें भी लगता होगा कि मैं पागल हो गया हूँ। है न? तभी तो इतना शक करता हूँ। क्यों? ठीक कहा न? पर यह तो यह बताओ कि तुम भी शक क्यों नहीं करते? तुम आराम से कैसे बैठ सकते हो? अभी सीलिंग के बहाने इतनी दुकानें बन्द करके हज़ारों की रोजी छीन ली उन्होंने, तो हमने- तुमने क्या कर लिया? सरकार ने आदमी भेजे और दुकानें बन्द करा दीं।

बस।...अभी उस दिन पूरे गाँव की ज़मीन पर कब्ज़ा दिला दिया सेज़ वालों को। चार-चार पैसे पकड़ा कर किसानों को मय बाल-बच्चों के बेदख़ल कर दिया, तो क्या कर लिया किसी ने? हल्ला किया तो गोली से उड़ा दिया न उनने? फिर? फिर भी तुम्हें घबराहट नहीं लगती? बाँध की ऊँचाई बढ़ा दी और डुबो दिये पचासों गाँव। डूबते मकानों से तो भागना ही पड़ेगा न। ब्याज घटा दिया। दबाब डाल रहे हैं कि गाढ़ी कमाई को शेयर मार्केट में डुबो दो। प्याज इत्ता महँगा। हर चीज़ पर टैक्स। बिजली की वसूली प्रायवेट हाथों में। गुंडे भेजेंगे वे, बकाया वसूली के लिए।...तुम्हें डर नहीं लगता डॉक्टर कि कहीं तुम रात को तो बढ़िया सो जाओ और डूब में आकर सुबह तुम्हारा घर गहरे पानी की तलहटी में गुम मिले? कभी सरकार तुम्हारा सबकुछ ज़ब्त कर ले कि उसे विकास कार्यों के लिए सबका पैसा चाहिए, तो? कभी वे संसद में बिल पास कर दें कि तुम्हारी साँसों का ठेका किसी बहुराष्ट्रीय कम्पनी को दिया जाता है, तो?...इतने डर तुम्हारे सिर पर मँडरा रहे हैं और फिर भी तुम लोगों को डर नहीं लगता डॉक्टर?...''

बूढ़ा बोलता ही गया।

उसे रोकने की हिम्मत नहीं हुई मेरी।

मेरी हिम्मत यह भी नहीं हो रही कि घर वालों से कहूँ कि इसे मानसिक रोग विशेषज्ञ को दिखा दें। मुझे तो लग रहा है कि वह सही है और हम, जो आराम से बैठे हैं, हमारी सोच में ही कहीं ख़लल है। क्या कहते हैं आप?

हर सिंहासन पर नंगा राजा

कहना कठिन है कि वह पहले से ही नंगा था, या राजा होने के बाद नंगा हुआ। कहना तो यह भी कठिन है कि वह नंगा होने के कारण राजा बन सका, या राजा बनने पर उसमें नंगापन आया। अब जो हुआ हो, पर फिलहाल हम नंगे राजा की बात कर रहे हैं।

राजा नंगा है, यह बात प्रजा जानती थी, पर डर के मारे कहती नहीं थी। राजा के राजा होने का अपना डर। फिर नंगे का डर। नंगे से खुदा डरता है, तब सामान्य जीव की तो बात ही क्या! पर इस नंगे राजा से ज़्यादा डर इस कारण लगता है क्योंकि नंगा होने पर उसे गर्व जैसा कुछ है। वह नंगा कहलवाने से डरता नहीं। वह ऐलानिया नंगा है। वह हँसता-ठिठोली करता हुआ प्रायः कहता है कि प्रजा तो भयवश नहीं कहती, पर हमें ख़ूब पता है कि प्रजा को पता है। और राजकाज के सुचारू सम्पादन के लिए यह आवश्यक भी है कि प्रजा को पता रहे। राजा मानता है कि नंगापन ज़रूरी है। नंगा होने के लिए बड़ी पारदर्शिता और साहस चाहिए। वो राजा में है। चारणों की प्रशस्तियाँ बताती ही हैं। राजा छुपाने में विश्वास नहीं करता। कहता है कि हमारा सिस्टम एकदम खुला है। नंगेपन की यह विशेषता तो आप भी मानेंगे कि यह सिस्टम हमेशा खुला रहता है।

नंगा राजा नंगे दरबारियों से घिरा रहता है। दरबारियों का जीवन तो कृपानिधान की इच्छा और सनक पर टिका रहता है। वे भी नंगे रहते हैं। शुरुआत में सभी नंगे नहीं थे। राजा ने कपड़े पहिनने वाले दो-चार दरबारियों को सूली पर टँगवा दिया तो बाकी के लोग तुरन्त समझ गये। सूली इस मामले में शिक्षा देने का एक बेहद प्रभावकारी माध्यम है। एक-दो को सूली चढ़ा दो तो बात सभी को समझ आ जाती है। सो कुछ तो दरबार छोड़ गये, कुछ देश। शेष नंगे रह गये। एक-दो शर्मदार, और अपने को होशियार मानने वाले दरबार के बाहर तक तो कपड़े पहिनकर आते, फिर बाहर कपड़े टाँगकर दरबार में नंगे घुसते और शरमाये-से रहते। दरबार पर अलफनंगों का कब्ज़ा है। राजा नंगा हो, तो हो ही जाता है। अलफनंगों ने राजा को बताया कि

ये कुछ लोग प्रजा के बीच तो कपड़े पहिने रहते हैं और आपके सामने नंगा होने का ढोंग करते हैं। राजा ने ऐसे भ्रमित नंगों को भी पकड़कर सूली पर लटकवा दिया। नंगे राजा के शासन में सूली हमेशा व्यस्त रहती है। नंगा राज क़ायम रखना आसान काम तो होता नहीं। अब आपको क्या समझाना। इतने नंगे तो आप भी हैं कि ये खेल समझ सकें।

"मैं कैसा लगता हूँ?" नंगा राजा प्रायः पूछा करता। जानना चाहता वह कि नंगा होने से उसकी सुन्दरता कितनी बढ़ी है? साथ ही यह सन्देह भी रहता ही कि कहीं कुछ मूरख उसके नंगेपन पर हँसते तो नहीं? वह दरबारियों से दरयाफ़्त करता कि सबकुछ ठीक-ठाक चल रहा है न? मैं सुन्दर दिखता हूँ न? वह पूछा करता कि नंगाराज में सब ढँका छुपा है न?...दरबारी भी तो नंगे ही हैं। वे उत्तर में और क्या कहते, सिवाय इसके कि हुजूर, आप बेहद खूबसूरत नज़र आते हैं और हम कितनी भी कोशिश कर डालें, परन्तु आप जैसा उद्दात्त नंगापन हम अपने नंगे व्यक्तित्व में ला ही नहीं पाते क्योंकि मात्र कपड़े उतारने से ही कोई शख़्स उतना नंगा नहीं हो सकता कि जितने आप हैं। आप धन्य हैं—ऐसा कहकर वे यही आत्मस्वीकृति करते कि मालिक, यों नंगे तो हम भी हैं ही, पर हमारे नंगेपन में अभी वो नंगापन कहाँ जो आपमें है। राजा हँसता। कहता कि उल्लू के पट्ठों, तभी तो हम राजा हैं और तुम दरबारी। दरबारी हें-हें करते। नंगे राजाओं के दरबार में बस यही स्वर स्थायी होता है।

दरबारी हें-हें करके यही कहते कि आपसे नंगा कोई नहीं और आप-सा सुन्दर भी कोई नहीं। सिंहासन पर बैठे आदमी की अपनी ही सुन्दरता होती है। सिंहासन नंगेपन को ख़ूबसूरती का स्पर्श दे देता है। जब तक नंगा सिंहासन पर रहता है, तब तक उसका नंगापन दरबार, चारणों, कवित्तों, चाटुकारों, मीडिया और विदूषकों के लिए चर्चा तथा प्रशंसा का विषय रहता है और जीवन-मरण का भी। वे राजा के नंगेपन में औचित्य की स्थापना करते हैं।

पर कल को यह नंगा अगर राजा न रहे, तो?

ऐसे नंगों को देखा ही होगा कि जिनका सिंहासन छूट गया हो। ऐसे नंगे राजा को कभी देखो, जो राजा न बचा हो।

वे जो देश को अपनी जागीर मानते रहे और प्रजा जनों को गुलाम, वे जो नियम-क़ायदों को अपनी चेरी मानते रहे और कानून को अपना कारिन्दा, वे जो बेईमानी को राजकाज का ही एक तौर मानते रहे और अपनी सनक को प्रतिभा, और वे जो नंगेपन को गुणवत्ता का फीता मानकर, उसी से नापकर इनाम, इक़राम, ओहदे तथा कृपाएँ

बाँटते रहे—ऐसे नंगों के हाथ से जब अचानक शासन निकल जाए और पैंदे के नीचे से सिंहासन, तब नंगे राजा को क़रीब से देखिएगा। इतना दयनीय चेहरा, जो इतना वीभत्स भी हो, फिर कहीं भी देखने को नहीं मिलेगा।

वैसे सिंहासन खाली नहीं रहता। इतने नंगे, राजा बनने की फिराक़ में घूमते रहते हैं कि नंगे राजा की कहानी कभी ख़त्म ही नहीं होती। हर सिंहासन पर प्राय: नंगा राजा मिल जाता है, फिर वह सिंहासन बड़ा हो या अदना-सा। नंगे राजा की कहानी चलती ही रहती है।

दरवाज़े पर बाज़ार

अच्छा, बताएँ कि इस देश के सामने आज सबसे बड़ा प्रश्न क्या है?

आप कहने लगेंगे ग़रीबी, बेरोज़गारी, बेईमानी, भ्रष्टाचार—वही पिटे-पिटाये दकियानूसी मुद्दे और उनका रोना। ये सब मुद्दे अब प्रश्न नहीं रहे। ये तो हमारी पहिचान हो चुके हैं। फिर प्रश्न क्या है? समस्या क्या है देश के समक्ष? है। वो ये कि कौन-सी कार ख़रीदें? बड़ी, मँझोली या छोटी? कौन-सा मॉडल? कौन-सा रंग? डीज़ल या पेट्रोल? पचास प्रश्न। कारें इतनी बन रही हैं कि यदि हमें ऑटोमोबाइल उद्योग की अर्थव्यवस्था को ठीक रखना है (जो हर नागरिक का कर्त्तव्य भी है) तो एक साथ दो-दो कारें चलाना तक सीखना पड़ सकता है। कारें न बिकें तो बनाने वाले बेकार हो जाएँगे। बेरोज़गारी का रोना आप अभी रो ही रहे थे। इसे और नहीं बढ़ाना है। नागरिक को कार ख़रीदने पर ध्यान देना होगा। वह दे भी रहा है। परेशानी पैसे की नहीं। बैंकों में इत्ते धरे हैं। भारतीय नागरिक का मानना है कि बैंक में पैसे उसके बाप ने ही कमा के रखे हैं। लोन उठा लेगा। चुकाता रहेगा। या न भी चुकाया। कार लेकर किसी तरफ निकल जाएगा। खोजते रहो स्सालो। मिलेंगे, तब न! पकड़ाई में आएँगे, तब न! अब यह तो कर्ज़ देने से पहले सोचना था न, कि कार के लिए दे रहे हो तो आदमी कार खड़ी थोड़े ही रखेगा! कर्ज़ लेकर कार में भागा भी जा सकता है कि नहीं? पिकअप इत्ता बढ़िया कि एक सेकेंड में सत्तर की स्पीड। फिर भी न भागे तो लानत है! और पकड़ भी लो तो ज़ब्त कर लेना यार। ले लेना वापस। हम दूसरी ले लेंगे। इस मॉडल से हम यों भी ऊब चुके थे। आज के अर्थशास्त्र का यही तो मज़ा है कि तुम्हारा पैसा डुबोकर हम किसी और से कर्ज़ा ले लेंगे। देगा। कोई न कोई तो देगा ही। पचासों बैठे हैं। कई तो रिरिया रहे हैं कि हमसे ले लो। पैसा उनके बाप का भी नहीं। ले लो। फिर डूबे या जो हो। पता नहीं कि किसका पैसा है! आप तो ले लो और ख़रीद लो। बस यह देख लो कि कौन-सी? कहाँ से?

अब कार तो मान लो कि पहले से है। बल्कि दो-तीन बार बदल चुके। तो ऐसे लोगों के समक्ष अन्य प्रश्न हैं। कई महत्त्वपूर्ण तथा जीवन-मरण वाले प्रश्न। ए.सी.

कौन-सा? बाथरूम में भी एक फिट करा लें तो? बैंक वाला तो पीछे लगा है। वह एक ऐसा पर्सनल लोन देने को तड़प रहा है कि न तो कोई गारंटी की माँग, न यह प्रश्न कि इन रुपयों से आप क्या करोगे? आप जानो। पर्सनल समस्या आपकी कि कहाँ ख़र्चे? हमने तो आपके हाथों में गड्डी पकड़ा दी। ए.सी. फ्रिज, होम थियेटर। देश के नागरिक के समक्ष समस्या यह है कि वह क्या-क्या ख़रीदे?

इस देश में अब कोई नागरिक नहीं रहता। जितने नागरिक होते थे, वे अब ग्राहक में तब्दील हो चुके। अब वे उपभोक्ता हैं। उन्हें देश का इस्तेमाल करना है। वे बाज़ार के लिए पैदा हुए हैं। उनकी साँसें बाज़ार को समर्पित। उनकी निष्ठा बाज़ार के लिए। बाज़ार के लिए जीना उनका, और मरेंगे भी तो बाज़ार के लिए। बलि बलि जाएँ बाज़ार पर। वे लोन उठाकर मरेंगे। वे कर्ज़ से बेलबूटेदार क़फन ख़रीदने के हामी हैं। बैंक से लोन माँग रहे हैं ताकि उन्हें चन्दन की चिता पर फूँका जा सके। वे होम लोन उठाकर मार्बल की समाधि तैयार कराने की जुगत में हैं। वे सबकुछ बेचने को तत्पर हैं और सबकुछ ख़रीद लेना चाहते हैं। वे दुकान में ही रहना चाहते हैं। वे मकान को दुकान में तब्दील करने को नगरपालिका से अनुमति लेने के लिए सिफारिशें लगवा रहे हैं। अब इस देश के सामने सबसे बड़ा प्रश्न यह रह गया है कि वह कितना तो देश रहे और कितना बाज़ार। आप इसे देशभक्ति की झोंक में देश मान रहे हैं और वे इसे बड़े बाज़ार में बदल रहे हैं। उनकी कोशिश है कि बाज़ार को ही अब देश भी माना जाए। जो बाज़ार के हित में, वही देश हित में। बड़ा प्रश्न अब यह है कि कैसे हम हर नागरिक को ऐसे आदर्श नागरिक में बदलें कि जो बाज़ार को ही जीवन का परम सत्य माने।

देश की असली जिज्ञासा अब यह है कि बाज़ार के शटर कब उठेंगे? सेल कब लगेगी? अभी कहाँ लगी है? कहाँ, कितने डिस्काउंट पर क्या मिल रहा है? एक्सचेंज ऑफर है कि नहीं? चीन (चाइना) का बढ़िया कि कोरिया का? कर्ज़ कितनी किस्तों में पटाना और कर्ज़ पटाने के लिए कर्ज़ कौन दे सकता है? सॉफ्ट लोन कहाँ मिल रहा है? दो नम्बर का पैसा कहाँ निवेश किया जा सकता है? ऊपरी कमाई कितनी है? बिना रसीद के ख़रीदें तो चीज़ कित्ते में मिल जाएगी? 'दो ख़रीदें तो एक फ्री' वाली स्कीम बन्द तो नहीं हो गयी? प्रलोभनों का पूरा बाज़ार सजा है। ये लो, तो साथ में वो एकदम फ्री। नागरिक को मीठा भ्रम है कि उसने बाज़ार का फ़ायदा उठा लिया। उधर बाज़ार उसे ठगकर हँस रहा है। कौन किसको ठग रहा है? कौन किस पर हँस रहा है? कौन किसको बना रहा है?

सस्ती मिल रही थी तो एक की जगह तीन उठा लाए। दो फालतू ही, पर फ़ायदे में रहे। पचास प्रतिशत का डिस्काउंट था, बस इसी चक्कर में ख़रीद डाला। वैसे ज़रूरत क़तई नहीं थी। पर ऐसा डिस्काउंट भी तो छोड़ते नहीं बनता! दिल में हौल-

सा उठता है। जूते ही जूते। भरे पड़े हैं घर में। पर मैंने ख़रीद लिए। कपड़े ही कपड़े। पर और ख़रीद डाले। पेट ऐसा अफरा और तना था कि डॉक्टर से दवाई पूछने निकले थे, पर साहब रास्ते में फूड कार्निवाल में सौ रुपये में इतने तरह के कबाब का ऑफर था, और वो भी यह कि जित्ता खाते बने, खाओ, सो ठूँस कर खा लिया अपन ने तो। आजकल बाज़ार में गैस और डकार की इत्ती बढ़िया दवाइयाँ भी तो आ गयी हैं। हम ही गैस न बनाएँगे तो फिर दवाइयों का क्या होगा?

सो भैया, इतना पढ़कर आपको हमारे शुरुआती प्रश्न का उत्तर मिला कि नहीं?

हम बताते हैं। देश के सामने आजकल एकदम निराला प्रश्न खड़ा है। बाज़ार खड़ा है एक बड़ा प्रश्न बनकर। देश का नागरिक परेशानहाल है, बाल नोंच रहा है, ठीक से सो नहीं पाता, चिड़चिड़ाता घूमता है और भागता फिर रहा है। वह तय नहीं कर पा रहा कि इस बाज़ार का वह क्या करे कि जो दरवाज़े तक आ गया है और घर में घुसा आ रहा है। आदमी अपने घर से ही बेदख़ल हो रहा है। वह अशान्त है। वह इसी बाज़ार में शान्ति ख़रीदने निकला हुआ है। उसे पता नहीं कि शान्ति ख़रीदी नहीं जा सकती। उसे कैसे समझाएँ! बाहर निकले, तो समझाएँ। अभी जो वह दुकान में गया है तो निकल ही नहीं रहा।

लकीर के फक़ीर

एक थे लकीर के फकीर।

बड़ा नाम उनका। हर तरफ उनकी फक़ीरी के चर्चे। वैसे तो ज़माने में हज़ारों फक़ीर। फिर उनके लाखों चेले। हर चार क़दम पर किसी न किसी फकीर की मजार। हर मजार पर फक़ीरों का डेरा। हर मजार पर मेले। देश ऐसा कि यहाँ हर मजार के फक़ीर की जय-जयकार। यहाँ हर मजार चमत्कारी। हर ठिया पवित्र। हर भभूत गजब की। हर फक़ीर किसी वाद से जुड़ा। और हर वाद के अपने फक़ीर। हर फक़ीर के अपने चेले-चपाटी। लोबान का बाज़ार गर्म। फक़ीरों के जलवे। राजनीति का क्षेत्र हो, धर्म की राजनीति हो, साहित्य का डेरा हो, फिलॉसफी झाड़ना हो या आलोचना का चिमटा गाड़ना-बजाना हो—चेले फक़ीरों का मुँह ताका करते। कि देखें, क्या बयान देते हैं? वे फतवे ज़ारी करते। चेलों को दिशा देते।...तो ऐसा, फक़ीरों से भरा-पूरा, गचागच परिदृश्य था देश का।

यों होंगे और भी फक़ीर जमाने में। पर अपने लकीर के फक़ीर की तो बात ही निराली! दरअसल उनके पास एक लकीर थी। अपना एक वाद था। यों तो लकीर घिस-घिसा गयी थी। संवाद के अभाव में वाद भी बचा नहीं था। फिर भी फक़ीर ने लकीर पकड़ रखी थी। छोड़ते ही नहीं थे। कहते कि लकीर के बिना फक़ीरी का मतलब ही नहीं। हम क्या? हमारी हस्ती क्या? यह तो लकीर है, जो दिशा देती है। बस, फक़ीर उसी तरफ चल पड़ता है। चेलों को टेरता है पीछे आने के लिए।...लकीर के फक़ीर थे वे।...छाती से लकीर को चिपटाये घूमते। सारी फक़ीरी एक लकीर पर टिकी। कुछ भी बात करो, लौट-लौट कर लकीर पर आते। लकीर छीज रही थी। वाद भटक गया है। कोई सुनता नहीं। पर फक़ीरी चल रही है। और इसी पर चल रही है। उनकी फक़ीरी इसी पर टिकी है। लकीर ढोते जीवन बिता दिया। लकीर को माँग में सजाए सुहागन बने घूमते रहे। अभी भी घूमते हैं। शहर-शहर। गोष्ठी-गोष्ठी। इधर-उधर। बाई के बेर अढाई के सेर से। सबकी लकीरें मिटाते। अपनी खेंचते, बिछाते। यही पहिचान उनकी। लकीर के बग़ैर भी कोई फक़ीर हो सकता है, यह

बात वे सोच भी नहीं पाते। ऐसों को वे फ़क़ीर मानते ही नहीं। बिना लकीर वाले सिद्ध–फ़क़ीरों को वे घास नहीं डालते। पहले लकीर की पूछते हैं। न हो, तो मुँह बिचका देते हैं। लकीर को ही फ़क़ीर की पहिचान मान बैठे हैं वे। जो किसी लकीर के पीछे नहीं, उन फ़क़ीरों को वे उल्लू का पट्ठा मानते हैं।

ऐसे फ़क़ीर की एक दिन हमने लकीर छुपा दी।

जिस लकीर को वे छाती से चिपटा कर सोते थे, वो हमने कैसे छुपाई, यह मत पूछिये। बस, छुपा दी। फ़क़ीर साहब का मजमा था हमारे शहर में। मजमे में लकीर घुमाने के करतब के बाद फ़क़ीर ने चिलम ज़्यादा खींच ली थी और पीने बैठे, तो इतनी पी कि फिर किसी लकीर का होश नहीं रहा उन्हें। वहीं दरी पर छोड़ आये लकीर को। हमने उठाकर छुपा दी कि देखें कि अब क्या मज़ा रहता है?

सुबह उठे, तो फ़क़ीर साहब घबराये। कहाँ है हमारी लकीर? सबसे पूछा। सबने खोजा। खाली बोतल–गिलास, बची हुई मूँगफलियाँ, अधखाये चिकन टिक्के...बस...। यहीं तो पड़ी थी...? मिली ही नहीं। सबने कहा कि आपके हाथ में ही थी, पर दारू पीते टाइम आपने दरी पर धर दी थी। वे चिड़चिड़ाये। बोले कि उस समय तो हम विचारधारा से लेकर लकीर तक, सब नीचे धर ही देते हैं भाई। देखा ही है तुम लोगों ने। हमेशा ही। पर होश आते ही अपनी लकीर पकड़ भी लेते हैं। कहाँ गयी? खोजो।

हमने मज़ा लेते हुए समझाया कि छोड़िये यह लकीर–वकीर का चक्कर...आप खुद इतने बड़े फ़क़ीर हैं। आपको किसी लकीर के सहारे की क्या आवश्यकता? फ़क़ीर का फ़क़ीर होना ही पर्याप्त है। लकीर हो, न हो।...फिर असली फ़क़ीर तो वह कि जो पीछे अपनी स्वयं की लकीर छोड़ जाए।...अच्छा हुआ कि गुम गयी। इस लकीर में वैसे भी लकीर जैसा कुछ बचा भी नहीं था। जो था, वो आपने और आपके चेले–चपाटियों ने पहले ही मिटा डाला है। अब तो लकीर का भ्रम मात्र शेष है।...छोड़िये।...अच्छा है कि नहीं बची। इस बहाने से कम से कम आप कुछ नया तो सोचोगे।...

पर वे तो रोने लग गये। कहने लगे कि हमारी लकीर लाओ। कहीं से भी।

कहने लगे कि लकीर तो पकड़ना ही पड़ती है बच्चा। लकीर के बिना फ़क़ीरी नहीं चलती बेटा। ये गोष्ठियाँ, सम्मान, विमर्श, सम्मेलन, कव्वालियाँ, उर्स, मेले, इस्तकबाल...ये सब जलवे अकेले फ़क़ीरी के बूते नहीं होते। लकीर चाहिए होती है। और लकीर को ढोने के बहाने अन्ततः हमें ढोने वाले चेले–चपाटी चाहिए होते हैं। फ़क़ीर सीधे तो नहीं चढ़ सकता न किसी की पीठ पर? लकीर पर बैठकर ही ये

काम होते हैं बच्चा। समझदार फक़ीर किसी एक लकीर को पकड़ लेता है। इस देश में पचासों लकीरें हैं और उनके बूते हज़ारों की फक़ीरी चलती है।...लकीर के बिना फक़ीरी साधना बड़ी कठिन है बच्चा! वैसी फक़ीरी में बड़ा अकेलापन होता है। अकेले चलना होता है। यों तो ऐसी फक़ीरी भी होती है। पर एक बार लकीर पर चलने की आदत हो जाए, तो फिर फक़ीरी में बड़े मज़े हैं। हम जैसे फक़ीरों की सारी पूँजी, सारी इज़्ज़त और सारा खेल लकीर पर टिका है। लकीर की मजार पर धूनी जमाए हमारी उम्र निकल गयी और तुम कहते हो कि अब लकीर के बिना जीकर दिखाओ?...वे सिसकने लगे।

हमें तो पहले से ही इस फक़ीर पर बड़ी दया आती थी कि जिसने फक़ीरी को समझे बिना ही, फक़ीरी में पूरा जीवन यह सोचकर बिता दिया था कि फक़ीर को तो लकीर की आड़ ही काफ़ी होती है। फ़कीरी के लिए अब तो इसे लकीर तो लगेगी ही। कन्धे पर लकीर लेकर न निकला, तो कोई भी टके गज न पूछेगा इसे। यह अपनी लकीर खींच नहीं सकता। जीवन भर दूसरी लकीरों को मिटाता रहा है। लकीर न रही तो बुढ़ापा व्यर्थ चल जाएगा। कौन इसका साठवाँ-सत्तरवाँ-अस्सीवाँ जन्मदिन मनाएगा?...बिना लकीर के तो यह मर ही जाएगा यार।

हमने यही सब सोचकर उनकी लकीर लाकर उन्हें वापस दे दी कि चलो बहुत हुआ।

लकीर पाकर वे गद्गद। बोले कि तू भोत शरारती है रे! भोत बदमाश!...एक क़िस्म का खिलन्दड़पन है तुझमें, सो तुझे माफ़ किया। कोई और शख्स हमारी लकीर को लेकर ठिठोली करके तो बताए, हम मार चिमटों के सरऊ की अक्कल ठिकाने लगा देंगे, सच्ची!

फक़ीर चला गया। फक़ीर अपनी लकीर पकड़े जा रहा है।

लकीर के फक़ीर से और क्या उम्मीद की जा सकती है?....बेचारा!

नापसन्द होतीं लड़कियाँ

लड़की देखकर गये हैं आज ही, लड़के वाले।

लड़की का रंग थोड़ा दबा-सा है। साधारण-सी लड़की है जैसी कि हमारे मध्यमवर्गीय घरों की हुआ करती हैं। आगे, बहुत पढ़ी-लिखी भी नहीं। पूरा पढ़ने पाती कि अचानक घर वालों ने तय कर लिया कि बहुत पढ़-लिख लिया बिन्नू। बन्द करो यह सब। दरअसल कॉलेज के किसी गलियारे में, किसी लड़के से हँसते-बतियाते देख लिया उस आवारा भाई ने कि जिससे मोहल्ले की सारी लड़कियाँ परेशान। सो घरवालों ने तय कर डाला कि इसी साल। लड़की की जात, भाई साब। एक बार बदनाम हो गयी, तो बस। सो निबटाना है इसी साल। बिरादरी में जहाँ भी रिश्ता जम जाए। वैसे, बिरादरी वालों की माँगें कठिन। पर क्या करें? सो दौड़े ख़ूब। यहाँ-वहाँ। इस उससे। देखकर गये कई लड़के वाले। अभी भी। पहले भी। जमा नहीं कहीं। पर इस बार आशा है। बिन्नू भी कैसी सुन्दर लग रही थी न...। और लड़के वालों का सत्कार भी अपनी हैसियत से बढ़कर ही किया। लगता है कि लड़की पसन्द आ जाएगी उनको। लड़की पसन्द कर लें तो इसी चैत में निबट लेते हम।

नासपीटे...। खुद अपने लड़के की शक्ल देखी है? एकदम्म बिजूका जैसा मूँ।...दादी, ज़माना बदल गया है।...समझा रहे हैं पर समझती ही नहीं दादी।...काहे का ज़माना बदल गया रे! लड़कियन के तो वोई हाल। लड़कियाँ बैठी हैं और लड़के वाले आ-आकर नापसन्द कर जाते हैं। वोई जमाना चल रहा है।...एक जिंस है मानो लड़की और गाहक की माँगें ऐसी कठिन। घुमड़ रहा है बिन्नू के मन में। उथल-पुथल। कि जनम ही क्यों लिया लड़की बनकर? और वे जो कहते हैं कि क्यों बैठीं तुम जाकर उनके सामने कि पसन्द करो हमें? कहते जो कि विद्रोह क्यों नहीं करती हो तुम? आग क्यों नहीं लगाती इस सिस्टम में? कहना तो एकदम ठीक ही है आपका। सुनने-पढ़ने में कितना रोमांचकारी! कि वाह! स्त्री-विमर्श का यह काग़ज़ी हल्ला तुम्हारा परन्तु ज़मीनी हक़ीकतों से एकदम नावाकिफ़ तुम। और अक्सर तो हल्ला तुम्हारा ऐसा, और तुम्हीं हमारी हर लड़ाई के विरुद्ध। कहते कुछ, करते कुछ। इसीलिए

तो इतने नारों के बीच आते चले जाते हैं बिन्नू को देखने वाले, लड़के वाले लोग। करते जाते हैं नापसन्द और चलता है खेल पसन्द आने तक। आवारा भाई का मानो कोई बोझ नहीं परन्तु बिन्नू का बोझ पूरे घर पर भारी कि निबटाना लाज़िमी उसका।

कि एक जन अन्ततः पसन्द कर ही गये बिन्नू को।

तय हो गया विवाह। लगन की तिथि तय हुई। लेन-देन तय। कितना सोना? कितना नकद? सारे नेग तय हुए कि टीके में कित्ते क्या और भाँवरों के पहले क्या-क्या भुगतान। भेंट तय। सम्मान तय। नाक रगड़ना तय। पगड़ी किसके चरणों में धरनी पड़ सकती है और जूते कहाँ-कहाँ चलेंगे—यह भी तय। तैयारी पूरी। फिर भी एक धुकधुक-सी कि सब ठीकठाक से निबट जाए। भरोसा नहीं कि किस बात पर पलट जाएं। तोड़ डालें लगी-लगाई। किसी भी कारण। किसी भी बहाने। कहलवा भेजें कि लड़की पसन्द नहीं आ रही। पर पसन्द तो ख़ुद ही करके गये थे न? तो अब नापसन्द भी तो ख़ुद ही कर रहे हैं न? आप भी यार! अरे लड़के वाले तो स्साले भगवान होते हैं भाई सा'ब। भगवान का कुछ पता चलता है क्या? ऐसेई ये कि कब सन्देशा पठा दें। कि लड़की काली थी और हमें पावडर पोत के भरमा डाला था आपने, या कि कद में लड़की यों ही बताते हैं पर ऊँची सैंडिलें पहिना के दिखला डाला हमको। वो तो टेम पे पता चल गया हमें। सो बता रहे हैं कि लड़की नापसन्द है हमें।

तो शादी हो जाने तक डर लगा रहा कि पसन्द कर जाने के बाद भी नापसन्द न कर डालें वे। उड़े-उड़े चेहरे लिये निभाते रहे शादी की रस्में माँ-बाप। पर चलो हो ही गयी। निबट गयी बिन्नू की शादी। गंगा नहाए। कन्यादान करके जनम-जनम का कर्ज़ चुका डाला। आत्मा को शान्ति मिली। दादी का चेहरा तो देखो कि एक-एक झुर्री दमक रही है। चलो, लड़की ससुराल गयी। अब उसकी अपनी गृहस्थी। अपना घर। अपना जीवन। कुछ समय बाद बाल-बच्चे।...सुखी रहे। ख़ुश रहे। और क्या चाहिए माँ-बाप को भाई सा'ब?

परन्तु क्या वास्तव में ही शान्ति मिल गयी बिन्नू को या उसके माँ-बाप को?

क्या नापसन्द किये जाने का डर मिट गया इनके मन से?

नहीं भाई सा'ब, एक अबूझ-सा भय है जो अब भी मन में बैठा ही रहता है। कहीं अभी भी नापसन्द न कर डाले वें? कहीं चार-पाँच साल के बाद भी लतिया-धकिया कर वापस मायके न भेज दें वे बिन्नू को? कहीं मार कुटाई न करते रहते हों बिन्नू के साथ? कहीं किसी दिन भेज न दें बिन्नू को कि और नोटपानी लेकर आओ

तभी अपना मूँ दिखाना? मान लो कि जीना ही न हराम कर डालें बिन्नू का?...नहीं, नहीं। ऐसा कोई क्योंकर करेगा भला?...क्यों नहीं भाई सा'ब? कर सकते हैं वे। कभी भी कह सकते हैं कि पसन्द नहीं है आपकी लड़की। लड़के वाले ठहरे वे। क्या कर लोगे? कब रिजेक्ट कर डालें बिन्नू को, कौन कह सकता है? तमाम नारों, कानूनों, संस्थाओं, पोस्टरों, कविताओं, अधिकारों, अधिकारियों, भाषणों, लेखों, किताबों और नारी-विमर्श के तामझामों के बावजूद यह भय काले तेंदुवे की भाँति बिन्नू का पीछा करता रहेगा कि कहीं, अचानक वे उसे नापसन्द न कर दें?

अब तो यही आशा है कि बिन्नू ही शायद एक दिन बदल डाले इस निज़ाम को। इस भय में आख़िर क्यों जिए कोई बेटी?

नंगा बाज़ार

उस दिन नंगा मिल गया, बाज़ार में।

आपको तो पता ही है कि आजकल नंगों से मिलने की सबसे ज़्यादा सम्भावना बाज़ार में ही है। बाज़ार नंगों के कब्ज़े में है, इसलिए भी, और जिन्हें बाज़ार ने नंगा कर डाला, वे तो हैं ही। फिर वे नंगे तो हर जगह मिल ही जाते हैं कि जो बस, आदतवश या कहें कि फ़ितरत के तहत नंगे हैं।

अब प्रश्न यह कि मुझे कौन-सा वाला मिला? यही आख़िरी वाला। या शायद पहले वाला। ऐसा नंगा, जिसे नंगा होने पर गर्व है। हँसता हुआ नंगा।

मैंने सदाशयता की चपेट में यों ही पूछ लिया कि आप नंगे क्यों घूम रहे हो भैया?

नंगा नाराज़ हो गया। बोला कि कौन हरामी कह रहा है कि हम नंगे हैं? जो कहता है, उसकी दृष्टि में खोट है। वह इस शास्त्रीय विवेचन पर उतर आया कि नंगे की परिभाषा क्या है? संविधान किसे नंगा मानता है? क्या बार-बार संविधान संशोधन द्वारा नंगों की परिभाषा नहीं बदली गयी है? हमारे प्राचीन ग्रन्थ क्या कहते हैं? हमारी उज्ज्वल परम्पराएँ क्या हैं? नंगेपन की हमारी सामाजिक तथा सांस्कृतिक नीति क्या रही है? क्या हर आदमी, कपड़ों के नीचे अन्ततः नंगा नहीं होता?

कुल मिलाकर उसने नंगत्व के बारे में एक भ्रम खड़ा करने की कोशिश की। नंगे करते ही हैं। "पर जिस ढंग से आप सरे बाज़ार नंगा घूम रहे हैं, वो तो सभी देख रहे हैं न!" मैंने कहा। नंगे ने बताया कि जब वो एक बार बाज़ार में उतर ही गया है, तो फिर इन छोटी-मोटी बातों की परवाह वह नहीं करता कि कौन देख रहा है या कौन क्या कह रहा है?

"देखो मित्र, बाज़ार में नंगापन चलता होगा, तभी न कोई नंगा होकर उतरेगा? क्या करें जब बाज़ार की माँग ही यह है। ऐसे में वो नंगा तो बेवकूफ़ ही कहाएगा, जो नंगा होते हुए भी, मात्र इस कारण अपने नंगेपन को ढके बैठा रहे और बाज़ार में न उतरे क्योंकि आप जैसे कुछ मूर्खों को ग़लतफहमी है कि सरेबाज़ार नंगा होना

उचित नहीं।'' लम्बा वाक्य था। बोलते-बोलते हाँफ गया नंगा। नंगा वो था, परन्तु शरमा मैं गया।

मैंने क्षमा-सी माँगते हुए कहा कि मेरा तात्पर्य यह कतई नहीं था कि मैं बाज़ार के ख़िलाफ़ कोई बात करूँ क्योंकि मैं भी जानता हूँ कि बाज़ार की मुख़ालफ़त करना आज के समय में एक अक्षम्य अपराध है।

नंगा चिल्लाने लगा। नंगे हमेशा ही ऊँचा बोलकर अपने नंगेपन को ढँकते हैं। बोला कि यदि आप वास्तव में ब्राज़ार से ऐसा ही डरते हैं, तब तो आपको नंगों से भी डरना ही चाहिए क्योंकि जब-जब बाज़ार ने जीवन पर कब्ज़ा किया है, तब-तब नंगे स्ट्रांग हुए हैं।

मैंने स्वीकार किया कि हमारा तो हमेशा से यह मत रहा है कि नंगों से तो ख़ुदा भी डरता है।

नंगे ने तारीफ़ करते हुए कहा कि तुम्हारी भाषा मुहावरेदार है; और यह बात महत्त्वपूर्ण है क्योंकि ऐसी भाषा से ही नंगापन ढाँका जाता है। वह तो ऐसा प्रभावित हुआ कि सौहार्द्रपूर्ण दृष्टि से मुझे देखते हुए पूछने लगा कि कहीं तुम भी तो नंगे नहीं हो क्योंकि आजकल नंगे बड़ी लच्छेदार भाषा ओढ़कर आ रहे हैं। अब मैं नाराज़ हुआ। मैंने कहा कि मुझे नंगा समझते हुए तुम्हें शर्म आनी चाहिए। उसने कहा कि शर्म तो तुझको अपनी इस मूर्खता पर आनी चाहिए जो हम जैसे नंगों से शर्म की उम्मीद करते हो। उसने यह भी कहा कि हमने तो इस कारण पूछ लिया क्योंकि कई बार नया-नया नंगा, शुरू-शुरू में, शरमाशरमी में कपड़े पहिनकर नंगई करता फिरता है। पूरा नंगा होने में तो नंगे भी टाइम लेते हैं। फिर आप तो साहित्य वाले हैं शायद? वहाँ तो कितने नंगे मिलेंगे, जो सिर से पाँव तक शब्दों से ढँके रहते हैं। हमने तो बस, इसीलिए आपसे पूछ लिया। नंगा कहे जाने का आप तो बुरा मान गये, जबकि आपने हमें कहा तो हम तो नहीं माने। हमने तो इसे अपनी तारीफ़ के तौर पर लिया। नंगापन आज के समय में एक ताक़त है। वो पूछने लगा कि कहीं आपका यह गुस्सा स्वयं से ही तो नहीं कि चाहकर भी आप नंगा नहीं हो पाते?

मैंने नाराज़ होकर उसे चेताया कि वह अपनी औक़ात में रहे।

उसने हँसकर कहा कि यार, नंगे की क्या तो औक़ात? फिर उसने बताया कि बाज़ार, सेंसेक्स और मुद्रा ही अब नंगों की औक़ात तय करते हैं। इसीलिए औक़ात के जटिल प्रश्नों में वे तो न ही पड़ें, जो नंगे नहीं हैं। उसने यह भी कहा कि नंगों के पास निचोड़ने को कुछ रहता नहीं जबकि आजकल मीडिया वालों के सामने हमें भी अपने उन कपड़ों को निचोड़ने का नाटक करना ही पड़ता है, जो होते ही नहीं। मीडिया में तुमने भी नंगों को ऐसे कपड़े निचोड़ते देखा होगा। नंगे दूसरों से लेकर निचोड़ते हैं। बाज़ार तुम्हारे कपड़े उतारकर निचोड़ता है। तो क्या अब तुम मुझे अपने

कपड़े दोगे?...वो पूछ रहा है। सेंसेक्स को और ऊपर ले जाने के लिए अब वे हमारे कपड़े भी माँग रहे हैं।

मैं भागा। नंगा मेरे पीछे भागा।

नंगे हमारे पीछे आ रहे हैं। वे आदमी के वस्त्र उतार लेंगे। बाज़ार आपको निचोड़ने आ रहा है। नंगों को समय पर नहीं चीन्ह पाए तो आप नंगे हो जाएँगे; दीनहीन किस्म के नंगे, जिनकी बात मैंने शुरू में की।

पूर्वजों का नृत्य

प्राइमरी स्कूल की इमारत। मैदान, छोटा-सा। उसकी बाउंड्री वॉल।

अहाते की इसी बाउंड्री वॉल के साये में तामझाम समेटे अलसाया बैठा है मदारी। ऊँघता हुआ। स्कूल के मध्यान्तर की प्रतीक्षा कर रहा है। हो, तो बाहर निकले बच्चों को बन्दर-बन्दरिया का खेल दिखाकर कुछ कमाई की जाए।

अभी तो कक्षाएँ चल रही हैं। अन्दर से उड़-उड़कर, टूटी-फूटी आवाज़ें आ जाती हैं। एक कक्षा तो बाउंड्री वॉल से एकदम सटे पेड़ के नीचे ही चल रही है। इस क्लास के बच्चों की खुसफुस और अध्यापक की बातें बाहर तक स्पष्ट सुनाई दे रही हैं। मदारी ऊँघ रहा है। बन्दर-बन्दरिया भी गुमसुम से हैं। न जाने किन विचारों में मग्न। बन्दरों की अपनी समस्याएँ, चिन्ताएँ और फिलॉसफी। आज सुबह के खेल में ही गुलाटी मारते हुए सिर चकराने लगा था बन्दर का। तभी से चिन्तामग्न है बन्दर। कहीं आदमी की सोहबत में रहते हुए वह गुलाटी मारना तो नहीं भूल चला है? बन्दर को ही यदि गुलाटी मारने में गन्नाटे आने लगेंगे तो फिर उसके बन्दर होने की पहिचान ही नहीं बचेगी। बन्दरिया को तो कुछ भी बताया ही नहीं उसने। औरत जात। फ़ालतू घबराएगी। वैसे, परसों मदारी ने डराते हुए ज़ोर से उसकी रस्सी खींच दी थी—उसी से गर्दन में झटका तो नहीं आ गया? उसी से चक्कर? बन्दर गुस्से से मदारी को देख रहा है। हरामी, स्साला, कैसा आँखें मूँदे बीड़ी पी रहा है! बहुत मारता रहता है स्साला। परसों कन्धे पर लाठी धर के ससुराल जाने का स्वाँग करने में लाठी खिसक गयी तो कमीने ने पीछे से संटी मार दी थी कि जमाई राजा, सम्भल कर चलो! हमारे ही खेल से इसका पेट चल रहा है फिर भी मौक़ा पड़ते ही हमें ही धमकाता, आँखें दिखाता और घुड़कता है।...आदमी स्साला होता ही नाशुक्रा है! बन्दर ने सोचा और दीवार के उस तरफ से आती आवाज़ें सुनने में लग गया।

दीवार के इस तरफ बन्दर और उस तरफ मास्टर।

मास्टर पढ़ा रहा है कि बन्दर ही आदमी का पूर्वज है!

बता रहा है कि आदमी पहले बन्दर ही था। विकसित होते-होते आदमी बन

गया। मास्टर ने बीच में रुककर बच्चों से पूछा कि अब बताओ कि आदमी का पूर्वज कौन? सभी ने, जैसी कि उनकी आदत होती है, समवेत स्वर में चिल्लाकर उत्तर दिया—बन्दर!

मदारी तो ऊँघ रहा है परन्तु बन्दर अचानक उत्तेजित होकर बन्दरिया से पूछने लगा, ''सुनती हो? यह मास्टर क्या पढ़ा रहा है?''

बन्दरिया चने खाने में मग्न थी। भकोसती रहती है दिन भर। ज्ञान की बातों से मानो लेना-देना ही नहीं। उसने कुछ भी नहीं सुना। बन्दर उत्तेजित होकर बतो लग गया कि हम लोग इस मदारी के पूर्वज हैं—ख़ुद मास्टर ने बताया है। सच्ची!...बन्दरिया ने बन्दर को बन्दर-घुड़की दी कि चुप हो जा बन्दर कहीं के! अभी मदारी एक डंडा मारेगा तो सारी पूर्वजगीरी निकल जाएगी तेरी।...बन्दरिया तो हँसने तक लगी। यह बन्दर भी! कुछ तो भी!...बन्दर खोखियाकर बन्दरिया पर झपट पड़ा कि बन्दरी, हम सच्ची बात कह रहे हैं और तुझे मज़ाक सूझ रहा है! हम कह रहे हैं न कि हम इस मदारी के पूर्वज हैं। बस।

बन्दर-बन्दरिया के चिचियाने से मदारी के ऊँघने में ख़लल पड़ा। उसने आँख खोली और पास पड़ा डंडा उठाकर बन्दर को घुड़काया।...बन्दर घूरने लगा उसे।...स्साला, बन्दर को बन्दर-घुड़की देता है!...बन्दर चुप होकर सोच में पड़ गया कि कैसे बताया जाए मदारी को कि हम तेरे पूर्वज हैं। बन्दरिया तो फिर से चने खाने में व्यस्त हो गयी है। मदारी फिर ऊँघने लगा है।

ऊँघता मदारी घर की सोच में पड़ा है।...तीन बच्चे। बीमार औरत। बेइन्तहा ग़रीबी। ग़लीज जीवन। लानतों भरा। झोंपड़ी में बस भूख। बच्चे आवारा निकल गये हैं। अभी उस दिन बड़े वाले को उसने बीड़ी पीते पकड़ लिया तो उल्टा पलटकर बोलने लगा कि तू जो पीता है उसका क्या? पकड़ने दौड़ा तो दूर भाग गया और वहाँ खड़ा होकर हँसता रहा।...बाप की इज़्ज़त ही नहीं करते स्साले। तमीज़ ही नहीं। इधर बीवी बता रही थी कि छुटका भी छुट्टा गालियाँ देना सीख गया है, और डराया कि बापू को शिकायत कर देंगे तो बोलने लगा कि खूब बता देना, देखें क्या करता है हरामी।...तो ये हैं बच्चे! बाप की इज़्ज़त नहीं, बुजुर्गों का ख़्याल नहीं।

तभी बन्दर ने तय कर लिया कि मदारी को पूर्वज होने वाली बात बताना ज़रूरी है। मदारी की टाँग खींच दी उसने। ''क्या है रे?'' मदारी ने पूछा।

''सुनता है?...क्या पढ़ा रहा है मास्टर?'' बन्दर ने पूछा। फिर ख़ुद ही बताने लगा, ''मास्टर बता रहा है कि हम बन्दर आदमी के पूर्वज हैं। समझा कि नहीं?'' बन्दर गर्व से देख रहा है उसें।

मदारी ने भी पहले सुना तो है परन्तु बेकार बातों में उसकी रुचि नहीं। ''तो?'' उसने पूछा।

बन्दर एकदम बुजुर्ग क़िस्म के पूर्वज के ठसके से मदारी को फटकारने लगा, ''अबे, सोच कि तब तो हम तेरे बाप के भी बाप के भी बाप हुए न? है कि नहीं?...और तू हमें ही डंडे दिखाता है रे अधम...!''

मदारी ने डंडा उठा लिया। बोला, ''सुन बे बन्दर की औलाद, हमने वैसे भी कभी अपने बाप की नहीं सुनी है तो तेरी क्या सुनेंगे? और हमारे लौंडे अभी से हमे गरियाते हैं। आदमी से उम्मीद मत कर कि वह पूर्वज होने के कारण तेरी इज़्ज़त करेगा।... हम तो पूर्वजों का तर्पण करके एक बार में ही यह टंटा निबटा देते हैं।...बड़ा आया आदमियों का पूर्वज कहीं का...! अच्छी भली झपकी लगी थी। जगा दिया न स्साले ने फालतू ही...!'' मदारी बड़बड़ाता रहा।

अचानक ही स्कूल की घंटी बजी है। मध्यान्तर हो गया। बच्चों के शोर से भर गया आसमान। घंटी और शोर की आवाज़ से चौंककर नींद की झपकी से अचानक ही उठ बैठा है मदारी। सपना था शायद?

हाँ, सपना ही तो था। अभी-अभी उसने यह मज़ेदार सपना देखा कि बन्दर ने उसे जगाकर कहा है कि हम तेरे पूर्वज हैं और तू हमें ही डंडा...। कैसे-कैसे अंट-शंट सपने देखा करता है वह भी! हद है! सोचकर ही मुस्कुराने लगा मदारी।...इंटरवल हो गया है। बच्चे बाहर आते ही होंगे। फटाफट तैयार हो लो। मदारी ने डमरू घुमाया है और डोर में ज़ोर की तुनकी देकर बन्दर-बन्दरिया को अलर्ट किया है। चलो रे पूर्वजो!

मदारी डमरू बजाता हुआ स्कूल के गेट की तरफ जा रहा है। बन्दर-बन्दरिया पीछे-पीछे। बच्चे भागकर आ रहे हैं इस तरफ।

अभी नाचेंगे पूर्वज उनके। बन्दर यदि बहुत मन से नाचता न दिखे तो आप आश्चर्य न करें। आदमी का पूर्वज होने वाली बात वह भूल ही नहीं पा रहा।

मानुष गन्ध सूँघता राक्षस

"बदबू आ रही है तुमसे।"

सभी ने कहा। सभी कहने लगे हैं आजकल। जहाँ जाता हूँ, लोग छिटककर दूर खड़े हो जाते हैं, या अचानक ही किसी-न-किसी बहाने से वहाँ से चल देते हैं। कुछ लोगों ने तो बड़ी हिक़ारत भरी नज़रों से भी देखा है। एकाध ने 'आक-थू:' करके थूक भी दिया। मैंने परेशान आकर अन्ततः एक भले-से प्रतीत होते सज्जन से पूछा कि बात क्या है साहब? तब उन्होंने उपरोक्त वाक्य बोला।

उन्होंने ख़बर दी कि बदबू आ रही है तुमसे।

मैं हैरान हो गया।

क्या कारण है इस बदबू का? क्यों आ रही है सबको बदबू मुझसे? और यदि बदबू है, तो फिर मुझे महसूस क्यों नहीं हो रही? कहाँ से आ रही है? पत्नी से पूछना ठीक नहीं था। वह तो वर्षों से नित्य ही कहती रही है कि तुम ठीक से नहाते नहीं हो। उसका दावा है कि मैं दो लोटे पानी यहाँ-वहाँ लुढ़काकर बाथरूम से निकल आता हूँ। मेरे मोज़े, मेरे कॉलर आदि कितने बदबू मारते हैं, इसका पूरा 'डाटा' उसके पास रहा आता है। सो उससे क्या पूछता?

पर यह बदबू मेरे सामाजिक जीवन को समाप्त कर रही थी।

मैं लोगों से बच-बच कर चलने लगा था शहर में। मैं प्राय: अकेला रहने लगा था। जब सड़क खाली देख लेता, तभी बाहर निकलता था मैं। शर्म से सर झुकाकर चलता मैं। एक अहर्निश क्षमाप्रार्थी मुद्रा में सर्वत्र झुका-झुका घूमता। दूर से कोई परिचित आ रहा हो तो मैं रास्ता बदलकर गली में घुस जाता, और गली में किसी को पेशाब करता पाकर मैं किसी और पतली गली में भागने की कोशिश करता। एकाध बार तो पुलिस के सिपाही को मेरी ये गतिविधियाँ सन्दिग्ध लगीं और वह पीछे-पीछे आया भी परन्तु फिर तुरन्त ही नाक पर रूमाल रखकर, पीठ पर दो

बेंत मारकर यह कहते हुए चला गया कि इस बदबू के साथ फिर कभी शहर में घूमते मिले तो यही बेंत ऐसी जगह ठोकूँगा कि तुम्हें पता भी नहीं चलेगा कि कौन-सी बदबू कहाँ से आ रही है!...मैं बीच-बीच में लम्बी साँसें खींचकर समझने की कोशिशें करता तो पाता कि ऐसी कोई बदबू मेरे से नहीं आ रही है—परन्तु कहीं भी जाता, तो पाता कि लोग मुझसे बचकर चल रहे हैं।

मैं इतनी बातें करना चाहता था—देश पर, बाज़ारवाद पर, वैश्वीकरण के मायाजाल पर, साम्राज्यवाद पर...पर बदबू मुझसे ऐसी चिपटी रहती कि कोई ऐसा आदमी ही नहीं मिलता था कि जिससे में संवाद कर सकूँ। और इन बातों की क्या तो चिन्ता करता, अभी तो मुझे बदबू की चिन्ता लग गयी थी।

मैंने तय किया कि डॉक्टर को दिखाकर पूछता हूँ कि चक्कर क्या है?

"मुझसे बदबू आती है डॉक्टर साहब...ऐसा लोग कहते हैं। वे मेरे पास बैठने से भी कतराने लगे हैं। इस बदबू का मैं क्या करूँ?" मैंने डॉक्टर को अपनी समस्या बताई।

"मुझे तो तुमसे ख़ुशबू आ रही हैं..." डॉक्टर ने कहा।

"ख़ुशबू?"

"हाँ....फ़ीस की ख़ुशबू..."

"इत्ते पैसे नहीं हैं मेरे पास कि..."

"जित्ते भी हैं, उसी की ख़ुशबू है। यह इस दुनिया में गन्ध का नया चिकित्सीय सिद्धान्त चला है। जब तक पैसे हैं, तब तक ख़ुशबू है।...आजकल पैसे के सिवाय हर चीज़ से बदबू आती है।...सो तुम पहले फ़ीस के पैसे निकालो।"

मैंने जेब खाली करके फ़ीस चुकायी। फिर प्रश्न किया, "मुझसे बदबू क्यों आ रही है?"

"क्योंकि अब तेरी जेब में पैसे नहीं हैं। पैसों की ख़ुशबू नहीं बची तेरे पास..."

"...तो क्या जो ग़रीब हैं, लाचार हैं, वे बदबूदार हो गये?"

"यह भी कोई पूछने की बात हुई!"

"क्या पैसे से ही यह दुनिया चलेगी?"

"विकट बेवकूफ हे रे तू...पैसे के बिना बाज़ार नहीं चलेगा और बाज़ार के बिना दुनिया..."

"बाज़ार की चिन्ता है और गाँव के दरिद्र..."

"यार तू किस दुनिया में रह रहा है और किस दुनिया की बातें कर रहा है?

तुझे मेरी नहीं, मनोरोग-विशेषज्ञ की आवश्यकता है। आज जो बाज़ार पर प्रश्न उठाता है वह पागल...''

''परन्तु हम यह विचार करें कि क्या बाज़ार ही अब सबकुछ तय करेगा?''

''मेरे प्यारे बदबू वाले मरीज़, तुझे पता ही नहीं चल पाया है शायद कि अब इस दुनिया में विचार एक पागलपन भी है और बदबू भी—तभी तो तू दुर्गन्ध से भर गया है। तू यदि बाज़ार का न हुआ, और यों ही विचार-विचार करता रहा तो...ये तुझे नगरपालिका के ठेले पर डालकर, बदबूदार कूड़े के साथ कहीं फेंक देंगे...।''

''कोई इलाज डॉक्टर साहब?''

''है न, तू विचार करना छोड़ दे। तू सिद्धान्तों, विचारों की बातें करनी छोड़ दे। कोई नहीं सुनेगा। बदबू आती है दुनिया को...ऐसी बातों से।''

''ऐसा नहीं है डॉक्टर साहब...मेरी बातें सुनने वाले और मेरी जैसी बातें करने वाले भी बहुत से मित्र हैं मेरे। हमने साथ मिलकर कभी दुनिया को बदलने का सपना देखा था...''

''पर उनकी तो आँखें खुल चुकी हैं पर तू अभी भी सोते हुए वही सपना देख रहा है।''

''नहीं...''

''तू कब से नहीं मिला उनसे? जाकर एक दफ़े मिल और ख़ुद देख ले।'' डॉक्टर ने कहा और अगले मरीज़ को बुलाने के लिए घंटी बजाने लगा।

मैंने तय किया कि मैं अपने पुराने मित्रों से ज़रूर मिलूँगा।

वे मिले, परन्तु बहुत जल्दी में थे वे।

मैंने उनसे पूँजीवाद के ज़रिए दुनिया में फैल रहे साम्राज्यवाद, नंगे बाज़ारवाद के दौर में सामान्य आदमी के हाशिये से भी बेदख़ल हो जाने के ख़तरों पर बातें करनी चाही। पहले हम करते ही थे। पर वे अभी ऐसी बातों में समय ख़राब करने को तत्पर नहीं थे। वे बोले कि यार, ज़रा-सा भी टाइम फ़ालतू नहीं है हमारे पास क्योंकि हमें शेयर बाज़ार के उतार-चढ़ाव पर भी नज़र रखनी पड़ती है, एक नयी दुकान में कुछ नया आया है, उसे ख़रीदने जाना है, एक बैंक से एक और लोन आकर्षक ब्याज पर मिल रहा सुनते हैं, सो वह भी अप्लाई करने निकलना है और फिर उस लोन से क्या ख़रीदा जाएगा, यह महत्त्वपूर्ण मसला भी पत्नी के साथ डिस्कस करना है, वीजा का इन्तज़ाम करना है, और चार मज़दूर, जिन्हें हमने छँटनी में निकाला

था तो स्साले आन्दोलन की बदमाशी कर रहे हैं, सो उनको थाने में ठुकवाने का इन्तज़ाम करने के लिए थानेदार के घर नोट-पानी लेकर जाना है—सो तेरी इन चिन्ताओं पर अपन बाद में ही बात करेंगे।

मित्रों ने मुझे यह भी चेताया कि तेरी बातों से इतनी बदबू आ रही है कि हम तो ख़ैर तेरे मित्र हैं सो सह गये, परन्तु किसी और के सामने तू मुँह न खोल देना—वे तुझे वहीं पकड़कर तेरे मुँह में फिनाइल छिड़क देंगे।

"सुनो तो यार..." मैंने कोशिश नहीं छोड़ी।

"यार तू मुँह मत खोल...इशारों में बातें कर।"

मैंने इशारों द्वारा समझाने की कोशिश की। मैंने बताया कि यार, दुनिया का बाज़ार में तब्दील हो जाना कितनी खौफनाक दुर्घटना है और विचार की मृत्यु की उद्घोषणा करना कितना कमीना षड्यन्त्र है!

वे दूर हटकर खड़े हो गये। वे लगभग भड़क गये।

वे बोले, "तू बदबूदार बोलता है और तेरे इशारे अश्लील हैं।"

मैं धीरे-धीरे समझ रहा था। अब मैं यह नयी गन्ध सूँघ सकता था।

मैंने जाना कि दुनिया कुछ ऐसी बदल गयी थी और आदमी की संवेदना में कुछ ऐसी विशेष चमत्कारी घ्राणशक्ति का प्रवेश हो गया था कि वे विचारों को सूँघ लेते थे। जो विचार उनकी दुनिया से मेल नहीं खाता था, उससे उन्हें बदबू आने लगी थी। वे अपनी ही दुनिया की गन्ध में मग्न रहने वाले व्यक्तियों के संसार में रहने लगे थे। एक अजीब दुनिया थी उनकी। उनकी सोच, उनकी चिन्ताएँ, उनके सपने और उनका जीवन इतना इकहरा हो चुका था और वे अपनी विशिष्ट गन्ध में ऐसे लिथड़े रहने लगे थे कि वहाँ किसी और गन्ध, सोच या सपने के लिए कोई जगह शेष नहीं बची थी। वे अन्य कुछ भी बर्दाश्त करने को तैयार न थे। वे चाहते थे कि शेष दुनिया उन्हें चुपचाप बर्दाश्त करे। उनके हिसाब से दुनिया की एकमात्र चिन्ता, एकमात्र विचार और एकमात्र तस्वीर बस अब बाज़ार ही होना चाहिए और जीवन बस बाज़ार द्वारा निर्धारित—इसके अलावा किसी का भी होना, न होना, जीना-मरना, रोना-गाना आदि बेमानी था। इस तरह इस दुनिया का एक बड़ा हिस्सा उनके लिए अर्थहीन हो चुका था और पूँजी के सिवाय अन्य हर गन्ध बेकार, बदबूदार और नाक़ाबिले-बर्दाश्त।

मैं जान गया था कि दुनिया में बस एक ही गन्ध बची है, ऐसा समझ रहे

हैं वे। वे उसी एक गन्ध को दीवानों की भाँति सूँघते-तलाशते-बिखेरते-बटोरते घूम रहे हैं। वे उसी एक गन्ध के पीछे बेचैन घूम रहे हैं—ठीक वैसे, जैसे मेरी माँ की कहानियों वाला मानवभक्षी राक्षस, छुपे हुए आदमी की तलाश में 'मानुष गन्ध, मानुष गन्ध' चिल्लाता पागलों-सा घूमता था। वैसे, कहानी में अन्ततः आदमी मार ही देता था राक्षस को। जीत जाता था आदमी।

मुझे विश्वास है कि आदमी इस बार भी जीतेगा।

तब तक मुझे बदबूदार कहलवाना भी मंज़ूर है।

वैश्विक गाँव के व्यापारी

वह एक व्यापारीनुमा आदमी था। या शायद आदमीनुमा व्यापारी।

उसकी शक्ल देखकर ही शरीर में फुरहरी-सी उठ जाती। उसकी शक्ल बड़ी भोली थी परन्तु आँखें जलती हुईं और भेदती-सी थीं जिनसे यह इरादा ज़ाहिर होता था कि यह शख़्स दुनिया को कुछ भी बेच सकता है और दुनिया से कुछ भी यह सोचकर ख़रीद भी सकता है कि उसी चीज़ को वह दुनिया को वापस दस गुने दामों पर बेच लेगा। दुनिया एक मेला है और इसमें वह अपनी दुकान लगाने आया है—यह बात उसके रोम-रोम से रिसती थी। वह आपके पास आता ही तब था कि जब उसे आपसे कोई काम निकलवाना हो। उसका हर पल क़ीमती था और अपने हर पल की क़ीमत वसूलना उसकी फ़ितरत थी।

ऐसा वह, उस दिन हमारे गाँव आया और सीधे कहने लगा कि हम तुम्हारी नदी ख़रीदना चाहते हैं।

नदी भी बेचने-ख़रीदने की चीज़ होती है क्या? कैसी बातें कर रहा है यह आदमी?...गाँव वाले आश्चर्यचकित हुए। कुछ तो हँसने तक लगे उसकी बात सुनकर। समझे कि दिमाग़ फिर गया है सरऊ का।

"नदियाँ बिकाऊ नहीं होतीं श्रीमान..." किसी ने समझाते हुए कहा।

अब वह हँसने लगा। बोला, "आप फालतू में सेंटीमेंटल हो रहे हैं।...बेच दोगे तो फ़ायदे ही में रहोगे। देखो, तुम्हारी नदी का पानी तो यों भी फालतू बह जाता है या सूख-सड़ जाता है। हमें दे दोगे तो हम यहाँ बढ़िया चमाचम घाट तैयार कर देंगे, शानदार पुल तान देंगे, नौकायन, तैराकी वग़ैरह की सुविधाएँ तैयार करके वाटर स्पोर्ट्स को बढावा देंगे..." वह गाँववालों को वे रंगीन योजनाएँ बेचने की कोशिश में लग गया जो उसने नदी को लेकर तैयार की थीं और जिन्हें वह सरकार को पहले से पेश कर चुका था। उसे पूरा विश्वास था कि उसने हर स्तर पर जितना खिलाया-पिलाया है, उसके बाद अफ़सरों से लगाकर मुख्यमन्त्री तक किसी के बाप में यह हिम्मत नहीं थी कि नदी के उसके प्रोजेक्ट को मंज़ूरी न दे। 'परन्तु आजकल गाँव वालों को

फ़ुसलाना भी आवश्यक हो गया है सर!' ऐसा राजधानी में बैठे अफ़सरों ने चेताया था क्योंकि 'ये स्साले आजकल धरना-आन्दोलन करने बैठ जाते हैं साहब तो बना-बनाया काम निबट जाता है।' इसी चक्कर में उसे गाँव आना पड़ा था।

"तुम इत्ता सारा काम हमारे लिए काहे को कर रहे हो भैया? किस गाँव से हो?" एक बूढ़े किसान ने पूछ लिया।

"हम किसी गाँव के नहीं दादाजी...हम तो पूरे विश्व के हैं।"

"जो किसी गाँव का नहीं उसका क्या भरोसा? क्या मालूम कि वह क्यों आया है?"

"हम वैश्विक गाँव के हैं दादाजी। आपकी नदी साफ़ करने और उसके पानी के संरक्षण की योजनाएँ हैं हमारी। हम खुद ही सब करेंगे। अपना पैसा लगाएँगे।...बस, आपको पुल पार करने का टोल टैक्स, घाट पर पाँव धरने का घाट टैक्स, स्वच्छ पानी पीने का नॉमिनल ख़र्चा देना पड़ेगा..." व्यापारी बताता रहा कि किस प्रकार वह गाँव वालों को लाखों रुपये की सुविधाएँ कौड़ियों के मोल पर लुटाने आया है! और क्या चाहिए गाँव वालों को!

पर गाँव वालों की हिमाक़त देखिये कि वे अपनी नदी बेचने के लिए राज़ी ही नहीं हुए।

वह लौट गया।...क्या करता वह? लौटना ही पड़ा। परन्तु लौटते हुए उसके चेहरे पर एक कुटिल मुस्कान खेल रही थी। जाते-जाते वह कहता गया कि हमें ज़ल्दी नहीं है, तुम लोग और सोच लो। मैं फिर आऊँगा। अब तो गाँव से रिश्ता बन ही गया है तो अब तो आता ही रहूँगा।

उसके जाने के बाद भी गाँव वाले बहुत दिनों तक आतंकित और आश्चर्यचकित-से रहे। बातें करते रहे कि क्या तो कह रहा था वह! हँसते भी रहे और चिन्तित भी रहे।

कि एक दिन वह फिर आया।

या शायद वह न रहा हो। कोई और ही था परन्तु था एकदम उसके जैसा ही। वही भोली-सी शक्ल। आँखों में वैसी ही कुटिल चमक। बातों में वैसी ही चाशनी। होठों पर वही चालाक मुस्कान। वही चौकन्नापन। वही घुन्नापन।...परन्तु वह नदी के लिए नहीं आया था। वह तो गाँव की सारी ज़मीन ही चाहता था। कई सौ एकड़ ज़मीन मिल जाए तो वह यहाँ पर स्वर्ग का कंस्ट्रक्शन करवा डाले। सेज़ के लिए ज़मीन दे दो—कहा उसने। ऐसा डवलप कर दूँगा सारे एरिया को कि पहिचान भी न सकोगे।...उसने यह भी चेताया कि पिछले दिनों हमारा मौसेरा भाई नदी का प्रपोजल लेकर आपके पास आया था, परन्तु दुर्भाग्यवश आपने वह सुनहरा मौक़ा हाथ से जाने दिया। उसने पड़ोस के राज्य में जाकर नदी ख़रीद ली। अब कभी जाकर देखो कि

कैसा तगड़ा विकास हुआ है वहाँ। खैर, तब जो हुआ सो हुआ परन्तु कहीं इस बार ज़मीन के मामले में भी ऐसी चूक मत कर बैठना क्योंकि ऐसे अवसर बार-बार नहीं आते कि जब किसान को झोंपड़ी मतें बैठे बैठे, एकमुश्त यों ही लाखों रुपये मिल जाएँ।

फिर तो वह रोज़ आकर खड़ा हो जाता कि क्या सोचा भाई आप लोगों ने? वह उन्हें फुसलाने लगा।

फिर तो मानो लाइन-सी लग गयी, फुसलाने वालों की।

रोज़ ही एक नया आदमी आकर गाँव में खड़ा हो जाता। नया होता, परन्तु होता पुराना-सा ही।...न जाने कहाँ से व्यापारियों और ठगों का इतना बड़ा गिरोह आ गया था जिसका अड्डा वैश्विक गाँव में कहीं बताया जाता था।

नित नये लोग आने लगे। नये-नये प्रपोजल। अजीब-अजीब प्रोजेक्ट।

धरती के नीचे का पानी खींचने वाले आये। पहाड़ काटने वाले लोग ट्रक तथा ट्रॉलियाँ लेकर आ गये कि पहाड़ ख़रीदना है हमें। गाँव की जमीन तो बहुत पहले ही काटने के लिए वे डेरा डाले पड़े ही थे। झोला लटकाये, कुर्ता-पाजामा की धज में, या जींस-कुर्ता आदि में भी वे ही तो थे जो कई बार सरकारी अधिकारियों के साथ आये और गाँव की लोककला, लोकसंस्कृति, गीत-संगीत आदि को टटोलकर तय करते रहे कि इन चीज़ों को बाज़ार में बेचने का कैसा क्या किया जाए?

गाँव वाले अवाक हैं।

ये कौन लोग हैं आख़िर? कौन हैं जो धरती, पानी, प्रकृति, पहाड़, नदी, नाले, संगीत, गीत, आसमान, बसन्त—सबकुछ ख़रीदना-बेचना चाहते हैं?

"मान लो कि कल वे यहाँ की हवा पर कब्ज़ा करके साँसें बेचने लगे तो ग़रीब आदमी तो आहें भरने तक को तरस जाएगा...?" किसी ने कहा।

सुनकर किसी ने बताया कि भैय्या, मान क्या लो, पहले ही अफवाह है कि हवा तथा श्वास ख़रीदने का प्रपोजल भी शहर के बाज़ार से इधर चल पड़ा है। फिर उसी ने हँसकर कहा कि डरो मत यार, हम तो यों ही मज़ाक कर रहे थे।...परन्तु मान लो कि यह मज़ाक न हो, तब?

राक्षस और तोता

बचपन में पढ़ी कहानियों में राक्षस होते थे, जिनकी जान किसी-न-किसी तोते में होती थी। राक्षस को मारने के लिए राजकुमार तोते की गर्दन मरोड़ देता। बल्कि यों सीधे-सीधे नहीं मारता। वह पहले तोते के पंजे तोड़ता, तो उधर राक्षस की जाँघ उखड़ जाती। फिर तोते के पंख नोचता, तो राक्षस इधर तड़पता-फड़फड़ाता। तब जाकर तोते की गर्दन मरोड़ता वह।

ऐसा लग सकता है और तब लगता भी था कि राक्षस के चक्कर में बेचारा तोता फालतू ही मारा जाता है। सहृदय कथा रसिक च्-च्-च्-च् कर सकते हैं कि बेचारे तोते ने किसी का क्या बिगाड़ा था? राक्षस तो ख़ैर राक्षस ही था और उसका मरना तो लाज़िमी था क्योंकि उसे मारे बग़ैर राजकुमार को राजकुमारी नहीं मिल सकती कि जिसे राक्षस ने कैद कर रखा है। इधर राजकुमार को तो राजकुमारी चाहिए ही चाहिए। और राजकुमारों को तो जो चीज़ चाहिए, वह उसे मिलेगी ही। कैसे नहीं मिलेगी? जो अड़ंगा मारेगा, वही राक्षस कहाएगा। मुझे तो कभी-कभी यह भी लगता है कि राक्षस जैसा कोई था भी अथवा नहीं? रहा होगा कोई सरफिरा बहादुर व्यक्ति, जो कभी अड़ गया होगा राजकुमार के दम्भ और ज़िद के सामने और राजकुमारों को यह बर्दाश्त नहीं कि कोई उनकी इच्छा, ज़िद या घमंड को ग़लत माने। उसने तुरन्त ही दरबारियों द्वारा उसे राक्षस घोषित करा दिया होगा ताकि बाद में उसे मार डालने का औचित्य सिद्ध किया जा सके। असहमत व्यक्ति को राक्षस सिद्ध करने में देर नहीं लगाती सत्ता।...पर ऐसे आदमी को मारना भी कौन-सा सरल कार्य है? तो उसे ख़त्म करने के लिए उसकी छोटी-छोटी कमज़ोरियाँ खोजी जाती हैं। कहाँ है इसकी जान? वे खोजते हैं उसका तोता। कोई तो होगा। कहीं तो। उसकी पत्नी, बच्चे, माँ, प्रेमिका, कोई ढँका-छुपा या भूला-बिसरा प्रेम प्रसंग। तोता मिल जाता है। और वह राक्षस ख़त्म।

या शायद मैं बहक गया होऊँ।

हो सकता है कि होता ही हो सच्ची-मुच्ची का राक्षस। होता ही हो कोई भोलाभाला राजकुमार। होती हो प्यारी-सी राजकुमारी। हो सकता है कि यह सब हो।

परन्तु तब भी इनके बीच तोता कहाँ से आता है? और तोता ही क्यों आता है? राक्षस की जान तोते में ही क्यों होती है? कबूतर, मैना, मोर या कव्वे में क्यों नहीं? तोते को बेचारा मानें, कि कुछ और? राक्षस अपनी क़ीमती जान की हिफाज़त की ज़िम्मेदारी तोते को ही क्यों देते हैं? क्या सम्बन्ध है राक्षस और तोते में? मुझे लगता है कि तोते जैसे प्राणी ही राक्षस के चक्कर में आ सकते हैं। आरामतलब। मालिक के पिट्ठू। जो मालिक ने रटा दिया, वही जीवन भर बोलते-दोहराते रहने वाले। अपनी कोई सोच नहीं, अपना विचार नहीं। पिंजरे में प्रसन्न। दूध-रोटी पर नज़र। अपने रंगीन पंखों को निहार-निहार कर स्वयं में मग्न। स्वकेन्द्रित। दूसरे पंछियों से अपने को अलग मानने वाला। अपने स्वार्थ से ही काम। एक बार काम निकला तो आँखें फेर लीं। तोताचश्म। राक्षसों के कृपाकांक्षी। राक्षस के चमचे। मुँहलगे। उनकी क़ैद में भी परम तृप्त। पिंजरा राक्षस का, पर दाने भी तो उसी ने दिये हैं। हरी मिर्च भी तो उसी की। सो राक्षस को देखते हैं, तो पिंजरे की शिकायत नहीं करते। बस, दूध-रोटी, चित्रकोटी बोलते हैं।

प्रसन्न कि राक्षस की ताक़त के साथ हैं। उसकी अभिरक्षा में। उसे प्रसन्न रखना ही मानो तोता जीवन का परमध्येय। यह सोचता ही नहीं तोता कि राक्षस से दूर रहो। सोचता ही नहीं कि क्यों दूसरे पंछी राक्षस के क़रीब नहीं आते? वह ग़लत सोहबत को नियामत मानता है। कदाचित राक्षस की ताक़त के बूते स्वयं ताक़तवर होने का मीठा भ्रम बनता जाता है उसमें। यार, इतना बड़ा आदमी! इत्ता पैसे वाला! कितने कॉन्टेक्ट्स इसके! कितनी पहुँच! एक फोन ठोक देता है तो ऊपर से नीचे तक सारा तन्त्र हिल जाता है। मीडिया चरण पखारता है। एक हुंकार मार दे तो सारी रिसायत थर्रा जाती है। प्रजा कैसी घबराती है कि पश्चिम दिशा में मत जाना कि उस दिशा में राक्षस रहता है। क्या दबदबा! क्या जलवा! कैसे ठाठ! और ऐसे के साथ रहो, दिखो तो आप तोता होते हुए भी महत्त्वपूर्ण बन जाते हैं। होता तो है बस न कुछ पिद्दा-सा एक तोता। पर वह राक्षस का हुआ तो कितना महत्त्वपूर्ण! वी आई पी।...भूल जाता है तोता कि राक्षस जब भी मारा जाएगा, उस दिन वह भी मारा जाएगा। तोता सोचता ही नहीं। राक्षस के साथ उनकी ही निभती है, जो सोचते नहीं।

पर यह तो तोते के चरित्र का विश्लेषण हुआ। यह प्रश्न तो अभी भी अपनी जगह रहा कि राक्षस अपनी जान को तोते में क्यों रख देते हैं? राक्षस तो स्वयं ही इतना बलशाली। अपनी जान स्वयं अपने पास धरे तो ज़्यादा सुरक्षित न होगी क्या? तोते जैसे कमज़ोर-से प्राणी के पास अपनी जान रख देने का आख़िर अर्थ क्या है? और वो भी पिंजरे में क़ैद तोते के पास कि ऐन मौक़े पर अपनी और तेरी जान बचाकर उड़ भी न सके। पुराना अनुभव, इतिहास और खानदानी राक्षसी क़िस्से भी आगाह करते हैं कि राक्षस के पूर्वजों अर्थात् बाप तथा बाप के बाप ने भी अपनी जान किसी तोते में रखी थी और वे सब कभी-न-कभी तोते की गर्दन तोड़ दिये जाने से ही मारे

गये थे। फिर भी? राक्षस को तोते पर ही भरोसा है। पता नहीं कि क्यों है? मुझे लगता है कि राक्षस चाहे होते कितना भी राक्षस होते हों, पर भयभीत भी रहते हैं मन-ही-मन। भीमकाय शरीर, असीमित ताक़त, परन्तु असुरक्षा का सतत भाव। कि कहीं मुझसे शक्तिशाली राक्षस न आ जाए! कि कहीं मुझसे बड़ा तिकड़मी! कि कहीं मुझसे भी बड़ा कमीना! कि कहीं मुझसे अधिक जोड़तोड़ वाला! तब? घबराता है वह। राक्षस को निरन्तर ही यह आश्वासन चाहिए कि वह सर्वशक्तिमान है। तभी उसे अपने चारों तरफ, हमेशा ही जी हुजूरिए, कमज़ोर तथा तोता-रटंत लोगों की दरकार होती है। वह तोतों को आसपास रखता है; जो दोहराते रहते हैं उसकी पसन्द की बातें। झूठे गुणगान। गढ़े हुए क़िस्से। इससे राक्षस को अपनी राक्षसी ताक़त का भरोसा बना रहता है। पर इस तरह वह और भी राक्षस बनता चला जाता है। वह तोते पर निर्भर भी होता चला जाता है। मानो कि उसके राक्षसपन की जान इन तोतेनुमा लोगों में ही रहने लगती है। ये ही रोज़ अपने सामने बढ़ रहे राक्षस को 'जी हाँ-जी हाँ' कहकर उसके राक्षसपन के बढ़ते रहने में मदद करते हैं।

इसीलिए जब राक्षस के साथ तोता भी मारा जाता है, तो हमें तोते की मौत का बुरा नहीं लगना चाहिए। राक्षस को राक्षस बनाने में तोते का रोल भी कम नहीं है।

बिना दिशा के रास्ते

अभी टीवी पर एक सन्तजी का प्रवचन चल रहा था।

वे कह रहे थे कि ईश्वर तो एक है, परन्तु उस तक पहुँचने के रास्ते अनेक हैं। मंज़िल एक है, पर रास्ते अलग-अलग हैं। अनेक मार्ग हैं उस परम पिता तक पहुँचने के लिए।...सुनने वाले भक्तों ने इस बात पर तालियाँ ठोंक दीं। भक्त तर्क या दिमाग़ से नहीं चलता। वह तो भक्ति के आनन्द की प्रत्याशा में बैठा रहता है—मान लें कि लगभग मज़ा लेने की तमन्ना में बैठता है वो। तनिक भी अवसर बना कि तालियाँ पीटनी शुरू कर देता है। सन्त पर आस्था है उसकी। वे जो भी कर रहे हों, वह रह-रह कर तालियाँ मारता रहता है। मैं भी भीड़ में था, और सच बात तो यह है कि तालियाँ मैंने भी ख़ूब मारी थीं साहब। परन्तु प्रवचन के पश्चात् यह वाक्य मेरे पापी मन में अटका रह गया कि 'मंज़िल तो एक है, परन्तु रास्ते अनगिनत हैं।'

मैंने सारे मामले पर ग़ौर किया, तो इस एक चीज़ के अनेक पहलू सामने आए।

मेरे मन में एक प्रश्न तो यही उठा कि यदि मंज़िल एक ही है, तो वहाँ तक जाने के लिए इतने सारे रास्ते बनाने की तुक क्या थी? इस बात पर 'ऑडिट आब्जेक्शन' क्यों नहीं उठा? सोचिए कि कितनी फिज़ूलख़र्ची की गयी कि एक ही तरफ जाने के लिए इतनी सड़कें बना डालीं। कितनी गिट्टी, कितना डामर, कितना पैसा! हद है कि नहीं? ठेकेदार अपना आदमी भी हो, तो आप भोपाल से सीहोर के बीच पचास सड़कें थोड़े ही बनवा डालेंगे? इन्क्वायरी बैठ जाएगी भाई साहब। हल्ला हो जाएगा। लोग स्साले कोर्ट तक चले जाते हैं आजकल। पूछेंगे कि किसने सेंक्शन करीं? उस क्लर्क की टीप पर ध्यान क्यों नहीं दिया गया कि जिसने प्रपोजल के डोक्यूमेंट पर स्पष्ट राय दी थी कि इसके लिए पहले ही पन्द्रह मार्ग बने हुए हैं तथा एक और नये मार्ग की संस्तुति करना उचित नहीं होगा। कोर्ट फाइलें माँग सकता है कि ईश्वर तक पहुँचने के लिए इतने रास्ते बनाने की फिज़ूलख़र्ची किसने की तथा क्यों न ज़िम्मेदारी तय करके उससे रिकवरी की जाए?...परन्तु कोई ध्यान नहीं देता मित्र। धाँधली मची है। जिसका मन करता है, वही ईश्वर की दिशा में अपनी एक रोड डाल देता है। बहुत

सारे सन्तों के बहुत सारे आश्रम मुझे ऐसे ही रास्तों के कंस्ट्रक्शन ऑफिस से नज़र आते हैं।

इतने सारे रास्ते बना दिये गये हैं कि यात्री भ्रम में पड़ जाता है। किस रास्ते से जाया जाए? हम जैसे लोग तो इसी चक्कर में यात्रा पर ही नहीं निकल पाये कि कौन-सा रास्ता सही रहेगा? जब तक ठीक-ठाक रास्ता पता न चले, तो आदमी निकले किस तरफ? यार, कहने वाले चाहे लाख कहते रहें कि हर रास्ता अन्तत: वहीं पहुँचेगा, पर रोड की हालत, लम्बाई इत्यादि तो आदमी देखेगा कि नहीं? रोड है, पर ऊबड़खाबड़ है; या कि रोड शानदार है, पर टोल टैक्स के दस बैरियरों पर नोट निकालकर देने पड़ेंगे, या कि रास्ता है, परन्तु सुनसान जंगल से जाता है—सो हर रास्ता देखकर ही तो आदमी निकलेगा, कि नहीं? कौन-सा रास्ता बढ़िया है, इसी पूछ-परख में टाइम खोटी हो रहा है। हम तो हरेक से मिलते-पूछते रहते हैं। उनसे भी जो किसी मार्ग पर चलकर लौटे हैं, या जो जानकार टाइप लगते हैं—पूछते हैं कि कौन-सा ठीक रहेगा? हमने ऐसे ही पूछकर अपने एक मित्र को बताया भी कि प्यारे, इस वाले मार्ग पर चलना ठीक रहेगा। वे बोले कि तुमको कैसे पता? हमने एक सज्जन की तरफ इशारा करके बताया कि ये इस रास्ते पर चलकर देख चुके हैं और बताते हैं कि बढ़िया है। मित्र ने बताया कि ये उल्लू बना रहे हैं; कभी कहीं नहीं गये, ऐसे ही दिखावे के लिए कुछ दूर तक जाकर फोटू-सोटू खिंचवा लिए हैं, बस। अब यात्रियों को इस रास्ते पर भेजने का कमीशन खाया करते हैं।...बताइए! आदमी क्या तो करे? किस रास्ते जाए? हमने तो, थोड़ी थोड़ी दूर तक हर रास्ते पर चलकर देख लिया है। एकाध पर तो दूर तक भी गये। परन्तु होता यह है कि आप कुछ दूर ही चलो कि दूसरे रास्ते वाले आवाज़ें देकर चेताने लगते हैं कि उस रास्ते पर चलकर उल्लू न बन जाना क्योंकि वो रास्ता आगे जाकर बन्द है। रास्ते हैं, पर बन्द हैं, या डायवर्टेड होकर कहीं गुम हो रहे हैं, या आगे जाकर मरम्मत के लिए रुके पड़े हैं। हर रास्ते वाले आवाज़ देते हैं कि हमारा रास्ता ही असली रास्ता और बाक़ी के बेकार। सबके अपने छकड़े। सबकी अपनी पालकियाँ। बिठाकर ले जाएँगे। बिना कष्ट के ईश्वर से साक्षात्कार हो जाएगा। इतनी आवाज़ें। इतने आह्वान। इतने दावे। कि ईश्वर की तलाश में निकला आदमी रास्तों के मुहानों पर ही भटकता फिरता है कि किस रास्ते चला जाए?

हमारे मित्र ने और भी एक ऐसा प्रश्न उठाया कि समस्या और जटिल हो गयी।

उसने हमसे कहा कि मान लो कि तुमने अन्तत: एक रास्ता चुनकर चलना भी शुरू कर दिया—मान लो कि तुम इन सन्तजी के बताये रास्ते पर ही निकल पड़ो, परन्तु यह तो बताओ कि मंज़िल को भी पहिचानते हो कि यों ही अन्दरसट्ट चल निकले हो? हम अकचका गये। यह तो हमने सोचा ही नहीं था। ईश्वर सामने आएगा, तो क्या हम पहिचान भी सकेंगे? हमने उत्तर तो दिया, पर स्वर लड़खड़ा रहा था, "मुकुट

लगाए हुए भगवानजी बिराजे होंगे क्षीरसागर में....'' हमने भगवान की जैसी भी फोटू बचपन से अब तक यत्र-तत्र कैलंडरों, कल्याण आदि में देखी थी, सो उसी हिसाब से बता दिया। ''पहिचान ही लेंगे।'' हमने कहा। मित्र हँसने लगा। कहने लगा कि इसका तात्पर्य तो यह हुआ कि तुझे जो भी शख़्स, मुकुट लगाकर दरिया में तैरता मिलेगा, तू उसी को ईश्वर मान लेगा। क्यों? उसने आगे कहा कि मान ले कि मैं तेरे से तेज़ चलकर उस रास्ते पर आगे निकल जाऊँ और दस किलोमीटर पर जो तालाब पड़ता है, उसमें, मुकुट लगाकर पटिए पर तैरने लग जाऊँ, तो तू मुझे भगवान मान लेगा क्या? तब तू अपनी यात्रा समाप्त करके सन्तुष्ट होकर बैठ जाएगा क्या कि तुझे मंज़िल मिल गयी? ईश्वर को पहिचानता नहीं और उसे पाने की रोड तय करने निकला है! अच्छा, मान लो कि वह मुकुट की जगह टोपी लगाये मिल जाए, तो? क्या ईश्वर को मुकुट की ही पाबन्दी है? वह पगड़ी नहीं बाँध सकता? या मान लो कि नंगा ही घूमता हो वो, तब? ईश्वर तो तब भी ईश्वर ही रहेगा न यार।...हमने मित्र को फटकारा कि यार, तुम हमें कन्फ्यूज न करो। इधर हम पहले ही इतने सारे रास्ते देखकर परेशान हैं, उधर तुम मंज़िल के विषय में भी सन्देह पैदा किये दे रहे हो। हमने कहा कि हम ईश्वर को क्यों नहीं पहिचानेंगे यार? ईश्वर से प्रकाश फूटता दिखता है। पहिचान लेंगे।...मित्र ने कहा कि प्रकाश तो सौ वॉट के बल्ब से भी फूटा करता है, तो क्या तू उससे चिपक जाएगा? और चिपका भी तो ऐसा करंट लगेगा कि ईश्वर याद आ जाएगा। हमने कहा कि यार, तुम नास्तिकों वाली बातें न करो। हमें पता है कि आदमी को तो एक बार रास्ता चुनकर चलना शुरू कर देना चाहिए—भगवान तो स्वयं ही अचानक प्रकट हो जाते हैं। तुम्हें पता ही होगा और तुमने फ़िल्मों इत्यादि में देखा ही होगा कि भगवान अचानक प्रकट हो जाते हैं। बस, तो तरीका तो यही है कि आप तो चलते रहो। जहाँ भी वे प्रकट हो जाएँ, वहीं यात्रा समाप्त। किसी को दो किलोमीटर पर भी मिल सकते हैं, तो किसी की चप्पलें घिस जाएँ चलते-चलते, और वो न मिले।...मित्र ने चेताया कि जो कभी अचानक प्रकट हो जाए ईश्वर, तो अपने सामान सहित उससे टकरा न जाना क्योंकि अचानक कोई चीज़ सामने आ जाए तो एकदम से ब्रेक लगाना तनिक कठिन हो जाता है।

तो भैय्या, ईश्वर के रास्ते पर तो भ्रम-ही-भ्रम।

पहले तो रास्तों का ही भ्रम चल रहा था, मित्र ने मंज़िल का भ्रम भी पैदा कर दिया। एक और मित्र ने, जो सौभाग्य से ट्रान्सपोर्ट डिपार्टमेंट में काम करते थे और इसी कारण आस्तिक भी थे क्योंकि इनका पूरा विश्वास था कि ईश्वर के कारण ही ऊपर की इतनी कमाई का जुगाड़ हो सका है, उन्होंने अनेक रास्तों की पॉलिसी की ज़ोरदार पैरवी की। वे बताने लगे कि बहुत सारे रास्ते होने के पीछे ट्रैफिक डिपार्टमेंट वाली पॉलिसी है। आपको भी पता है कि ईश्वर की यात्रा में भीड़ तो भारी है। अब

ये सारे यदि एक ही रोड पर सारे चल दें, तो ट्रैफिक जाम तो हो ही जाए, भड़दड़ भी मच जाए। भक्तों का तो आपको पता ही है। भगदड़ मचते देर नहीं लगती। कुछ तो इसी भगदड़ में मर कर सीधे ही ईश्वर से मिल जाएँगे।...मान लो सिपाही भी लगाओ, तो कितने लगाओगे? फिर भक्तों के ट्रैफिक को सम्भालना कौन-सा आसान काम है! सिपाही किसी को ठेल भी देगा, तो लोगों की धार्मिक भावनाओं को चोट पहुँचने का डर रहेगा। फिर अपने यहाँ के सिपाही भी ऐसे धर्मप्राण हैं कि वे ख़ुद ही भक्तों की भीड़ में शामिल होकर चल देंगे कि जब इतने लोग कहीं जा रहे हैं, तो चीज़ ज़ोरदार ही होगी।...उन्होंने आगे हमें समझाया कि जितने ज़्यादा रास्ते होंगे, उतनी ही भीड़ बँट जाएगी और भक्तिमार्ग पर धक्का-मुक्की नहीं होगी। सो अनेक रास्ते हों, तो बढ़िया बात ही कहाई! भीड़ और धक्कम-धक्का कम होगा, तो भक्त तेज़ चल सकेगा और ईश्वर को ज़ल्दी पा सकेगा।...मित्र के तर्क आकर्षक थे। ''परन्तु इतने रास्ते होने पर भी बहुत कम लोग हैं कि जो ईश्वर तक पहुँच पाते हों—ऐसा क्यों?'' हमने पूछा।...मित्र, यह तो यात्री की कमज़ोरी है। चलने में हाँफते हो, तो यार घर से ही क्यों निकले?

हमने कहा कि मात्र यही कारण नहीं हो सकता। दरअसल दिशा-निर्देश भी तो साफ़ नहीं हैं इन रास्तों पर। आगरा-बॉम्बे रोड पर आप बम्बई भी पहुँच सकते हो और आगरा भी। रास्ता है, पर दिशा का बोर्ड नहीं ठुका। आप ईश्वर की तरफ जाने को लथड़पथड़ भागे जा रहे हो, कि दूसरी दिशा से आने वालों ने बताया कि आपने तो जाने की जगह पर ईश्वर की तरफ से आने वाली रोड पकड़ रखी है। मर गये न! इत्ता चलना बेकार गया कि नहीं? जाने की जगह लौटने का रास्ता पकड़ बैठे और जीवन इसी प्रतीक्षा से गुज़ार दिया कि अब मोक्ष मिलने को ही है। तो दिशा कौन-सी?...हमने मित्र से कहा कि आप तो ट्रैफिक वाले हो, तो आपसे बेहतर इस बात को कौन जान सकता है कि रास्ते जितने भी हों, पर सभी पर ऐसे बोर्ड तो गड़े हों कि किस दिशा में जाने पर यात्री किधर पहुँचेगा?...मित्र हँसने लगे। बोले कि बात इतनी सरल नहीं है प्यारे। तुम ज़िन्दगी को भवसागर कहते हो कि नहीं? तो यह तो सागर की यात्रा है। कभी समुद्र में तैरने वालों से मिले हो? मान लो कि आप इंग्लिश चैनल या जलडमरूमध्य को तैरकर पार करने का प्रयास कर रहे हो। फिर? माँग करोगे कि पानी में तख्तियाँ तैराई जाएँ कि किस तरफ तैरें? चारों तरफ जल है और आप तैर रहे हैं। बस। इस तरफ जा रहे थे कि एक लहर आयी और पलट कर उस तरफ तैरने लग गये। रोते रहो उम्रभर कि तट नहीं मिल रहा क्योंकि जिन दिशा-निर्देशक पट्टियों के सहारे यात्रा कर रहे थे, वे स्वयं हर लहर के साथ पलट जाती हैं। तो दूसरों की दिखाई दिशा पर चलें या तैरें, तो ईश्वर नहीं मिलेगा।

तो?

तो क्या करें?

क्या चलना ही बन्द कर दें?

क्या ईश्वर की ओर यात्रा बन्द करके चुपचाप बैठ जाएँ? या इन्हीं रास्तों पर सन्तजी के साथ भटकते-भटकते थकते रहें? कहना कठिन है। कई बार तो मुझे लगता है कि यार, हमसे भले तो नास्तिक हैं, जिन्हें इस यात्रा पर जाना ही नहीं। परेशानी हम जैसों की है, जो मानते हैं कि ईश्वर अवश्य है और यह भी मानते हैं कि ये ढेर सारे रास्ते उस तक नहीं ले जाते। तो क्या हमें अपना रास्ता ख़ुद ही नहीं बनाना होगा?

हँड़िया और कुत्ते

हमारी तरफ यदि कोई आदमी, किसी से धोखा खा बैठे, तो जो अन्य व्यक्ति बाद में मौक़ा-ए-वारदात पर उपस्थित होता है, वह धोखा खाने वाले व्यक्ति से, किसी-न-किसी तरह यह कहावत अवश्य कहता है कि यार, कोई बात नहीं, हँड़िया चटी तो चटी, पर कुत्ते की जात पहिचान ली। मतलब यह कि धोखा खाया सो खाया, परन्तु इसका फ़ायदा यह हुआ कि धोखा देने वाले आदमी को पहिचान गये कि बेईमान है। सुनने में एक बार यह बात अच्छी तथा जायज़-सी भी लगती है। परन्तु धोखा खाने वाला इंसान तब तक इस बात को इतनी बार, इतनी तरह से सुन चुका होता है कि बाद में वह धोखा खाकर इतना परेशान नहीं होता, जितना इस आशंका से रहा आता है कि अब कोई समझदार व्यक्ति उससे कुत्ते और हँड़िया वाली बात कहने ही वाला है। मैं स्वयं अपना उदाहरण दूँगा। बचपन से लेकर अब तक मैंने इतने धोखे खाये हैं कि कुछ लोग तो पूरा सन्देह करते हैं कि तू जान-बूझकर धोखे खाता रहता है और अवश्य ही तुझे धोखे का शौक़-सा है। मेरे मना करने पर वे सान्त्वना के लिए हँड़िया और कुत्ते वाली आदिम थ्योरी बताने लगते हैं।

पर मेरे हिसाब से इस थ्योरी में एक ही दिक्कत है कि आप एक हँड़िया में एक ही कुत्ते की जात की पहिचान कर पाते हो। इसे जनरलाइज़ नहीं कर सकते। एक कुत्ते से धोखा खाने के पश्चात् जब दूसरा नया कुत्ता मेरे जीवन में प्रवेश करता है, तो मैं कुछ दिनों तक असमंजस में रहता हूँ कि उसे हँड़िया के निकट फटकने दिया जाए अथवा नहीं? नये कुत्ते का आपको पता नहीं। क्या पता कि कैसा हो? आप तब तक उसके बारे में राय क़ायम कैसे कर सकते हैं कि जब तक वह भी हँड़िया न चाट भागे! बड़ी कठिनाई है। आप लाख कहावत सुन चुके हों, परन्तु न तो (सारे) कुत्तों पर भरोसा करना समाप्त कर सकते हैं और न ही हँड़िया को ज़िन्दगी भर लॉकर में ताला मारकर रख सकते हैं। कई लोगों को ऐसा भी करते देखा है मैंने। वे हँड़िया को तिजोरी में छुपा देते हैं। कुत्ते की जात को वे पहिचान चुके हैं—ऐसा भ्रम है उन्हें। वे हँड़िया का माल, धरा-धरा सड़ जाने देते हैं परन्तु कुत्तों पर विश्वास करने को

तत्पर नहीं। यह भी जीवन गुज़ारने का एक तरीक़ा हो सकता है। कुछ ऐसे भी जी लेते हैं। पर हमसे इस तरह जीते नहीं बनता। मेरा मामला तथा सोच किंचित अलग रहा है। मुझे हर कुत्ता विश्वसनीय प्रतीत होता है। हर हिलती पूँछ मुझे खुशफहमी में डाल सकती है और ज़मीन पर प्यार भरी लोट लगाता कुत्ता देखकर (अपनी हँड़िया हाथ से छोड़ ज़मीन पर धरकर) मैं कुत्ते को पुचकारने, दुलारने में लग जाता हूँ। अब मौक़ा पाकर यह कुत्ता (या वहीं मँडरा रहा कोई और कुत्ता) यदि मेरी छोड़ी हँड़िया पर झपटकर उसे चाट जाए, तो मैं क्या कर सकता हूँ? सो मैं धोखे खाता ही रहता हूँ।

मैं हर धोखे के बाद तय करता हूँ कि अब मैं कुत्तों से दूर रहूँगा, या फिर हँड़िया को कसकर पकड़ के रखूँगा। पर मैं दोनों काम नहीं कर पाता। भरोसा ख़त्म नहीं नहीं कर पाता, सो कुत्तों से दूर नहीं रह पाता। और हँड़िया को ज़ोर से पकड़कर रखने में मुझे बेवकूफी लगती है क्योंकि हमारी हँड़िया में कभी ऐसा ख़ास माल रहा ही नहीं। बल्कि, मुझे तो कई बार उन कुत्तों पर तरस आता है, जो माल के भ्रम में हमारी खाली सी हँड़िया चाटने पहुँचे थे। वे बेचारे निराश होते होंगे बाद में। इत्ता तगड़ा झपट्टा मारा, इतने लोटे-फोटे और स्साले की हँड़िया में यह निकला! हद है। इसी हँड़िया को ऐसे कसके छाती से चिपकाये घूम रहा था? कुत्ता कहीं का! या पता नहीं कि कुत्ते आदमी को कौन-सी गाली देना पसन्द करते हैं। जो भी हो, मुझे ख़ूब देते होंगे कुत्ते। मैं तो यहाँ तक कहने को तत्पर हूँ कि यह स्वयं कुत्तों के साथ धोखा करने जैसा है, जिसके लिए मैं शर्मिन्दा था, हूँ और रहूँगा।

जैसा कि मैंने अभी बताया कि बचपन से ही धोखे खाता आ रहा हूँ।

वास्तव में हमारा गाँव इस मामले में ख़ासा कुख्यात था। यहाँ एक-से-एक धोखेबाज़ पड़े थे। धोखेबाज़ी को इन्होंने लगभग एक कला बना दिया था। कई धोखेबाज़ घराने थे गाँव में। कई घर तो ऐसे थे कि जिनमें दादाजी भी धोखा देने में मुब्तिला थे और पोते भी। कभी, कोई न मिले तो वे आपस में ही धोखा दे लेते थे, परन्तु दिन बेकार नहीं जाने देते थे। ऐसे ख़तरनाक माहौल में मेरे पिता जैसे सीधे-साधे इन्सान की चिन्ताएँ दुतरफा थीं—एक तो वे हमें धोखेबाज़ बनने से बचाना चाहते थे, और दूसरा वे हमें इस बारे में ट्रेन्ड भी करने की कोशिश करते थे कि हम धोखेबाज़ों से कैसे बचें? वे हमें कहते कि धोखा देना पाप है। ''जो यहाँ धोखा देगा, वह वहाँ धोखा खाएगा।''—वे कहते। मैंने पूछा भी कि यहाँ का मतलब कोलारस? तो वे नाराज़ होकर इस लोक तथा परलोक की बात समझाने लगते। फिर वे बात के विस्तार में जाकर भगवान का यह फार्मूला हमें समझाते कि अन्तिम क्षणों में जब

ईश्वर जीवन के एक-एक पल का हिसाब सामने धरके क़ैफियत पूछेगा, तब बच्चू को पता चलेगा—ऐसा कहकर वे धोखा देने वालों की तब जो दुर्गत होगी, उसकी सोचकर ख़ूब मुस्काते। मैंने एक बार यह पूछने की हिमाक़त की कि यदि धोखा देना ऐसी ही ख़राब बात है, तो ईश्वर आदमी के आख़िरी पलों के लिए क्यों रुका रहता है—शुरू में ही दो थप्पड़ लगाकर आदमी को ठीक क्यों नहीं कर देता? इसके उत्तर में पिताजी ने मुझे दो थप्पड़ लगाए और यह रहस्य प्रकट किया कि भगवान की माया अपरम्पार है, जिसे हम जैसे मूढ़मति नहीं समझ सकते और न ही हमें इसकी कोशिश करनी चाहिए। आगे पिताजी ने हमें बताया कि तुम तो बस इतना समझ लो कि न तो धोखा देना है, न धोखा खाना है। उन्होंने कहा कि यदि तुम धोखा खाने से बच सके, तो ऐसा करके तुम उस धोखेबाज़ को भी पाप करने से बचाओगे क्योंकि जब वह धोखा दे ही नहीं पाएगा, तो उस पर इसका पाप भी नहीं चढ़ेगा। इसी को एक तीर से दो शिकार करना कहा जाता है।

हमें धोखा खाने से बचाने के लिए पिताजी द्वारा दी गयी ट्रेनिंग कुछ सिद्धान्तों पर काम करती थी। उनका एक सिद्धान्त तो यह था कि आप हँड़िया धरो ही मत, तो कुत्ते आपके पीछे अपने आप नहीं आएँगे। आप बिना हँड़िया के जीवन यात्रा करिए। आप फटेहाल रहिए। पैसे मत रखिए। नंगे घूमिए। या बस चड्डी में घूमिए। आप कमाइए मत। जेबें बाहर की तरफ उलट कर चलिए। अब भूखे-नंगे को जो धोखा देने की सोचेगा, वह खुद ही अन्ततः धोखा खाएगा। बस, आप हँड़िया का झंझट ही मत पालो। कुत्ते, चाहे लाख कुत्ते हों, पर वे गधे नहीं होते! वे हँड़िया-विहीनों का पीछा नहीं करते। वे ऐसे मालिकों को पहिचानते हैं, जिनके पास हँड़िया होती है। जिनके पास हँड़िया न हो, उनके पीछे वे बस समय काटने के लिए कभी यों ही आते हैं। जब तक हम छोटे बच्चे थे, हमें पिताजी का यह सिद्धान्त बड़ा ख़रा तथा मारक प्रतीत होता रहा। हम बिना जेब ख़र्च लिए स्कूल जाते। हम हँड़िया रखते ही नहीं। बल्कि हम ही कुत्तों की तरह डोलते और दूसरे बच्चों को अपनी-अपनी हँड़िया चाटते देखकर ललचाते, परन्तु पिताजी के सिद्धान्त को याद करके अपनी बुद्धिमानी पर गर्व भी करते और दूसरों की नादानी पर तरस खाते। धीरे-धीरे हम बड़े हुए और हमने पाया कि पिताजी के इस सिद्धान्त में यह कमी थी कि हँड़िया यदि कुत्ते नहीं चाट पा रहे थे, तो हम भी तो नहीं चाट पाते थे। जबकि अब हमारी इच्छा होती थी कि काश, अपनी हँड़िया में कुछ माल धरकर हम चल रहे होते, तो कभी हम भी चाटते। इच्छा होती कि हमारे पास भी चार पैसे होते और हम भी कभी-कभी अच्छा खाते-पीते। इधर पिताजी सादा जीवन पर इस क़दर उतारू थे कि हमें 'सादा' शब्द से ही नफ़रत हो चली थी। हमने पिताजी से इस विषय पर बात करने तथा एक अदद हँड़िया रखने की इच्छा ज़ाहिर की तो वे बुरा मान गये। कहने लगे

कि तुम स्साले संयम नहीं रख सकते तो गाँधी के देश में पैदा ही क्यों हुए? पैसे के पीछे क्या भागना? हँड़िया क्यों चाहिए तुमको? उपवास, व्रत, नियम, संयम से आत्मा को जो तृप्ति मिलती है, क्या उसकी तुलना किसी से की जा सकती है—उन्होंने पूछा। यह बात अलग थी कि यह प्रश्न करते-करते उनकी आवाज़ लड़खड़ा गयी थी, क्योंकि पिताजी भी जानते थे कि संसार में यदि जीना है, तो आदमी को हँड़िया तो रखनी ही होती है। कुत्तों से डरकर आप हँड़िया रखना नहीं छोड़ सकते। फिर आप क्या करें?

यहाँ पिताजी का दूसरा सिद्धान्त काम आया।

पिताजी ने कुत्तों को बेवकूफ बनाने के लिए यह ट्रिक अपनाई थी कि वे चाटने लायक माल को अन्यत्र कहीं छुपा देते थे और स्वयं कुत्तों के समक्ष खाली हँड़िया लटकाए घूमते थे। उन्हें विश्वास था कि उनकी इस कारीगरी से कुत्ते कन्फ्यूज हो जाएँगे और भ्रम में पड़कर कुत्ते तो हँड़िया के आसपास कुत्तों की भाँति घूमते हुए अपना समय ख़राब करेंगे, इधर हम अपना माल छुपी हुई जगह से उठाकर चाटते-खाते रहेंगे। इस सोच की अपनी ही सीमाएँ थीं। इसमें कुत्तों को गधा मानकर चला गया था, जो कि, जैसाकि हमने पहले ही बताया कि होता नहीं। आदमी तो एक बार गधा हो सकता है, परन्तु कुत्ते कुत्ते ही रहते हैं। उनकी मूर्खता में भी गधेपन से ज़्यादा कुत्तापन होता है। कुत्ते को कभी गधा बनाने की कोशिश की जाए, तो वह कुत्तेपन पर भी उतर सकता है। सो इस तरीके से कुछ कुत्ते, कुछ समय के लिए दिग्भ्रमित किये जा सकते हैं, परन्तु सभी कुत्ते नहीं। धोखा देने वाले धोखा दे ही जाते हैं। कुत्तों के साथ एक बड़ा गुण यह भी है कि वे सूँघते बढ़िया हैं। वे माल सूँघ लेते हैं। ताड़ लेते हैं। धोखेबाज़ जान लेते हैं कि असली क़िस्सा क्या है? हमारे पिताजी के साथ यही हुआ। उन्होंने बैंक में हज़ार रुपये तथा घर की पेटी में गिलट के गहने धरकर सोना-चाँदी आदि माल एक दूसरी ही हँड़िया में छुपाकर घर के पीछे उगे जामुन के पेड़ की जड़ में इतने गहरे खोदकर दबाया था कि वह पेड़ ही उखड़ते-उखड़ते बचा था। वे गाँव में सबसे यही कहते फिरते थे कि यार, हम तो बस दाल-रोटी चल जाए, इत्ता ही कमा पाते हैं—बचा एक धेला नहीं पाते। पिताजी सबके समक्ष अपने को ऐसा दरिद्र बताकर पेश किया करते थे कि एकाध बार तो एकाध सहृदय व्यक्ति ने उन्हें भीख तक देने की कोशिश की थी। पर ताड़ने वाले लोग ताड़ रहे थे। गाँव के शातिर धोखेबाज़ों की नज़र उन पर थी। कुत्ते खाली हँड़िया के परे माल की ख़ुशबू सूँघकर परेशान तथा आशान्वित एक साथ थे। वे जान गये थे कि माल कहाँ है! वैसे कोई भी हल्का-सा समझदार व्यक्ति भी चार दिन तक पिताजी पर नज़र रखता, तो जान जाता क्योंकि पिताजी जामुन के पेड़ के नीचे ही पड़े रहते पाये जाते थे। नित्य क्रियाओं से फुर्सत पाकर वे तीर की तरह सीधे जामुन के नीचे आ जाते। फिर वे वहीं बैठे

रहते या कहीं जाना भी पड़ जाए, तो बीच-बीच में वाप आकर जामुन का चक्कर मार लेते। वे रात में भी दो-चार बार बिस्तर से उठकर जामुन के पेड़ का वह स्पॉट देख आते, जिसके नीचे असली हँड़िया दबी थी। जामुन का सीजन न होने पर भी, और स्वयं तोता न होते हुए भी यह शख़्स क्योंकर जामुन के इतने चक्कर लगाया करता है—यह समझने के लिए बहुत कुत्तेपन की आवश्यकता नहीं थी। वास्तव में तो पिल्ले तक इसे सूँघ सकते थे। वही हुआ भी। कुत्ते जान गये कि हँड़िया कहाँ है! एक सुबह उठने पर पिताजी ने पाया कि जामुन के पेड़ के पास इतना गहरा गड्ढा खुदा हुआ था कि तटस्थ रूप से देखें तो चोर की मेहनत के जज़्बे के लिए दाद देने का मन करने लगे। जिस गड्ढे को पिताजी ने चार दिनों तक खोदकर बनाया होगा, चोर रात में उससे भी गहरा खोदकर माल ले गये थे।

इस धोखे से पिताजी निराश हो गये। उन्हें अपने ऊपर से विश्वास उठ सा गया था।

वे अब हर कुत्ते पर शक़ करने लगे। वे हर कुत्ते को दुत्कारते या उसे पत्थर मारने लगते। हर कुत्ते को वे न केवल खाली हँड़िया बजा बजाकर दिखाते, बल्कि उसे जामुन के नीचे बन गये गड्ढे में ढकेलने का प्रयास करते। कई शरीफ़ कुत्ते उनका शिकार बने। बल्कि शरीफ़ कुत्ते ही उनका शिकार बने। एकाध शरीफ़ कुत्ते ने उनके इस व्यवहार पर ऐतराज़ भी किया तो पिताजी ने खाली हँड़िया ही उसके सिर पर दे मारी। पिताजी शरीफ़ों और बदमाशों, दोनों से कटकर रहने लगे। बाद के दिनों में पिताजी को यह दृढ़ विश्वास हो गया था कि यह दुनिया बड़ी कुत्ती है और ऐसे कुत्तों से भरी है कि यहाँ कोई भी हँड़िया सुरक्षित नहीं कही जा सकती। बैंक फेल हो सकते हैं, जेब कट सकती है, जेवर झपटे जा सकते हैं, चेक पर जाली दस्तख़त बनाये जा सकते हैं और मकान से बेदख़ल करके नाजायज़ कब्ज़ा किया जा सकता है। वे घबराने लगे थे। वे सोचा करते कि करें क्या? आदमी अपनी हँड़िया आख़िर कहाँ धरे? क्या वह पनिहारिनों की भाँति हँड़िया को सिर पर धरे-धरे घूमे? या घर के समस्त जेवरों को पहिनकर दुल्हन बना घूमे? या नोटों के बंडल थैले में धरकर कुली लेकर यहाँ-वहाँ जाए? जामुन वाली दुर्घटना के बाद वे बेहद चिन्तित, चौकन्ने तथा चौंक-चौंक जाने वाले शख़्स हो गये थे। वे हमें समझाते रहते कि जैसे हम गधा बनें, वैसे तुम न बनना। मैंने पूछ लिया कि फ़िर हम 'कैसे वाले' गधे बनें? पिताजी नाराज़ तथा दुखी हो गये। वे बोले कि स्सालो, तुम कैसे भी न बनना। बल्कि कुत्ता बनना। जीवन के अन्तिम दिनों में उनका यह परम विश्वास हो गया था कि हँड़िया को कुत्तों से बचाने का सबसे अचूक तरीका है, स्वयं ही कुत्ता बन जाना। वे कहते कि यदि एक बार आप स्वयं कुत्ता बन जाओ तो अन्य कुत्ते आपकी हँड़िया की दिशा में झाँकने की हिम्मत नहीं कर सकते। कुकरहाव से समझदार कुत्ते तक डरते हैं, ऐसा मानते

थे वे। वैसे, पिताजी कहते चाहे जो रहे हों, पर वे मरते-मरते भी स्वयं कभी कुत्ता न बन सके। कुत्ता बनने की कोशिश करना भी उन्हें कुत्तागिरी लगता था। दरअसल वे इतने ज़्यादा आदमी थे कि तनिक-सा कुत्तापन साधना भी उनके बस की बात नहीं थी।

पिताजी की मृत्यु के पश्चात् हमने भी कोशिश तो की कि पिताजी की आख़िरी सीख पर चल सकें। पर हमसे बना नहीं। मौक़े भी मिले, हँड़िया भी दिखी और लावारिस-सा माल तक दिखा—पर मैं चाट नहीं पाया। बना ही नहीं। कुत्ता नहीं बन पाया मैं जबकि आवश्यकता तथा अवसर ऐसे थे कि बन जाना चाहिए था। मिट्टी ही ख़राब निकली हमारी। खाते रहे, पर दे नहीं पाये धोखे। कुत्ता बनना कौन-सा आसान काम है साहब! भयंकर कुत्तागिरी की दरकार होती है इसमें। हम जैसों के बस की बात नहीं। इससे तो अच्छा है कि आदमी धोखा खा ले। कुत्ता बनने से बेहतर है यह। क्या कहते हैं आप?

पूँजीवादी समय में प्रेम

मोबाइल, लैपटॉप से लैस युवक। कानों में इअर-फोन की टोंटी। गाने सुन रहा है। बीच-बीच में फोन। साथ-साथ लैपटॉप पर कुछ घुमाता, खटके दबाता। पास धरे गत्ते के डिब्बे में धरा पिज़्ज़ा खाता। ट्रेन की सीट पर इत्मिनान से फैला हुआ। आसपास के यात्रियों से असम्पृक्त। बल्कि ठेंगे पर। अपने अकेलेपन में मस्त। उसकी अपनी ही दुनिया। उस दुनिया का वह अकेला नागरिक। उस दुनिया का अपना नागरिक शास्त्र है। सामाजिक शास्त्र है नहीं वहाँ। अकेले का ही समाज।

फटकार रहा है किसी को मोबाइल पर। खाते हुए डाँटना कठिन कार्य है। दूर बैठे किसी अधीनस्थ को डाँट रहा है जिसने अपेक्षित 'टारगेट' नहीं दिया है।

"और कितने दिन तुमको दें?...तीन दिनों से नागपुर में बैठे हो और रिजल्ट कुछ नहीं।...टूर तो भाईसाहब करने ही पड़ेंगे। वाइफ-बच्चों का रोना रोने से टारगेट नहीं पूरे होते। हम भी टूर पर ही हैं। अभी चेन्नई से आये। आज झाँसी की शताब्दी में बैठे हैं। पन्द्रह दिनों में बस एक दिन को घर पे दिल्ली में। वो भी कपड़े-वपड़े धुलवाने। वाइफ हमारी भी है। वो सब मुझे मत सुनाओ।...हमारी भी बीमार रहती है। मुँह भी बनाती है।...इट्ज पार्ट ऑव गेम। लाइफ़ में आगे बढ़ना है तो इन छोटी-छोटी चीज़ों का रोना बन्द करना होगा।...और मुझे बहाने नहीं दो। तुम्हें तीन दिन का टीए डीए कम्पनी यों ही नहीं दे रही मिस्टर। बेवकूफ़ मत समझो हमें।...मुझे तो रिजल्ट दो।...आज शाम छः बजे तक...। डील चाहिए। अंडरस्टैंड?...शाम छः बजे तक। तुम्हारा फोन आ जाए तब तक। देट इज़ द डेडलाइन। ओके? बियोन्ड देट—नो, नो, एण्ड नो। अंडरस्टैंड? ओके! टेक केयर। बाई बाई।..."

है किसी कम्पनी का तेज़-तर्रार अधिकारी। या मालिक ही हो। पैंतीस साल का युवा। पर देखिए कि ज़िन्दगी पर कैसी ज़बरदस्त पकड़! मैंने अपनी सीट से उसकी तरफ प्रशंसा भाव से देखा है कि यार कुछ भी कहो, यंग है पर काम लेना आता है पट्ठे को। वैसे उसे मेरी उपस्थिति का मानो भान ही नहीं है। परवाह भी नहीं। वह गाने सुनता हुआ लैपटॉप पर स्क्रॉल करता बैठा रहा।

कि अचानक उसका फोन आ गया। शायद प्रेमिका का। बातों से प्रेमिका का ही लगा। वो कदाचित उस तरफ से शिकायतें-गिले-शिकवे करने पर आमादा थी, जबकि यह फालतू ही समय नष्ट करने में विश्वास नहीं करता। "...और? तेरी वो कैसी है? अरे व़ोई।...हा हा हा।...हमारा नाम लेकर ही कुछ-कुछ कर लिया कर।...सच्ची।...लव यू।...सी बडी, अंडरस्टैंड किया कर। तू बस शिकायतें करती रहती है।...कुणिये, कैरियर के लिए करना ही पड़ता है।...तो क्या तेरा हाथ पकड़ के बैठा रहूँ?...तू क्या चाहती है कि दुनिया आगे निकल जाए और मैं तेरी...। आई डोन्ट केयर।...अरे ये ही बकवास करनी थी तो स्साली तूने फोन ही क्यों किया?...जानती है तू? रोमिंग ठुक रही है इधर!...रैंण दे रे तू।...रैंण दे।"

गुस्से में फोन काट दिया उसने।

तमतमाया बैठा रहा। बाकी का पिज़्ज़ा निबटाया। सोचता रहा थोड़ी देर।

फिर उसने फोन लगाया। निबटना ही होगा इस प्रेमका की बच्ची से। धमकाती है कि वाइफ को जाकर फोटू दिखा देगी। हिम्मत देखो स्साली की। इत्ती गिफ्ट-शिफ्ट। फिर भी! फोन पर इन्तज़ाम करने लगा वह। "यार जित्ते, तू ध्यांण से सुन। कहाँ है तू इस टेम?...ठीक।...ठीक।...देख तू, वो रश्मि है न?...हाँ हाँ वही। मेरे साथ घूमती देखी है ना तूने? वही। वो भेंण की टकी...उसे ठीक करना है। आजकल ट्रबुल दे रही है।...यार, पन्द्रह-पन्द्रह दिन टूर पे रैंणा। दो दिन दिल्ली। बस। फोन फून पे जूसी बातें हो जाती थीं और दिल्ली पहुँचो तो टेम काटने के लिए बढ़िया चीज़ थी। अपनी वाइफ का तो तुझको पता ही है। हमेशा मूँ टेड़ा।...पर अब ये रश्मि स्साली बड़ी डिमांडिंग हो गयी है। एकदम घरवाली टाइप।...बस, तू ठीक कर उसे।...वहीं द्वारिका में रैती है। पकड़ स्साली को। मारियो मती।...बाल-साल खेंच खाँच दे।...डरा दे। इत्ते में ही फट लेगी। एकाध चपेड़ भी मार दे। धमका दे कि अशोक से दूर रहे।...कुछ भी कर यार। पैसे की चिन्ता न कर।...निबटा इसको।...आज ही करियो।...बतइयो मुझे छः बजे तक। पक्के से। ठीक? ओके देन। टेक केयर। हेव गुड डे..."

सब तरफ फोन ठोक-ठाक कर उसने प्रेमिका का माकूल बन्दोबस्त कर दिया और अब इत्मिनान से बैठकर किसी गाने पर पाँव हिला रहा है।

कि उसे अचानक ही नागपुर वाला आदमी याद आ गया। इस स्साले का भी इन्तज़ाम करना ही होगा। फोन लगाने लगा वह।

"यार तेरा वो राजू सिंह है न...स्साला एक धेले के काम का नहीं।...वो तो तूने स्ट्रांगली रिकमंड किया तो मैंने रख लिया। अब तू बुरा न मानियो। मैं हटा दूँगा उसे। आज शाम छः बजे तक का टेम दिया है उसे।...और तू एक काम कर। तब तक तू दस-पन्द्रह का इंटरव्यू करके चार को शॉर्ट लिस्ट कर। मैं आता हूँ तो तेरे साथ बैठकर छाँटते हैं दो को। फिर इस स्साले की छुट्टी।..."

वह अधीनस्थों के बारे में भी कड़क निर्णय लेने में त्वरित तथा सक्षम है और प्रेमिका के विषय में। उसे भ्रम नहीं।

नये ज़माने के इस नवयुवक ने भागती शताब्दी एक्सप्रेस के धुँधले काँच से बाहर यों ही झाँका है। गाय चराते एक ग्रामीण बच्चे ने ट्रेन की तरफ हाथ हिलाया है और अब सेल्यूट करता खड़ा है। कुछ यात्री उसे देखकर मुस्कराने लगे। डिब्बे में बैठा एक लड़का उसकी तरफ यहाँ से ज़ोर-ज़ोर से हाथ हिला रहा है। पर यह अपने लैपटॉप में व्यस्त हो गया। इसने सेल्यूट करते बच्चे और उसकी दुनिया पर ध्यान ही नहीं दिया। वह तो अपने में ही व्यस्त भी है, मस्त भी।

ख़ुश क्यों हैं वो?

पति घर में घुसा तो ख़ुश था।

पत्नी ने भी यह नोट किया कि पति ख़ुश है। पहले तो पत्नी को इस बात पर भरोसा ही नहीं हुआ। पति होते हुए भी कोई इतना ख़ुश कैसे हो सकता है? फिर इसी बात की उसे चिन्ता भी लगने लगी कि वह उसकी अनुमति तथा सहमति के बिना ख़ुश क्योंकर है? और अन्त में उसे शक होने लगा कि इसके ख़ुश रहने के पीछे कोई राज़ तो नहीं? वैसे उसे स्वयं पर भी सन्देह हुआ कि कहीं उसी ने तो ग़लत नहीं समझ लिया है और वास्तव में पति ख़ुश न हो? पति की शक्ल तनिक ऐसेई है। दाँत कुछ ज़्यादा ही बाहर निकले हैं, जिससे उसकी शक्ल हँसने-ख़ुश होने का थोड़ा भ्रम तो देती है। शायद वही लग रहा है। ख़ुश नहीं है। ख़ुश कैसे हो सकता है? उसकी इतनी हिम्मत नहीं! फिर भी। पत्नी उस पर एक तिरछी निगाह धरती हुई काम में लग गयी।

कि अचानक, कपड़े बदलते हुए पति सीटी बजाने लगा। किसी पुराने गाने की धुन। पत्नी चौंक गयी। चक्कर क्या है? सोचने लगी कि घर में घुसते हुए भी कुछ गुनगुना तो रहा था वह? शायद। बल्कि पक्का। बड़े गाने सूझ रहे हैं जनाब को! आँखें भी कुछ ज़्यादा ही चमक रही हैं। अब तो सीटी के साथ चुटकी भी बजाने लगा है वह। चुटकी बजाने के चक्कर में एक बार तो पाजामा भी हाथों से निबक गया पट्ठे का।...पत्नी का सन्देह विश्वास में बदला जा रहा है। नहीं। लग नहीं रहा, बल्कि यह ख़ुश ही है। सही बात तो यह कि जितना दिख रहा है, वास्तव में उससे भी कहीं ज़्यादा ही ख़ुश है। ख़ुशी को छुपाने की कोशिश कर रहा है। ऐसा बनने की कोशिश कर रहा है कि जैसे कुछ हुआ ही न हो। बेवक़ूफ़ समझ रखा है हमें!

अब प्रश्न यह उठ रहा है कि पति ख़ुश क्यों है?

पति आमतौर पर ख़ुश दिखाई नहीं देते। ख़ुश दिखने वाले लोग या तो वे कुँआरे होते हैं कि जिनकी शक्ल शादीशुदा टाइप हो, या कि फिर वे पति कि जिनकी पत्नी मायके गयी हुई हो और फोन कर चुकी हो कि वे कल न आकर पाँच दिन और

लगाकर लौटेगी। अन्यथा सामान्य तौर पर पति एक सीमा तक ही ख़ुश रह सकता है। कोटा फिक्स है ख़ुशी का। बस इतना! इससे ज़्यादा ठीक नहीं। और वो उतना ही रहता भी है। एक आदर्श पति को निर्धारित सीमा में, निर्धारित मात्रा में ख़ुश रहने की अनुमति होती है। दाम्पत्य के अलिखित संविधान के अन्तर्गत कुछ सुअवसर तय हैं कि जब पति न केवल ख़ुश रह सकता है, बल्कि उस ख़ुशी को खुलकर अभिव्यक्त भी कर सकता है। मसलन, पत्नी या बच्चों के जन्मदिन पर, अथवा जब पत्नी किसी भी बात पर ख़ुश हो रही हो, ठीक तब, ठीक उसी बात पर वो भी ठीक उसी वक़्त ख़ुश हो सकता है। इसके अलावा, आगे-पीछे कभी भी पति का ख़ुश होते देखा जाना सन्देहास्पद गतिविधि में शुमार होता है। पति कभी ख़ुश हो, तब उसे देखिए—पट्ठे की शक्ल बदल जाती है। वह उतनी देर तक पति जैसा दिखाई ही नहीं देता जबकि पति को हमेशा ही पति जैसा दिखना लाज़िमी है। ख़ुश होते पति के चेहरे से वो शादीशुदा वाला भाव गायब-सा हो जाता है, जो उसकी पहिचान है। पति बनने पर आदमी के होठों के आसपास, माथे पर तथा आँखों की पुतलियों इत्यादि में कुछ ऐसे स्थायी शारीरिक परिवर्तन आ जाते हैं। जो उस शारीरिक-अनुकूलन या एडाप्टेशन का हिस्सा होते हैं, जो उसे वैवाहिक जीवन को सफलतापूर्वक जीने में मदद करते हैं। इस तरह, प्रकृति शनैः शनैः आपको आदमी से पति में तब्दील कर डालती है।...और पति यदि कभी ख़ुश हो तो यही पहिचान, कुछ देर के लिए ही सही, ग़ायब हो जाती है। वह अजनबी-सा नज़र आने लगता है। इस तरह ख़ुश पति कन्फ्यूजन पैदा करता है, और सन्देह भी, और कई प्रश्न भी।

पत्नी के मन में प्रश्न घुमड़ रहे हैं। कब तक ज़ब्त करती?

''क्यों जी, बड़े ख़ुश लग रहे हो?'' पूछ ही लिया पत्नी ने। आवाज़ में सन्देह भी है, शिकायत भी और आरोप-सा भी।

पति सतर्क हो गया।

''नहीं तो...'' पति ने कहा।

''तो ख़ुश क्यों नहीं हो? मेरे साथ अच्छा नहीं लगता क्या?''

''नहीं नहीं, ये बात नहीं...''

''तो मैं अच्छी नहीं लगती क्या?'' पत्नी ने उसके उत्तर से वह पहलू खोज निकाला है कि जिसका अन्देशा पति को दूर-दूर तक नहीं था।

''पर मैंने ऐसा क्या कह दिया यार कि तुम यह सब...?''

''क्यों, तुमने अभी नहीं कहा कि तुम ख़ुश नहीं?''

''मैं ख़ुश हूँ यार...ख़ुश ही हूँ। ख़ुश क्यों न होऊँगा? बस?''

''तो फिर झूठ क्यों बोला तुमने हमसे?''

''कौन-सा झूठ बोला भैया?''

"अब ऐसे न बनो। तुम्हीं ने तो अभी कहा था कि तुम ख़ुश नहीं हो? हमने पूछा था कि तुम ख़ुश लग रहे हो, तो कैसे कहने लगे कि नहीं तो...। ख़ुश हो, पर हम पूछते हैं तो झूठ कहते हो। क्यों?"

"यार, ऐसेई मुँह से निकल गया होगा क्योंकि ऐसी ख़ुश होने जैसी भी कोई बात नहीं है।"

"तो कैसी ख़ुश होने जैसी बात है? बताओ न वही तो पूछ रहे हैं..."

"जैसा हमेशा रहते हैं, बस..."

"कुछ छुपा रहे हो तुम हमसे...?"

बताइए, हद है कि नहीं?

पति खुश है, यह बात ख़ुशी की हो सकती थी, पर है नहीं क्योंकि ये कुछ छुपाने की कोशिश कर रहे हैं। हो सकता है कि न ही छुपा रहे हों, पर लग तो यही रहा है कि कुछ छुपा रहे हैं। पत्नी मामले की तह तक जाने को बेचैन है तथा कटिबद्ध भी। ख़ुश हैं, पर ख़ुशी का कोई जायज़ कारण नहीं बता पा रहे। ऐसे कैसे चलेगा? बल्कि अभी तो पट्ठा यही ठीक से स्वीकार करने को तत्पर नहीं है कि वो ख़ुश है। कारण तो तब बताएगा न जब वह मानेगा कि वह ख़ुश है। अभी तो ख़ुशी ही छुपाये जा रहे हैं जनाब! मानने को ही तैयार नहीं। हमने पूछा, तो कैसा सटपटा गये! कुछ भी आँय-बाँय-साँय बोलने लग गये। अरे यार, यदि ख़ुश हो, तो छुपाते क्यों हो? ख़ुश हो, तो बताओ न।

परन्तु पति बता नहीं रहा। इसका अर्थ यही बना न कि ख़ुश होने का कारण कुछ ऐसा है, जो पत्नी को नहीं बताया जा सकता। हमने ठीक कहा कि नहीं? बताइये। हम दिन भर घर में खटते रहते हैं, सबका ख़्याल रखते फिरते हैं और ये हैं कि गुलछर्रे उड़ा रहे हैं। गुलछर्रे कैसे?...मतलब यही कि ख़ुश हैं। ख़ुश होना गुलछर्रे उड़ाना ही कहाया कि नहीं? हम इधर परेशान हैं और ये जनाब देखिये कि कैसे ख़ुश घूम रहे हैं! हम घर के जाले साफ़ कर रहे हैं और ये सीटियाँ बजाते घर लौट रहे हैं! अभी पूरा किचन सम्भालने को पड़ा है और ये ख़ुश दिखकर एक नयी परेशानी पैदा करना चाहते हैं। यार, हेल्प नहीं करा सकते हो तो कम-से-कम इस तरह परेशान तो न करो। आप यों ख़ुश दिखेंगे तो हम घर का काम कैसे करेंगे? तुम्हारे ख़ुश होने की चिन्ता करें, कि घर देखें? हमें एक उदास, दुखी और दुनिया से आजिज़ पति देखने की आदत पड़ी हुई है—यह ख़ुश दिखकर तुम किसे चिढ़ा रहे हो?

पति ने, इसी बीच बाहर के शर्ट-पैंट बदलकर घर का कुर्ता-पाज़ामा पहिन लिया।

पत्नी ने ध्यान दिया है कि जनाब आज चौखानेदार लाल-नीली वाली शर्ट पहिनकर बाहर होकर आये हैं। वैसे यह शर्ट पत्नी ने ही अपनी पसन्द से, बड़े चाव

से ख़रीदवाई थी। पति ने तो तब कहा भी था कि इसे पहिनकर फालतू ही छैला लगूँगा। छुट्टी-उट्टी के दिन पहिन लिया करता है। शर्ट अच्छी है। इस उम्र में भी, उसे पहिनकर वह खिल-सा उठता है और बेवजह ही ख़ुश-सा दिखने लगता है। परन्तु अभी तो पत्नी को पूरा सन्देह है कि किसी अज्ञात ख़ुशी के कारण ही इसने आज यह शर्ट निकालकर पहनी थी। बड़े छैला बन रहे हैं मिस्टर! उम्र तो देखते नहीं अपनी और कुछ भी पहिन लेते हैं। यार, माना कि यह हमने ही ख़रीदी थी। पर ये थोड़ेई है कि चाहे जब पहिन लो।...और आजकल तो देखती हूँ कि हर छुट्टी के दिन येई वाली पहिन लेते हैं। लच्छन ठीक नहीं। और देखो तो कि कित्ते ख़ुश हुए जा रहे हैं! कुर्ता पहिन लिया है, परन्तु चेहरे पर अभी भी चौखाने वाली शर्ट की चमक बरकरार है। कुछ तो चक्कर है!

पत्नी आसपास ही घूम रही है और टोह ले रही है कि ख़ुशी का सोर्स क्या है? वो कमरे की साफ़-सफ़ाई कर रही है। पतिदेव भी वहीं हैं। पत्नी सामान उठा-धर रही है। यहाँ से वहाँ गतिशील है वह। तीन बार पति के रास्ते में आ चुकी है, परन्तु श्रीमान का ध्यान ही कहीं और है। फिर चौथी बार बीच में आयी भी तो श्रीमान अचानक चौंककर ऐसे एक तरफ को हटे हैं कि मानो कोई बिल्ली रास्ता काट गयी हो! वैसे, इस बार न हटते तो वो स्वयं डाँटती कि क्यों बीच में आये जा रहे हो—काम करने दो न! वैसे हटाना तो हमारा अधिकार है न। पर ख़ुद हटकर पति हमसे हमारा अधिकार छीनने की कोशिश कर रहा है। बल्कि हमें तो यह उसके अपराधबोध की निशानी लगती है। कैसे चौंक कर हटे हैं, मानो कोई चोरी पकड़ी गयी हो।...बड़े आये बीच से हट जाने वाले! हमें जताने की कोशिश की जा रही है कि देखो, हम तुम्हारा कितना ख़्याल रखते हैं। अरे, हमें असली बात पता है। बात तो कुछ और ही है। उसी को तो छुपाने की कोशिश में ये सारे ठनगन किये जा रहे हैं, वरना तो कोई अन्धा भी बता सकता है कि किसी बात पर कितने ख़ुश हैं। ख़ुशी को दबाए बैठे हैं जनाब!

"कहाँ गये थे?" पत्नी ने मानो यों ही पूछ लिया।

टोह लेने की गन्ध आ रही है प्रश्न में। परन्तु पति पकड़ ही नहीं पाया है इस गन्ध को। दरअसल इसी बीच उसने अख़बार उठा लिया था और किसी रोचक ख़बर में लीन भी हो गया था—सो, सही बात तो यह रही कि शुरू में उसने सुना ही नहीं और जब तक सुना, तब तक प्रश्न समझ ही नहीं पाया कि आख़िर पूछा क्या जा रहा है।

"ऐं?" पति ने वह ध्वनि की, जो ऐसी परिस्थिति में लोग किया करते हैं।

पत्नी ने मान लिया कि पट्ठे को जवाब नहीं सूझ रहा है, सो 'ऐं-ऐं' कर रहा है।

"ऐं का क्या मतलब?" पत्नी ने नाराज़ स्वर में पूछा।

“ऐं का मतलब यह...कि क्या पूछ रही हो तुम?”

“सुन चुके हो, फिर भी...”

“यार सुन ही लिया होता, तो जवाब न दे देता?”

“जवाब देने लायक होगे, तब न दोगे...” पत्नी ने कहा।

अब जाकर पति सतर्क हुआ।

अख़बार परे रखकर उसने पत्नी को ध्यान से देखा।

नाराज़ लग रही है। मुँह बना हुआ है। नज़रें बिना मिलाये बात कर रही है। चक्कर क्या हुआ यार? क्यों नाराज़ हो गयी है? क्या कर डाला उसने? ऐसा तो उसने कुछ किया ही नहीं है। घर से जब गया था तो ठीक मूड में थी वो। फिर? कुछ भी तो किया नहीं उसने। फिर? समझ नहीं पा रहा है वो।

“क्या हो गया यार?” पति ने चिन्तित होते हुए पूछा।

“तुम्हें उससे क्या?”

“तुम कुछ पूछ रही थीं न?”

“छोड़ो...तुम तो अपना अख़बार पढ़ो, बस्स...।”

“फिर भी...”

“कुछ नहीं...”

“कुछ तो...”

“कहा न, कुछ भी नहीं...”

पत्नी ने नहीं बताया, तो बस नहीं ही बताया।

पति पूछता रह गया। कई बार पूछा। कई तरह से पूछा। “तबीयत तो ठीक है न?”...“मेरी तबीयत को क्या होना हैं?”...“फिर?”...“फिर कुछ भी नहीं।” हद होती है यार...। पति भी नाराज़ हो चला। बड़बड़ाने लगा। बुदबुदाने लगा। लटपट-लटपट कुछ कहने लगा। मतलब कि वह वही सब करने लग गया जो पति तब करते हैं जब वे बेबस होकर और कुछ कर नहीं पाते। पत्नी ने मानो उसकी बड़बड़ाहट पर ध्यान ही नहीं दिया। वो दूसरे कमरे में जाकर सामान उठाने-धरने लगी। बड़बड़ाते रहो। समझ क्या रखा है श्रीमान ने? ख़ुद तो ख़ुश रहते हो और हमसे बात करने की न तो इच्छा, न फुरसत। मैं कुछ पूछूँ, तो कहते हो कि ‘ऐं!’ हमारी तो हर बात में, बस ‘ऐंऽऽ’। अरे ‘ऐं’ क्या? बात करो न। छुपाते क्यों हो? हिम्मत हो, तो बताओ न कि आ कहाँ से रहे हो कि जो ऐसे ख़ुश हो? पर इधर तो, पूछो तो कहते हो कि ‘ऐं’! किस चुड़ैल से मिलकर आ रहे हो? या किस लफंगे दोस्त के साथ आवारागर्दी करके चले आ रहे हो? बताओ न। हमें भी तो पता चले। पर काहे को बताएँगे।

पत्नी एक बार फिर लौटकर कमरे में आयी है, परन्तु तुरन्त वापस चली गयी।

पति अभी तक बुदबुदा–बड़बड़ा रहा है। मन्त्र टाइप मार रहा है। पत्नी ने देखा कि वो मुँह फुलाए बैठा है। बैठे रहो। ठेंगे से!

पति अब चिन्तित हो चुका है।

पति अब परेशान है। वो अख़बार पढ़ रहा है, पर पढ़ नहीं पा रहा।

क्यों नाराज़ है पत्नी? क्या गड़बड़ कर दी उसने? क्यों ऊटपटाँग बातें कर रही है वो? पता नहीं चल पा रहा कि कारण क्या है? गया, तब सब ठीक था और लौटकर आया, तब भी सब ठीक ही लगा था। बीच में ऐसा कुछ हुआ नहीं। फिर?...बताती कुछ है नहीं। क्या हो अब?

चिन्तित है पति। बेचैन भी। गुस्सा भी। परेशान भी।

ख़ुशी के वे तथाकथित भाव कभी के तिरोहित हो चुके। चेहरे पर, सब तरफ, अब बस चिन्ता है। अब वो दूर–दूर तक ख़ुश नहीं रहा। अब वो आँखें मूँदे, माथे पर बल डाले, चिन्ता में बैठा हुआ कुछ सोच रहा है।

कि पत्नी वापस आयी कमरे में।

पति आँखें मूँदे बैठा रहा।

पत्नी ने कनखियों से देखा उसे।

चिन्तित और परेशान दिख रहा है पति। अब वो ख़ुश नहीं दिख रहा। अब देखकर तो लग ही नहीं रहा कि वो कभी ख़ुश भी था। अब वो एकदम पति लग रहा है। अब उसका चेहरा जाना–पहिचाना लग रहा है। अब पति, पति–टाइप लग रहा है।

"चाय पियोगे?" पत्नी ने प्यार से पूछा है। उसे पति पर प्यार आ रहा है। उसे बेकार में ही सन्देह हो रहा था। वह ख़ुश थोड़ेई था!

स्मृति के बियावान में कहानियों के पन्ने

बहुत दिनों बाद मिले हैं बचपन के दोस्त।

कहिए कि बीसों साल बाद।

आपस में पूछा तथा बताया जा रहा है कि बचपन के और दोस्त कहाँ हैं? कौन क्या कर रहा है? किसका क्या हुआ?

और वो? अपना राधे? अरे वही यार, जो उस दिन सक्सेना मास्साब की साइकिल को कुएँ में फेंककर रेसिस में लौट रहा था कि बाबूजी मास्साब ने धर पकड़ा था?...वो...वो तो मर गया बॉस! अरे! कैसे?...बस, ऐसेई! रात अच्छा-भला सोया और सुबह उठा ही नहीं। डॉक्टर लोग बताते रहे बाद में कि दिमाग़ की कोई नस फट-फटा गयी थी। बताओ यार! स्साली जिन्दगी का कोई भरोसा भला!...और वो वीर बाला?...अरे वोई अपनी कृष्णा सक्सेना। वही जो दो चोटियाँ करके आती थी और तंग चूड़ीदार पहिनकर ख़ुद को बड़ी साधना समझती थी यार। नहीं याद? इत्ती तेज़ लड़की। कैसे भूल गया रे?...अच्छा वो! ख़ुद को हूर की परी मानने वाली? ठीक से पता नहीं यार उसका। वैसे लास्ट टाइम उसका भाई मिला था ट्रेन में। बता रहा था कि वो हज़बेन्ड से अलग होकर किसी विलेज में नौकरी कर रही है।...अरे!...कैसे?...यार, छोड़ती नहीं तो करती क्या? बड़ी ठुकाई करता था हरामी। कब तक पिटती?...पर उसको कौन पीट सकता था यार? इत्ती तेज़-तर्रार कन्या!...पर पिटती रही प्यारे।...और उसके बाप ने कुछ नहीं किया? इत्ते बड़े फौजदारी के वकील! बीसों को फँसवाने वाले।...वे? यार सक्सेना वकील तो लड़की की शादी के एक साल बाद ही गुज़र गये। किसी ने पेड़ से लटका दिया था मार के। कहते रहे लोग कि किसी मुवक्किल ने परेशान हो के निबटा दिया।...बुरा हुआ।...जे तो है।...अच्छा, वैदेही कहाँ है आजकल?...वो सुखी है। अपुन से तो शादी हो नहीं सकी उसकी। हमारे डुकर अड़ गये थे कि इधर हमने शादी की, कि उधर वे कुएँ में कूद जाएँगे। हमारे बाप विकट जिद्दी और हरामी थे, सो आपको पता ही है। माने नहीं। वैदेही सीधी-सादी। एकदम गऊ। साथ भागने को तैयार नहीं हुई। पर ख़ूब सुखी है वो। तीन बच्चों की माँ। हज़बेन्ड की किराने की

दुकान। घर की तेलघानी। मुटा गयी है। इधर अपुन भी ख़ुश हैं। वैसे वाइफ़ थोड़ी गर्म मिज़ाज की हैं। पर वाइफ़ का तो यार ऐसा है कि जे तो होती है लाटरी—जैसी जिसकी खुल गयी, वरना टिकिट तो स्साले सभी चिकने होते हैं शुरू में।

इस बात पर हँसने लगे दोनों।

और वो गप्पू?

वोई मालवीय डॉक्टर का लौंडा? स्मार्ट-सा। जो रोज़ नयी-नयी पैंटशर्ट पहिन के घूमता था और लौंडियों पे नक्शा मारता था?...यार उसकी न पूछो। बढ़िया फार्मेसी में पढ़ रहा था, सागर में, कि सेकंड इयर में आने के बाद एकदम से न जाने क्या हुआ कि हो गया एकदम सिर्री। पागल। पगला गया गप्पू एकदम। डॉक्टर कहते रहे कि सिजोफ्रेनिया हो गया था। एकदम पागल। कपड़े फाड़ता घूमता था। या एकदम अलफनंगा। जे दाढ़ी बढ़ी, बालन की जटाएँ, मैल माटी से भरे। चीलरें पड़ गयी थीं बालों में। बाद के दिनों में तो जंजीर से बाँध के धरते थे, नहीं तो कितें निकल जाएँ महाराज, ख़बर नहीं। ख़ुद मालवीय जी पगला गये थे बच्चे की हालत देख-देख के। अकेली सन्तान। इत्ता कमाया डॉक्टर सा'ब ने। पर सब मिट्टी।...अब तो ख़ैर मर-मरा गये गप्पू। पर जो तुम देखते उस टेम, तो रोते फूट-फूट के, ऐसी मौत मरा बिचारा। सच्ची!

अच्छा यार, तुम जे तो बताओ कि अपने शुक्ला सर कितें हैं? रहे कि गुज़र गये?...बेई अपने जूलॉजी के प्रोफेसर, यार। कित्ता जलवा था, याद है? देख के ही पेशाब निकल जाती थी। ऐसे कड़क और ऐसे डिसीप्लिन वाले।...अच्छा वे?...निकाल बाहर कर दिया बहू-बेटे ने, ख़ुद के ही घर से। कहन लगे कि ऐबी है बूढ़ा और करता रहता है चिकचिक सरऊ, दिन-रात। घर में ही प्रोफेसरी झाड़ता है बुढ़ऊ। कब तक बर्दाश्त करें? सो एक दिन डंडा-डोली करके धर दिया सड़क पे कि इते खुले में बघारो अपनी प्रोफेसरी। कब्ज़ा कर लिया मकान पे कि दम हो तो खाली करवा के दिखाओ।...अपनी ही सन्तानों से क्या तो लड़ते मुक़दमा शुक्लाजी! सो पड़े रहे किराये की कुठरिया में। वो तो पेंशन का सहारा रहा, सो खाते रहे राम भरोसे होटल की दाल-रोटी और बुढ़ापा खींच ले गये, नहीं तो न जाने कैसी मौत मरते! अभी पिछले साल ही तो मरे। कोई कहता था कि नींद की ढेर सारी गोलियाँ गुटक के मरे—वैसे ठीक से पता नहीं। पर बुरा हुआ। कैसे बढ़िया टीचर हते और कित्ते रुआबदार!

दरअसल, एक मित्र लौटा है गाँव लगभग पच्चीस साल बाद।

और दूसरा मित्र वो है कि जो पढ़कर गाँव में ही रह गया। दुकान डाल ली बजाजे की और बिता दी ज़िन्दगी। अब वो बता रहा है उन साथियों के क़िस्से, जो

कभी पढ़ते-खेलते थे इनके साथ-साथ और सपने देखते थे। हर मित्र की कथा को ट्रेस करने की कोशिश कर रहे हैं दोनों जन। कुछ कथाएँ पता हैं, तो बहुत-सी कहानियाँ समय के धुँधलके में बिला चुकी हैं। कहानियों का अम्बार। कुछ दुखद, कुछ सुखद। कुछ पारम्परिक-सी, तो कुछ चौंका देने वालीं। हर एक की एक कहानी। बल्कि हर एक ही कई-कई कहानियाँ। कुछ कहानियाँ अभी तक जारी, तो कुछ की कथाएँ घिसट रही हैं और कुछ की समाप्त। पर हर एक की एक कहानी तो है ही। कुछ के पन्ने गुम चुके, तो कुछ पर विधि की ऐसी लिखावट कि पढ़ना कठिन। अबूझ कहानियाँ। जैसे कि रामलखन साधू बन गये थे। बताइये। ऐसा हरामी लौंडा और बाद में साधू बन गया। पर कहानी तो है। सभी की। बड़े घर वालों की, और कमज़ोर लोगों की भी। हरेक की अपनी अनोखी गाथा।...अब उसकी ही बात लो। यार, उसी की, जो बैठा करता था एकदम पीछे की बेंच पर, चुपचाप, बोलता भी नहीं था जो। चुपचाप-चुपचाप निकल जाता था, तुरन्त ही, क्लास के बाद।...देखो, नाम याद नहीं।...कहीं वो काला और ठिगना वाला तो नहीं?...रघुवर की बात कर रहे हो? यार, उसका तो भौत बुरा हुआ। एक दिन बुखार आया उसे। बुखार में ही कॉलेज आया था। तुम तो पहली साल के बाद ही डॉक्टरी में चले गये थे। एम.एस.-सी. पढ़ रहा था। वहीं लैब में झटके आये, बेहोश हो गया। फिर तीन-चार दिन अस्पताल में। फिर मर गया। बस्स।...क़िस्से और क़िस्से।...बिल्ले बुरी सोहबत में पड़ गये और मर्डर के केस में जेल चले गये।...बद्री सरपंच हो गये और अनिल गबन के चक्कर में नौकरी गवाँ बैठे। बच्चे दर-दर भटकते रहे उनके।...क़िस्से दर क़िस्से। उपकथाएँ। कथाएँ। प्रसंग। घटनाएँ। कहानियों के क्लाइमैक्स। उपसंहार। अन्त। अधूरे अन्त।

इस जीवन में हर शख़्स एक कहानी रच रहा होता है।

हम सब लोग एक कहानी लिख रहे हैं। हम अपनी कहानी, अपने तौर पर, अपनी शैली में लिख रहे हैं। हमें पता नहीं कि इस कहानी का अन्ततः क्या बनेगा—कब तक पढ़ी जाएगी, कब तक सुनी जाएगी, कब यह भुला दी जाएगी या फिंक-फिका जाएगी—कहना कठिन है। पता नहीं कि क्या होगा, पर नित्य लिख रहे हैं हम ये कहानियाँ। सुबह, आँखें खुलते ही, ज़िन्दगी की भदरंग कलम से, समय के सफ़ों पर गोदना शुरू कर देते हैं हम ये अनोखी कहानियाँ, जो केवल हम ही लिख सकते थे। मेरी कहानी तुम नहीं लिख सकोगे। लिखी जा रही हैं कहानियाँ। बिखर रहे हैं पन्ने। रद्दी की टोकरी में फिंक रहे हैं पन्ने। या फिर यादों की सतह पर काग़ज़ की नाव बन तिर रहे हैं, डूबने की प्रतीक्षा में। बिखरे हैं पन्ने। स्मृति के बियावान में उड़तीं, बिखरतीं, अटकती, नष्ट होतीं कहानियों के सफ़े। समय के बवंडर में घूमती कहानियाँ। फुरसत किसे कि समेटें ये पन्ने? कितने तो पन्ने! कितनी तो कथाएँ! लिख रहे हैं, पर पीछे पलटकर पढ़ने की फुरसत ही नहीं। पढ़ें, तो विश्वास नहीं हो कि ये हमने

ही लिखी थीं। पलटकर कभी देखें तो स्मृति की पगडंडियों पर हमारी असम्बद्ध-सी कहानियों के वर्क़ यहाँ-वहाँ बिखरे दिखते हैं। धुँधले पड़ते अक्षर। पीले होते पन्ने। कहानी बिखर रही है। कहानी खो रही है। पन्ने गुम रहे हैं। पन्ने हाथ नहीं आते। आये, तो आधे फटे हुए। आये, तो आधे अक्षर ही ग़ायब। कुछ पढ़ने में आ रहा है और उसी से गुम कहानी को फिर खड़ी करने की कोशिशें। पर पन्ने भी गड्डमड्ड। इसकी कहानी थी, कि उसकी, कि मेरी?—कहना कठिन सब कहानियाँ मिल-मिला गयी हैं। किसका पन्ना था यह? कौन था लिखने वाला? पूरी कहानी क्या थी? कहाँ शुरू हुई थी? ख़त्म किधर हुई?...पता ही नहीं चलता। कहानी लिख रहे हैं, पर कहानी पर बस ही नहीं। धुँधलके में लिखी जा रही कथाएँ।

कभी-कभी हम ये ही पन्ने बटोरकर एक तरतीबवार कथा बनाने की कोशिश करते हैं बाद में। बनती नहीं। चीज़ें छूट-छूट जाती हैं।

बरसों बाद मिले ये दो मित्र भी यही कर रहे हैं और हैरान हैं कि कहानियाँ कहाँ-कहाँ जाकर ख़त्म होती हैं।

एक और अधूरी प्रेमकथा

मैं इन दिनों एक प्रेमकथा लिखने की कोशिश कर रहा हूँ।

प्रेमकथा वास्तव में हम जैसों का क्षेत्र नहीं। व्यंग्यकार से किसी को यह आशा (या आशंका) भी नहीं होती कि वह प्रेमकथा रचेगा। दरअसल प्रेमकथा लिखने वाले की तासीर बादलों पर तैरने की होती है, जबकि व्यंग्यकार के पाँव ज़मीन पर ठीक से टिके न रहें तो वह व्यंग्य नहीं लिख सकता। इसी चक्कर में व्यंग्यकार या तो प्रेमकथा लिखता ही नहीं, या कभी लिखे भी तो वह पारम्परिक प्रेमकथा जैसी नहीं बन पाती। व्यंग्यकार चाँद देखते हुए भी यह कभी नहीं भूल पाता कि चाँद का मुँह टेढ़ा है।

ठीक है यार व्यंग्यकार, हम जान गये कि तू प्रेमकथा क्यों नहीं लिखता या लिख पाता! मत लिख! कौन कह रहा है? किसने हाथ जोड़े तेरे? बता।

बताऊँगा। क्यों नहीं बताऊँगा! धीरे-धीरे बात खुलेगी। आज हम कोई व्यंग्य लिखने थोड़े ही बैठे हैं यार कि लट्ठ-सा मारते हुए सीधे ही मुद्दे पर आ जाएँ। प्रेमकथा कहने का एक सलीका होता है। उनके रुख़ से नकाब आहिस्ता-आहिस्ता सरकती है। यह कोई डकैत का नक़ाब नहीं है यार। खोलेंगे, हौले-हौले। धीरे-धीरे पहुँचेंगे असली प्रेमकथा पर। प्रेमकथा में पहले माहौल खड़ा करना होता है भैया। नाजुक मामला होता है। नयन लड़ने से लगाकर नायिका की कलाई पकड़ने तक का टाइम देना होता है। कब कलाई पकड़ना और कब जाकर उसकी कमर में हाथ डालने का टाइम बन रहा है—यदि यह बुनियादी समझ आपमें नहीं है, तो न तो आप प्रेम कर सकते हैं, न ही प्रेमकथा लिख सकते हैं। प्रेम धीमी आँच पर चढ़ी देगची है। यह ईंधन भी माँगता है और धैर्य भी। और इस सारे ठनगन के बाद, हो सकता है कि जब देगची का ढक्कन खोलें तो उसमें से भाप के अलावा कुछ न निकले। कितनी ही सम्भावनापूर्ण देगचियाँ अन्ततः खाली निकलती हैं, जिन्हें लोग जीवनभर माँजते-चढ़ाते ही रह जाते हैं, आँच रह नहीं जाती।

फिर आप क्यों प्रेमकथा के चक्कर में पड़ रहे हो व्यंग्यकार महोदय?

ठीक कहा आपने। ये बातें ही मैंने अपनी कथा के नायक को भी बतायी थीं, जो मेरे पास यह कहता आया था कि आप इतना सारा उल्टा-सीधा गोदते रहते हो, कभी प्रेमकथा क्यों नहीं लिखते? फिर उसने मुझे प्रेमकथा की मार्केट के विषय में बताते हुए उसके अन्य लाभों की चर्चा भी की थी, जिन्हें हम विस्तार तथा अश्लीलता के भय से यहाँ नहीं बता पा रहे। मैंने नायक से निवेदन किया कि एक तो व्यंग्यकार से प्रेमकथा की उम्मीद करना प्रेमकथा तथा व्यंग्य दोनों पर ज़्यादती कहलाएगी, फिर प्रेमकथा के लिए एक अदद नायक तथा नायिका की आवश्यकता होती है, सो मैं उनको कहाँ खोजता फिरूँगा? उसने बताया कि नायक के लिए तो वह स्वयं प्रस्तुत है और प्रेम में पड़ने के लिए पूरी तरह तत्पर है—बल्कि सही-सही कहें, तो मरा जा रहा है—परन्तु नायिका का इन्तजाम स्वयं लेखक को करवाकर देना पड़ेगा। बताइये! ये हैं उत्तर! आधुनिक प्रेमकथा का नायक कि चाहता है कि यदि हम उसकी कथा लिखना चाहते हैं तो नायिका का भी हम ही इन्तज़ाम करके दें। हद हो गयी! यार, यदि हम ही नायिका खोज पाते, तो क्या तेरे को निमन्त्रण देते? ख़ुद प्रेम न करते?

परन्तु बुद्धिजीवियों के 'कोड ऑव कंडक्ट' के तहत मैंने उससे यह सब नहीं कहा; क्योंकि लेखक को अपनी एक झूठी-सच्ची छवि भी बनाये रखनी होती है, अन्यथा नायक यह सोच बैठता कि यार, यह तो मेरे जैसा ही सड़कछाप निकला! लेखक सतर्क होता है। वह जानता है कि क्या नहीं बोलना। बहुत से बुद्धिजीवियों का तो मात्र इसी कारण पता नहीं चल पाता कि वे कितने सड़कछाप हैं!

मैंने नायक के समक्ष समस्या प्रस्तुत की।

मैंने बताया कि पारम्परिक किस्म की प्रेमकथा शुरू करने के लिए तुम नायकनुमा लोगों को जैसी पारम्परिक नायिका की दरकार होती है, वैसी मिल पाना कठिन है।

"क्यों?" नायक ने पूछा।

"तूने प्रेमकथाएँ और कविताएँ तो पढ़ ही रखी होंगी?"

"ढेर सारी! कालिदास तक पढ़ चुका।"

"तब तो नायिका भी तुझे वैसी ही सुन्दर चाहिए होगी?" मैंने पूछा।

"सो तो है। वैसे, बदसूरत नायिका की भी कोई प्रेमकथा हो सकती है क्या?" नायक ने पूछा।

"क्यों नहीं हो सकती? उसे भी प्रेम करने का हक़ है।" मैंने लड़खड़ाती आवाज़ में कमज़ोर-सा उत्तर दिया।

"वह चाहे तो ईश्वर से प्रेम कर सकती है।" नायक इतना कन्सेशन देने को तैयार है।

नायक को पारम्परिक नायिका चाहिए—क्षीण कटि, वक्र नयन, भारी नितम्ब,

उन्नत वक्ष तथा केले के तने समान जंघाओं वाली नायिका मिले, तो नायक प्रेमकथा की नींव डालने की अनुमति दे देगा। अब यह तो आप भी अपने व्यक्तिगत अनुभवों से जानते ही हैं कि ऐसी नायिका आसानी से मिलती नहीं। कालीदास के समय से ही ऐसी नायिकाओं का टोटा चल रहा है। एकाध ही होती है, और उसके लिए भी ख़ासी छीना छपटी-सी चलती रहती है। पर नायक समझता नहीं। वह लिस्ट-सी लिए मिलान करता घूमता रहता है। मुसीबत है। एक नायिका में सारी चीज़ें मिल नहीं पातीं। पतली कमर है, तो नयन कँटीले नहीं। वक्ष उन्नत है, तो कमर भी ख़ासी उन्नत चल रही है। अलग-अलग जगह पर अलग-अलग चीज़ें मिल रही हैं। एक ही नायिका में एक जगह सब मिल नहीं रहा। हमारा नायक किंकर्त्तव्यविमूढ़ है। क्या करे? प्रेमकथा में हरम सजाने का रिवाज़ है नहीं। फिर अपने नायक की माली हालत भी ठीक नहीं। हरम पालने लायक औक़ात नहीं उसकी। वास्तव में तो एक नायिका के ठनगन उठाने में ही उसकी ऐसी-तैसी हो जाने वाली है।

नायक परेशान है। लेखक भी। मैं उसकी प्रेमकथा कहाँ से शुरू करूँ?

"आप ही कोई नायिका सजेस्ट कीजिए न!" नायक ने कहा।

"यार, तुम ख़ुद खोजो। इस मामले में हम ख़ुद अपने भरोसे कभी नहीं रहे।"

"देखिए, केवल पतली कमर वाली भी मिल जाएगी, तो चल जाएगा।...अब ऐसी नायिका का तो आपको पता ही होगा?"

"यार, तेरे को यह विश्वास क्यों है कि शहर की सारी पतली कमर वाली नायिकाओं पर मेरी नज़र होगी?"

"लोग बताते हैं कि लेखकों को पता रहता है।"

बताइए! हिन्दी लेखक की स्त्री-विमर्शी क्षमता पर ऐसा विश्वास! अभी पत्नी को ख़बर हो जाए तो स्साले का लिखना बन्द करा दे!

वैसे, सच कहूँ तो इस मामले में नायक कुछ हद तक स़ही भी निकला। मुझे वास्तव में ऐसी एक नायिका के बारे में पता था। उसकी कमर पतली थी। वैसे शेष मापदंडों पर वह बहुत खरी नहीं उतर रही थी; पर अब जैसी थी, सो थी। थोड़े बहुत एडजस्टमेन्ट और कन्सेशन के साथ वह नायिका के पद पर रखी जा सकती थी। नायक को उसका पता देते हुए मैंने यह भी सचेत किया कि नायिका का बाप इस मायने में थोड़ा-थोड़ा गाँधीवादी था कि वह उनकी लाठी भर से सहमत था, अन्यथा लोगों की खोपड़ी खोलने के लिए वह लोगों, पुलिस तथा अस्पताल वालों के बीच समान रूप से जाना जाता था। नायक घबराने लगा। प्रेम की एकदम शुरुआत में ही मारपीट की इस प्राचीन दकियानूसी प्रवृत्ति तथा रवायत के वह सख्त ख़िलाफ़ था। मैंने इसका तोड़ बताते हुए उसे समझाया कि यदि तुम दोपहर के दो से लेकर

तीन बजे के बीच उस तरफ जाओ, तो बिना ठुके ही नायिका के दर्शन कर सकते हो क्योंकि नायिका का बाप इस दौरान भोजन के बाद सोता रहता है और नायिका बाल सुलझाती, दाल बीनती, मनोरमा का बुनाई विशेषांक पढ़ती या बड़ियाँ बनाती छज्जे पर मिल सकती है। मैंने नायक से निवेदन किया कि तुम उसे एक बार देखकर पसन्द कर लो तो मैं तुम्हारी प्रेमकथा पर काम शुरू कर सकता हूँ।

नायक अगले दिन ही लौटकर मिला।

वह बहुत प्रसन्न तो ख़ैर नहीं था, परन्तु सन्तुष्ट-सा दिखा।

''कैसी लगी?'' मैंने पूछा।

''आप प्रेमकथा शुरू सकते हैं।'' नायक के स्वर में वह उत्साह नहीं था, जो प्रेमकथा की शुरुआत में तो कम से कम चाहिए ही।

''यार तुझे लगी कैसी वह?'' मैंने पूछा।

''ठीक ही है। वैसे उसकी कमर उतनी पतली नहीं है।''

''कितनी पतली चाहिए तुझे? साड़ी बाँधने की जगह देगा उसे कि नहीं?''

''पर मैंने तो सुन रखा था कि कहते हैं कि लैला के कमर ही नहीं थी।''

''यार कौन ऐसी फालतू की बातें उड़ता रहता है?''

''शायर बताते हैं...''

बताइए!

शायरों और कवियों ने ऐसा घपला मचा रखा है कि क्या कहें! वास्तव में नायिका के सौन्दर्य के मापदंड निर्धारित करने का नापतौल विभाग सदियों से कवियों के हत्थे चढ़ा हुआ है। ये वर्षों से पतली कमर तथा तिरछी नज़र का ऐसा हल्ला मचाए हुए हैं कि नियमों की किताब में और कुछ डालने ही नहीं देते। भलापन, उदारता, सच्चरित्रता आदि की बात भी करने की इजाज़त नहीं है। फिर नायिका मात्र का होना ही पर्याप्त नहीं है। पतली कमर भी होना चाहिए। साथ में विम्बफल-से स्तन भी होना। फिर मोरनी, हिरणी या हस्तिनी-सी चाल भी चाहिए। गर्दन सुराहीदार होना। कवियों ने कौल उठाया है कि नायिका को चैन से बैठने नहीं देंगे और नायक को दिग्भ्रमित करके छोड़ेंगे। हजारों प्रेमकथाएँ अपने लिखे जाने की प्रतीक्षा कर रही हैं कि नायिका की कमर से तनिक चर्बी छँट जाए तो प्रेमकथा का पहला पैराग्राफ शुरू हो।

''फिर?'' मैंने पूछा।

''आप जैसा कहें?'' नायक ने कहा।

"यार, प्यार तुझे करना है। मुझे तो बस कथा गोदनी है। तू प्यार करना शुरू करेगा तो मैं प्रेमकथा पर काम शुरू करूँगा।"

"मुझे लगता है कि नायिका कामचलाऊ तो है और मैं प्रेम शुरू कर सकता हूँ।"

"तू समझदार है। अन्यथा यदि तू इन शायरों के कहे में आ गया तो तेरी प्रेमकथा के पन्ने कोरे रह जाएँगे और तू मात्र हास्य-व्यंग्य का विषय बनकर रह जाएगा। फिर तेरी उम्र भी निकली जा रही है। तीनेक साल में तू यदि किसी नायिका के पीछे भी जाएगा तो वह पूछने लगेगी कि अंकल, चार नम्बर वाली बस यहीं से मिलेगी न?

"तो आप मेरी प्रेमकथा लिखनी शुरू कर दें। नायिका ठीकठाक है। और सबसे बढ़िया बात यह है कि उसका बाप गाँव गया हुआ है। उसके आने तक प्रेमकथा के जितने पन्ने लिख लिए जाएँ, उतना बेहतर।"

मैंने उसकी प्रेमकथा लिखनी शुरू कर दी।

प्रेमकथा में वही सब था, जो प्रेमकथा को प्रेमकथा बनाता है।

प्रेमकथा लिखने का मज़ा ही यह है कि आप वही कहानी बार-बार लिखते हैं और हर बार वह नयी-सी कहानी का मज़ा देती है। नायिका की गली बड़ी गलीज थी। नाली टूटकर बहती थी और नायिका के घर के ऐन सामने तो दो-तीन नालियों का संगम-सा था। नायक यहीं उसके चक्कर काटने पर मज़बूर था। परन्तु मेरी लिखी प्रेमकथा में नायिका की गली चौड़ी थी, उसमें यहाँ-वहाँ पेड़ थे, पंछी थे, प्यार के तराने थे, बादेसबा थी और एक इन्द्रधनुष गली के इस सिरे से उस सिरे तक चौबीसों घंटे ड्यूटी पर तैनात था। नायिका के बाप को मैंने गाँव के काम में ऐसा उलझाया था कि वह लौट ही नहीं पा रहा था। नायिका की माँ को मैंने अचानक ही मन्दिर जाने का ऐसा शौक़ लगाया था कि वह अक्सर वहीं पड़ी रहती। फलस्वरूप नायक-नायिका को वे अन्तरंग क्षण भरपूर मात्रा में उपलब्ध करा दिये गये, जिनके चलते कहानी में वह सब भी पर्याप्त मात्रा में आ गया, जिसे दकियानूसी आलोचक अश्लीलता तथा समझदार स्त्री-विमर्शी सम्पादक प्रेमकथा का अनिवार्य तत्त्व मानते हैं।

प्रेमकथा तेजी से आगे बढ़ने लगी।

लगभग पाँच पेजों तक तो प्रेम परवान चढ़ता चला गया। इसी बीच नायिका का बाप लौट आया। नायक की कुटाई भी हो गयी। पाँच पेजों में ही प्रेम के तीन साल निकाल दिये लेखक ने। प्यार तेज़ी से बढ़ता गया। बाप ने गाँधीवादी रवैया नहीं छोड़ा, परन्तु नायक भी लगा रहा। जालिम ज़माना भी एकाध पेज चला। फिर

नायिका ने विद्रोह कर डाला—समाज से, बाप से। अब छः पेज होते-होते कथा वहाँ आ गयी थी कि जहाँ इस बात का ख़तरा था कि नायक को नायिका से शादी करनी पड़ सकती थी। वैसे भी व्यंग्य-कॉलमों में पाँच-सात सौ शब्दों की व्यंग्य रचनाएँ लिखते-लिखते छोटी रचना लिखने की ऐसी कुटेव मुझे लगी है कि मेरे मापदंडों पर प्रेमकथा कुछ ज़्यादा ही खिंच गयी थी।

मैं प्रेमकथा को समेटने की सोचने लगा।

तभी कहानी का नायक मेरे पास आया।

नायक के मुख पर ऐसे शिकायती भाव थे जो गारंटीशुदा माल के ख़राब निकल जाने पर उस ग्राहक के मुख पर देखे जाते हैं, जो उपभोक्ता फोरम में इस बात की शिकायत दर्ज़ कराने पहुँचा हो।

मैंने उसे बताया कि मैंने तेरी बढ़िया-सी प्रेमकहानी लिख ली है, और शीघ्र ही मैं इस प्रेमकथा का अन्तिम पन्ना लिखने वाला हूँ।

''मैं भी...'' नायक ने कहा।

''क्या शादी कर रहे हो नायिका से?'' मैंने उत्सुकता से पूछा।

''नहीं...।''

''क्या मतलब?'' मैंने नायक से पूछा।

''मेरे से यह प्रेमकहानी अब आगे नहीं खिंच रही।'' नायक ने कहा।

''क्यों? क्या हुआ?'' मेरी लिखी प्रेमकथा का यह अन्त होगा, ऐसा मैंने सोचा भी नहीं था।

''क्या बताऊँ? वैसे, आपने इसी बीच उसको कभी देखा है?'' नायक ने बड़े शिकायती लहज़े में मुझसे पूछा।

''किसे यार?''

''उसी को... आपकी प्रेमकथा की नायिका को?''

''क्यों, क्या हुआ उसको?''

''उसकी कमर देखी?''

''क्या हुआ उसकी कमर को?''

''ऐसी फैल गयी है कि...''

''तो इसमें मैं क्या कर सकता हूँ यार? तू ही प्यार जताने के लिए नित्य उसे चाट की दुकान पर ले जाता रहा कि नहीं?''

''मुझे क्या ख़बर थी कि...''

''क्यों? तुझे नहीं पता कि जो नायिका एक बार में चार-चार आलू की टिकियाँ

भकोस रही है, और फिर जिसे तुम प्यार से आइसक्रीम भी खिला रहे हो, अन्ततः उसका क्या बनेगा?''

''आपने पूरी कहानी में मुझे कहीं चेताया क्यों नहीं?''

''अब यह भी हमीं बताएँगे? लेखक से क्या-क्या उम्मीद लगाए रहता है समाज! हद है यार!''

''फिर भी आप मुझे बता तो सकते थे।''

''क्या बताता? यही कि इत्ता खाएगी तो मुटाएगी भी? अजीब बातें करते हो तुम भी यार!''

''पर ऐसी मुटल्ली नायिका से अब मैं प्यार नहीं कर सकता। कैसे करूँ? चाहूँ, तो भी नहीं कर सकता। मुझे पक्का विश्वास है कि मेरा प्यार ख़त्म हो गया है और मैं एक झूठी प्रेमकथा को ढो रहा हूँ।''

''तो क्या तेरा प्यार बस पतली कमर पर टिका था?''

''मैं नहीं जानता। पर मैं क्या करूँ?''

''जब तू ऐसे असमंजस में है तो मैं यह प्रेमकथा कहाँ से पूरी कर सकता हूँ?''

प्रेमकथा अधूरी पड़ी है।

नायक और लेखक दोनों ही किंकर्त्तव्यविमूढ़ बैठे हैं।

नायक पतली कमर पर अड़ा है। मैंने उसे समझाया भी कि यार, तू स्वयं अपने को देख। तेरा पेट भी तो निकल आया है। तू बीच से गंजा हो रहा है और कलमों के बाल सफ़ेद हो गये हैं तेरे। इसके बावजूद तुझे पता तथा उम्मीद है कि नायिका तेरे से प्यार करती है। फिर तू उसकी कमर मुटा जाने के बावजूद उसे प्यार क्यों नहीं कर सकता? वो तो तेरे पेट को लेकर नहीं रो रही? फिर याद रख कि अभी तो धीरे-धीरे और उम्र गुज़रेगी। झुर्रियाँ आएँगी, कमर टेढ़ी होगी और दाँत गिरने लगेंगे। तब तेरे प्यार का क्या होगा?...

उसने चुपचाप सुन लिया। पर वह तैयार नहीं हुआ। इस प्रेमकथा को आगे वह खींचने को राज़ी नहीं। उसका प्यार पतली क़मर से था, नायिका से नहीं। सो उसकी प्रेमकथा कहीं नहीं पहुँची है।

प्रायः प्रेमकथाएँ ऐसी ही अपूर्ण रह जाती हैं।

भटक जाती हैं प्रेमकथाएँ। पतली कमर मोटी हो जाती है, बाँकी चितवन पर

चश्मा लग जाता है, रेशमी जुल्फें श्वेत होने लगती हैं और चाल में 'आर्थाईटिस' का तत्त्व आ जाता है। ऐसा प्यार, जो इन्हीं उपादानों के कारण था, वह तिरोहित हो जाता है। लेखक अपने नायक-नायिका को समझाना चाहता है कि प्यार इन उपादानों के कारण शुरू भले ही हुआ हो, परन्तु अन्ततः प्यार पतली कमर और तिरछी नज़र से परे कुछ और ही भाव है। जब तक प्यार की इस गहराई और उदात्तता को नहीं छुओगे, तुम्हारी प्रेमकथाओं का हश्र यही होगा।

पर नायक-नायिका सुनने को तत्पर नहीं हैं।

लेखक की मेहनत बेकार चली जाती है। वह प्रेमकथा लिखने बैठे, तो प्रायः ऐसी कथा अधूरी रह जाती हैं।

तभी तो मैंने शुरू में ही बताया न कि मैं प्रेमकथाएँ लिखता ही नहीं। अपुन तो व्यंग्य में ही भले।

तुरन्त सहमत आदमी

वे तुरन्त सहमत हो जाते हैं। वे सबसे सहमत हो जाते हैं। जब तक आप अपनी बात रख रहे होते हैं, तब तक वे सहमत भी हो चुके होते हैं। वे स्टैंड नहीं लेते। वे बहस में नहीं पड़ते। वे सही-ग़लत के टंटे में नहीं। वे किसी के अच्छे-बुरे में नहीं। 'कौन झगड़ा मोल ले'—यही उनके जीवन की फिलासफी मान लें; बशर्ते कि ऐसे आदमी को आप जीवित मान सकें, तो। तुम भी सही, और तुम तो ख़ैर हमेशा ही सही। सब सही कह रहे हैं। सब सही हो रहा है। वे सबकी 'हाँ' में 'हाँ' मिलाते हैं। आपके पास बैठे तो आपकी हाँ, और उधर गये तो उनसे भी यही कहा कि आपकी तो क्या बात है साहब! वे हर गुट में देखे जाते हैं। वे हर मीटिंग में बुलाए जाते हैं। वे हर समिति में होते ही हैं। वे सर्वत्र हैं, और जहाँ हैं, सहमत हैं। या फिर चुप हैं। जीवन-मरण के प्रश्नों पर भी वे या तो चुप रहते हैं, या फिर सबसे सहमत होकर चुपचाप निकल जाते हैं। जब तक खुद का जीवन ख़तरे में न हो, वे परेशान नहीं होते। उनका जीवन-उद्देश्य है कि वे बने रहें। कोई और भी बना रहे, इसकी नहीं सोचते वे। अपने काम होते रहें। अपन किसी के बुरे क्यों बनें? बुरे बनकर या असहमत होकर क्या होना है? यार, जिसकी बात न मानो, वही बुरा मान जाता है। सो वे सभी की मान लेते हैं।

कभी उन्हें सहमत होते हुए देखिए। दृश्य रोचक होता है।

उदाहरणार्थ, मान लें कि कहीं चार आदमी बैठे किसी के विरुद्ध बातें करते हुए कह रहे हैं कि साहब, बड़ा जुल्म हो रहा है और यह बात ठीक नहीं। क्या जुल्म हो रहा है, अभी इसके विस्तार में न जाएँ तो बेहतर क्योंकि हमारे देश में किसी भी बात को जुल्म की श्रेणी में रखा जा सकता है। अभी एक दिन हमने अपने एक मातहत से कहा कि आप नित्य ही दो-तीन घंटे लेट आते हो—समय पर ड्यूटी आया करो, तो वे बाद में सबसे कहते फिरे कि देखिए, हम पर कितना जुल्म हो रहा है।...तो बात ऐसे ही किसी जुल्म की चल रही है। सदैव सहमत सज्जन अभी-अभी आकर वहाँ बैठे हैं। किसी ने शायद चौथी बार वही बात की, कि साहब देखिए, कितना जुल्म हो रहा है। इन्होंने तुरन्त सहमत होते हुए कहा :

''सो तो है।''

''ज़माना ऐसा आ गया है कि...'' उत्साहित आदमी ने जुल्म-पुराण को आगे बढ़ाते हुए कुछ कहने का प्रयास किया है कि सहमत होने को आतुर वे बीच में ही बोलने लगे, ''सही कह गये महाराज, ज़माना वास्तव में ऐसा आ गया है...''

''कैसा आ गया?'' उत्साहित आदमी यों बीच में टोकने के कारण व्यथित है।

''जैसा आप बताएँ। ज़माना कैसा आ गया है, इसे आपसे बेहतर कौन बता सकता है? हम तो सबसे यही कहते फिरते हैं कि लल्लू बाबू से बेहतर कोई बता नहीं सकता कि ज़माना कैसा आ गया है। कइयों को तो यह तक नहीं पता कि ज़माना आया भी है कि नहीं?...सो आप ही बताएँगे कि...''

''...फिर हमें पूरी बात कहने तो दो!'' उत्साहित चिढ़कर बोला। उत्साहित आदमी चिढ़ते भी देर नहीं लगाता।

''...कहें। ज़रूर कहें। पूरी बात बताएँ। हम सुन रहे हैं। हम तो सबसे कहते फिरते हैं कि...''

''...यार, हमारी सुन लोगे तो मर न जाओगे।''

''...मैं आपसे सहमत हूँ।''

''...तो भैया, हम लोग यह बात कर रहे थे कि ज़माना ऐसा ख़राब आ गया है कि जिसे देखो, वही जुल्म करने पर उतारू है...''

''सही कह गये आप। जुल्म तो हो रहा है जनाब। जिसे देखो, वही...''

''पर कल तो इसी सन्दर्भ में वहाँ आप कह रहे थे कि कोई जुल्म-फुल्म नहीं हो रहा?''

''...यार, वह हम नहीं, वे कह रहे थे। वे कहने लगे कि बताइए, काहे का जुल्म? अब हम क्या कहते? उस समय हम यही कह सकते थे कि आप सही कह रहे हैं। उसी की बताई होगी उनने। बड़ा मानते हैं हमें। सो हम क्या कहते तब?''

''वही कहते न, जो अभी यहाँ कह रहे हैं।''

''हम कह ही रहे हैं। कहीं भी कह सकते हैं हम, यह बात।''

''...तो आप सहमत हैं कि जुल्म हो रहा है?''

''...आपने बताया ही है कि ज़माना ही ऐसा हो गया है कि...''

''...तो फिर आप हमारे साथ हैं?''

''ऐसा है कि हम तो जहाँ आप बोलेंगे, वहाँ खड़े हो जाएँगे। हमारा क्या है?''

''परन्तु कल को वो बुलाएँगे, तो?''

''यार, वो आदर से बुलाएँगे तो हम मना कर देंगे क्या? वे प्यार से बुलाएँगे तो उनके साथ भी तो खड़ा होना ही पड़ेगा न।''

वे सबके साथ खड़े हैं।

वे सबके साथ हैं। वे तलवार के साथ भी हैं और गर्दन से भी सहानुभूति रखते हैं। देखा जाए तो वे किसी के साथ नहीं। वे बस, अपने साथ हैं। वे सुरक्षित चलने में विश्वास रखते हैं। वे घास हैं। मन्द बयार के विरुद्ध भी खड़े होने को तत्पर नहीं। तुरन्त लेट जाते हैं। रौंदे जाने का बुरा नहीं मानते। जब तक पाँव के नीचे हैं, तब तक चुपचाप, बिना विरोध किये पड़े रहने के कायल। पाँव हट जाने पर वापस ऐसे खड़े हो जाते हैं कि जैसे कभी कुछ हुआ ही न हो। वे फूलों के प्रशंसक हैं और काँटों से सहमत। वे जहाँ होते हैं, सहमत पाये जाते हैं। जहाँ निश्चित पक्ष लेने की मजबूरी ही आ जाए, चुप्पी मार जाते हैं, या फिर ऐसी गोलमोल भाषा में बातें करने लग जाते हैं कि जहाँ से बाद में हर दिशा में जाने के रास्ते खुले रहें। उदाहरण के लिए हम मोहन बाबू का मामला लें। कल ही हमने उनसे पूछा कि अभी मोहन बाबू ने जो बयान दिया है, क्या वे उससे सहमत हैं? या कि फिर वे सोहन बाबू की कही बात को सही मान रहे हैं? उन्होंने जो कहा, उससे कथोपकथन कुछ यों चला :

''मोहन ने जो कल कहा, उससे सहमत हैं, कि सोहन की बातों से? कौन सही कह रहा है?''

''देखिए, उन्होंने जो वह बात कही वो तो वो पहले भी कह चुके हैं, जिससे, मैं कहूँगा कि सभी सहमत थे, गो कि इधर कुछ वैसी बातें भी की गयी हैं जो विवादास्पद कही जा रही हैं, यद्यपि हमें यह देखना होगा कि वो जो भी कह रहे हैं, उन बातों का तात्पर्य कहीं वह तो नहीं कि जिसे, हम, आप तथा...''

''यार आप साफ़ बताओ न...''

''वही तो। हम सहमत हैं कि बात साफ़ ही बतानी चाहिए।''

''...पर आप बता तो नहीं रहे?''

''...आप सही कह रहे हैं। हम साफ़ नहीं बता रहे, परन्तु हम कह रहे हैं कि वे जो कह रहे हैं...''

''...वे कौन? मोहन? कि सोहन?''

''...वही, जिनके बारे में आपने अभी कहा। सत्य यही है और हम पूर्णतः सहमत हैं कि वह जो कह रहे हैं, सो उसके पीछे उनके इरादे नेक हैं और देखा जाए तो वे ऐसा पहले भी कहते रहे हैं। नयी बात नहीं है कि इस पर बहस की जाए। फिर जो बातें इनकी बातों के सन्दर्भ में इन दिनों चली हैं, तो...''

''यार, हमें स्पष्ट बताओ कि आप मोहन की बात से सहमत हैं कि सोहन से?''

''देखिए, किसी बात से सहमत होना एक अलग बात है, और बात क्या है, यह एकदम अलग बात है। बात मोहन ने कही या सोहन ने—और उनकी बात से आप

सहमत भी हो सकते हैं और असहमत भी—और बहस का मुद्दा वह होना भी नहीं चाहिए, बल्कि मुद्दा यह होना चाहिए कि क्या मोहन ने ऐसी कोई बात कही?''

''हमारे सामने कही...।''

''चलिए, फिर तो बहस ही समाप्त हो गयी। मैं आपसे सहमत हूँ। बहस का अब कारण ही नहीं।''

''यार आप मोहन से सहमत हैं या सोहन से, बहस इसकी है।''

''नहीं नहीं, उसमें भी बहस कैसी? देखिए, जब तक हम स्वयं मोहन से बात न कर लें, हम क्या कह सकते हैं? हमारे निकट तो मोहन एक निहायत समझदार तथा कर्मठ व्यक्ति हैं और उनकी बात का एक वजन है।''

''तो आप मोहन से सहमत हैं?''

''हमने यह कहाँ कहा? सोहन भी कोई कम ज़हीन और बुद्धिमान नहीं...''

''तो आप सोहन से सहमत हैं?''

''देखिए, हमें स्वयं सोहन से बात करनी पड़ेगी, तभी कुछ...''

''परन्तु सोहन तो बता रहा था कि उसकी बात हुई है आपसे और आपने उसे आश्वस्त किया है कि आप उससे पूर्णतः सहमत हैं कि...''

''देखिए, दोनों पक्षों को सुने बिना कुछ भी कह पाना...''

''यार, आप दोनों की दस बार सुन चुके हैं...''

''मैं आपकी इस बात से सहमत हूँ।''

''फिर? आप मोहन से सहमत हैं कि सोहन से?''

''हम तो कहेंगे कि मोहन और सोहन बैठ लें एक साथ, हो सके तो आप भी आ जाएँ, ठाकुर को ले लें—चाहेंगे तो हम भी आकर खड़े हो जाएँगे...''

''यार, अभी तो आप कह रहे थे कि बैठ लें, और अब खड़े होने की बात... ?''

''...सो सब मिल-बैठकर तय कर लेंगे कि बात क्या है, कैसी है और...''

''...अजीब बातें कर रहे हैं आप!''

''...मैं आपकी इस बात से एकदम सहमत हूँ कि बात अजीब भी लग सकती है। पर आप भी सहमत होंगे कि आजकल अजीब बातें ही हो रही हैं।''

''आप अजीब बात तो करते हैं, पर साफ़ बात नहीं करते।''

''आप यह बात भी एकदम सही कह रहे हैं। अजीब बातें साफ़ नहीं होतीं। या कि बात यदि साफ़ न हो, तो अजीब लग सकती है। यह बात हमसे औरों ने भी कही है और हम सहमत भी रहे हैं उनकी बातों से कि आजकल अजीब बातें कर रहे हैं हम। है न अजीब बात?''

''फिर?''

"मैं सहमत हूँ। मैं आपसे सहमत हूँ। फिर जैसा आप कहें।"

"हम क्या कहें?"

"यह भी सही बात है। आप क्या कह सकते हैं?"

चूँकि वे सभी से सहमत हो जाते हैं, अत: वे बड़े लोकप्रिय मध्यस्थ हैं। सभी को भ्रम बना रहता है कि अपना आदमी है। वे झगड़े निबटवाने के लिए मशहूर हैं। निबटते अपने आप हैं, पर मशहूरी इनकी बढ़ती है। ये तो मात्र दोनों पार्टियों से सहमत होते जाते हैं, और तब तक होते चले जाते हैं कि जब तक घबराकर, ऊबकर या आजिज़ आकर दोनों किसी समझौते पर न पहुँच जाएँ। वे तटस्थ के रूप में मशहूर हैं और उसी कारण बदनाम भी। उनका एकमात्र पक्ष वे स्वयं हैं। क्या बात कहना स्वयं के लिए श्रेष्ठ रहेगी, यही ध्यान रखना उनके जीवन का मूलमन्त्र रहा आता है। इसी को वे सहमति के रंगरोगन से ऐसा रूप दे देते हैं कि लगे कि आदमी नि:स्वार्थ तथा कपटहीन है। इसी चक्कर में लोग इनसे झगड़े निबटवाने पहुँच जाते हैं।

दो पड़ोसी हैं। एक की शिकायत है कि दूसरे ने उसकी चार इंच ज़मीन पर बेज़ा कब्जा कर लिया है। गाली-गलौज़, धमकियों तथा कुकरहाव के प्रारम्भिक रूटीन के बाद दृश्य में अब आपने प्रवेश किया है। उनके घर बैठकर, उन्हीं के चाय-नाश्ता करते हुए वे झगड़ा निबटाने के प्रयास कर रहे हैं। वे दोनों से सहमत हैं और कह रहे हैं कि दोनों अपनी-अपनी जगह पर सही हैं, फिर भी बात तो हमें करनी ही होगी।

"बात साफ़ है साहब...इसने मेरी चार इंच ज़मीन दबा ली है।"

"अरे! अच्छा!"

"देखिए, चार इंच ज़मीन दबाकर हमें स्साला क्या मिल जाने वाला है? हम क्यों दबाएँगे किसी की ज़मीन?"

"सही कह रहे हैं आप भी। चार इंच दबाने में किसी को क्या मिल जाएगा? क्यों साहब?"

"बात चार इंच की नहीं है साहब, बात सिद्धान्त की है।"

"यह भी सही बात कही आपने। बात सिद्धान्त की हो, तो क्या तो चार इंच और क्या चौबीस इंच,...बल्कि हम तो कहेंगे कि बात सिद्धान्त भर की हो तो फिर क्या तो नापना। सिद्धान्त की लड़ाई में नपती का क्या काम? क्यों जनाब?"

"जनाब क्या बोलें? हम तो इसी पर हैरान हैं कि चार इंच ज़मीन क्या दब गयी, लोग ऐसे रोये जा रहे हैं कि कमाल है!"

"ख़ैर, हम सहमत हैं कि रोना तो नहीं चाहिए।"

''मर गये यार, रुलाने वाले।''

''ख़ैर, मैं सहमत हूँ कि आप जैसे साहसी को कोई क्या रुलाएगा? सही कह गये हैं आप।''

''देखिए, हमारा कहना यह है कि जब हम नपती करके दीवार खड़ी कर रहे थे, तब इन्होंने क्यों नहीं रोका हमें? जब दीवार बन गयी, तो बाद में चिकचिक कर रहे हैं।''

''बड़ी सही और मार्के की बात कह गये हैं आप भी। आज आप दोनों की जुबान पर सरस्वती बैठी हैं। बताइए साहब कि शुरू में ही इनको क्यों नहीं रोका?''

''कैसे रोकते? हम इधर दो महीने की छुट्टियों में बच्चों को लेकर ननिहाल गये हुए थे कि इधर इन्होंने बाउंड्री-वॉल खिंचवा दी।''

''अरे! वैसे बहुत सही पाइंट आपने भी उठाया है कि यदि आदमी शहर से बाहर गया हुआ हो, तो वह कैसे रोके तथा कैसे कहे?''

''ये टेलीफोन कर सकते थे...''

''...हाँ, टेलीफोन तो आदमी बाहर से भी कर सकता है। बल्कि, प्रायः आदमी बाहर से ही टेलीफोन करता है क्योंकि यहाँ बैठकर टेलीफोन करने का मतलब ही कुछ नहीं था, जबकि आदमी सामने ही बैठा हो। क्यों साहब?''

''जब हमें बात का पता ही नहीं था तो हम फोन क्या करते?''

''बात बड़े मार्के की कह गये हैं आप भी। उधर वे भी मार्के की बातें कह रहे हैं। मामला पेंचीदा होता चला जा रहा है जनाब! क्या किया जाए, अब आप ही बताइए।''

''ये क्यों बताएँगे? हमसे क्यों नहीं पूछते आप?''

''ठीक कह रहे हैं आप।...चलिए, आप ही बताइए।''

''हमें चार इंच ज़मीन का पैसा दे दिया जाये, बस! फिर ये रहे आएँ, ठाठ से।''

''एक तरह से आप ठीक ही कह रहे हैं। क्यों साहब?''

''हम इन्हें देंगे बाबाजी का घंटा।''

''यह भी एक तरीका हो सकता है, बशर्ते बाबाजी तैयार हों...''

आपको लगता है कि यह झगड़ा निबटा होगा?

निबटा था साहब। दोनों तरफ से लगातार सहमत होते हुए ये उन्हें इतना परेशान कर डालते हैं कि वे इस बातचीत से मुक्ति पाने के लिए या तो आत्महत्या कर सकते हैं, या फिर साधू बनकर शहर छोड़ सकते हैं, या फिर झगड़ा भूलकर चुपचाप दरवाज़ा बन्द करके घर बैठ सकते हैं ताकि ये घर में न आ सकें। आख़िरी विकल्प में झंझट

नहीं है, सो वे झगड़ा बन्द कर देते हैं। और बाद में लोग बताते हैं कि कैसा भी झगड़ा हो, कैसा बढ़िया निबटवा देते हैं वे!

सबसे सहमत आदमी को देखकर भ्रम हो सकता है कि आदमी सीधा-सादा है। याद रहे कि ऐसा आदमी सीधा नहीं होता। यह चालाक आदमी है। सहमत होना इसके निकट एक ट्रिक है। सहमति इसका हथियार है। सहमति इसका देसी कट्टा है। चुप रह जाना इसकी कमन्द है कि जिसके सहारे लटककर यह सभी विवादों से निकल जाता है। सहमति इसकी छुपी हुई कटार है। सहमति बघनखा भी है, ढाल भी। सहमति इसका गहना भी है और मेकअप भी।

इसकी सहमति के भेष के पीछे जो तिकड़मी और चालाक आदमी छुपा है, उसे पहिचानना ज़रूरी है। जब आप किसी को हर बात पर अपने सहमत पाओ, तब सहमति की धोखे की पट्टी के पीछे एक बार झाँक अवश्य लेना।

राक्षस की सेवकाई

लानत है इस शहर पर जो उसे एक ठीकठाक-सी स्टोरी नहीं दे पा रहा।

देखो तो वह ऐसा माँग ही क्या रहा है? कुछ भी तो नहीं। बस, तनिक-सी, कोई स्टोरी। कोई विवादास्पद 'बाईट'। 'ब्रेकिंग' कहाई जा सके, ऐसी कुछ चटपटी-सी ख़बर। कुछ ऐसा जो एकदम सनसनी पैदा न भी कर सके पर चुनचुनी-सी चिनमिन तो पैदा करे! शहर कुछ तो दे उसे! उसे चाहिए ही चाहिए। उसके लिए यह जीवन-मरण का प्रश्न है भाईसाहब। वह एक राक्षस का सेवक है जिसे चौबीसों घंटे कुछ न कुछ चाहिए। ख़बरों को चूसता, चबाता, निचोड़ता, भँभोड़ता यह राक्षस, और उसकी यह सेवकाई—आसान काम है क्या? सेवक घूमते हैं दर-ब-दर कि कहीं कुछ तो मिले।

वह भी कब से घूम रहा है। थक गया। पर एक स्टोरी नहीं मिल रही स्साली। यह कैसा नाकारा शहर है? लानतें भेजता हुआ वह सड़क किनारे बने रेस्तराँ में बैठा अभी चाय पी रहा है। शाम उतर रही है। शहर भाग रहा है। सामने की सड़क पर ट्रैफिक का हुज़ूम है। भीड़। आदमी। औरतें। कारें। मोटरसाइकिलें। ठेले। साइकिलें। पैदल। इतना कुछ, पर कुछ भी नहीं हो रहा। पूरी शाम निकाल दी शहर ने। रात उतर चली। बत्तियाँ जल गयीं। कारों की हेडलाइट्स। अँधेरा। उजाला। लाल-लाल पार्किंग लाइट्स के भागते दायरे। दुकानों की रोशनी।...पर कहीं भी कोई कहानी नहीं। न अँधेरे में। न उजाले में। न फुटपाथ पर। न सड़क पर।

चाय पीकर उठ गया है वह। सड़क किनारे यों ही खड़ा हो गया है, बगल में टीवी कैमरा लटकाए। ढीला पोला खड़ा है परन्तु कहानी पकड़ने को एकदम तैयार। कुछ मिले तो अभी फ़िल्माकर तुरन्त पहुँचा दे। राक्षस भूखा होगा। कब तक उन्हीं ख़बरों को चबाता रहेगा वह? ख़बर बासी हुई। स्वाद ख़त्म। अब कुछ नया और चटपटा लाकर दो उसे। वही खोजने निकला है वह। पर लानत है इस शहर पर!

इतनी गाड़ियाँ हैं सड़क पर परन्तु एक दुर्घटना भी नहीं? हद है कि नहीं? वह चाहता है कि कोई छोटी-मोटी-सी ही हो जाए तो आनन्द आ जाए। यहीं हो जाए

तो वह एकदम लपक ले। लाइव कवरेज का मामला बना डाले। बल्कि यदि दो-तीन गाड़ियाँ एक दूसरे से भिड़ जाएँ तब तो और भी अच्छा है।...और भिड़कर यदि उनमें आग भी लग जाए तब तो कहना ही क्या! एकाध ज़िन्दा आदमी जलता हुआ गाड़ी से निकलकर गाड़ियों के बीच सड़क पर भागे तो सारा दृश्य कैसा दर्शनीय और नयनाभिराम बन जाएगा कि फिर दिन भर इसे ही बार-बार दिखाया जा सकेगा। रिपीट वैल्यू वाले ऐसे शॉट किस्मत से ही मिला करते हैं भाई साहब। यह शहर तो ख़ैर ऐसे दृश्य क्या दिलाएगा! यहाँ लोग आलसी और नान-एडवेंचरस हैं स्साले। सब बाएँ चल रहे हैं, आराम-आराम से कार चला रहे हैं, हार्न बजा-बजाकर लोगों को बचाते हुए ड्राइव करने के आदी लोग हैं। घर सुरक्षित पहुँचने में लगे हैं। इन हरामियों से ऐसी किसी स्टोरी की उम्मीद भी करना मूर्खता है साहब!

और ये घर भी अपनी बीवी के पास जा रहे हैं जिसकी कोई कहानी नहीं बनती। इनसे यह तक नहीं होता कि किसी और की बीवी के पास जाया करें ताकि हम वहाँ से कोई चटपटा किस्सा उठा सकें। ये जाएँ तो इधर हम चार-पाँच उठाईगीरों को समाज सुधारक बनाकर दोनों को रँगे हाथों पकड़ें, मुँह काला करें, उनके कपड़े फड़वाये, बाल पकड़वाकर घिसटवाएँ—और कैमरे में सब बाकायदा क़ैद कर लें। कोई नहीं पूछेगा कि तुम ऐसी मारपीट के टाइम पर कैमरा लेकर ऐन टाइम पर वहाँ कैसे थे? आदमी तो स्टोरी का मज़ा लेता है, बस! इस शहर का नागरिक ऐसा नाकारा है भाईसाहब कि स्साला स्वयं की बीवी के चक्कर में ही पड़ा रहता है। दुनिया कहाँ निकल रही है और यह नैतिकता के फेर में अपना और हमारा टाइम ख़राब कर रहा है। नैतिकता की कोई 'न्यूज़ वैल्यू' ही नहीं होती है भैया! नैतिकता की रंगीन फोटू भी ब्लैक एण्ड व्हाइट टाइप निकलती है।

चौकन्नी निगाहों के साथ कैमरा लिए जा रहा है वह। झपटने को तत्पर। पर झपटें किस पर? बेचैन है वह। चाल में तड़पती चपलता। कैमरा तैयार। वह भी तैयार। रात उतर आयी है। वह चाहता है कि 'शहर रात की बाँहों में' टाइप का कुछ मैटर मिल जाए। मिल नहीं रहा। शहर में रात उतर आयी है परन्तु इस शहर को इस बात का शऊर ही नहीं है कि रात की बाँहों में क्या-क्या किया जा सकता है! कुछ ढंग का करने को तत्पर ही नहीं यह शहर। रात की बाँहों में घर जाकर सो जाता है, बस! अब सोने की, वह भी अकेले-अकेले सोने की, या खुद की बीवी के साथ सोने की कोई कहानी होती है क्या? कहाँ, किसके साथ सोये—कहानी तो उसकी बनती है। अपने घर जाकर, अपनी खटिया पर, अपनी बीवी के पास जाकर सो गये तो स्साला कौन-सा तीर मार लिया तुमने? आरती उतारें तुम्हारी? क्या करें? शान्तिप्रिय शरीफ़ नागरिकों से भिनभिनाते इस शान्त शहर का वह क्या करे जो उसे एक स्टोरी नहीं दे पा रहा है!

रात और गहरा गयी है। सड़कें सुनसान हो चलीं। दुकानें बढ़ा दीं दुकानदारों ने।

सुनसान सड़क पर जा रहा है वह, कैमरा लटकाये।

आज का दिन भी बेकार गया। आज भी उसे ऐसा कुछ नहीं मिला जिसे ले जाकर वह उस राक्षस को परोस पाता जिसका दस्तरख़ान चौबीसों घंटे बिछा है। इस राक्षस की सेवकाई को लोग बड़ा ग्लैमर वाला काम बताते हैं परन्तु कभी इस सेवक से भी कोई पूछे कि राक्षस के जबड़े के इतने पास लगातार बैठने में कैसा लगता है तुम्हें? रोज़ इस राक्षस के लिए भोजन लाना है। कहीं से भी लाओ। बलात्कार से लाओ, बार बालाओं से बनाओ, पति-पत्नी की तकरार से निकालो, अवैध सम्बन्धों में चटखारे वाली भाषा की छौंक लगाओ, नेता से—जूते से—भूत-प्रेतों से—आगजनी से—लूटपाट से—दंगे से—मरते आदमी से—मलबे में दबे घायलों से—कहीं से भी लाओ। भोजन लाओ। राक्षस भूखा है। वह सेवक को आवाज़ें दे रहा है। लाओ। लाओ। इधर घूम रहा है सेवक। कैमरे का टिफिन लिये कि शहर में कुछ मिले तो ले चलूँ। पर मिल नहीं रहा उसे।

लानत है इस शहर पर! उसने तय कर लिया है कि वह बम्बई, दिल्ली जैसे शहर जाएगा। वहाँ किसी नये राक्षस की नौकरी करेगा।

कल उसने शहर छोड़ दिया। दिल्ली चला गया वह। बता रहा था कि इस शहर का कोई भविष्य नहीं प्यारे। 'अपोर्चुनिटीज़' तो वहाँ हैं। वहाँ देखेगा। नये राक्षस के पास।...पर शहर बदलने से क्या होना है? राक्षस तो हर जगह वही है।

प्यार से बाहर निकलने के तरीके!

आदमी प्यार में सफल होने के तरीके दरयाफ़्त करता है। क्या जतन करे? अप्लीकेशन कहाँ लगाये? कोई फार्म-वार्म तो नहीं भरना पड़ता? ख़र्चा कित्ता पड़ जाता है भाईसाहब? इसी तरह की बातें। प्रेम में पहली बार पड़ा आदमी बौराया-सा रहता है और ऊटपटाँग बातें पूछता है। उसने उँगली पकड़ ली है और पहुँचा पकड़ने में घबरा रहा है। क्या करें? कैसे करें? पहुँचे की तरफ हाथ बढ़ाने पर वह भड़क तो नहीं जाएगी? क्यों सर, क्या सलाह देते हैं आप? पुलिस-उलिस केस तो न बन जाएगा?...इस तरह के पचासों प्रश्नों से हमारा साबका पड़ता रहता है। प्रेम में पड़ने के इच्छुक, या पड़ चुके लोग प्रायः हमारी सलाह लेने आते रहते हैं। हमें चिन्तक समझते हैं, बड़ा सलाहकार या निचाट फालतू आदमी, यह हमें पता नहीं, परन्तु आते तो हैं। कहते हैं कि तनिक गाइड कर दीजिए। हम कर भी देते हैं। फिर जो हो। हमारे गाइड किये कई आज शादीशुदा हैं और हमारे नाम को रोते हैं। कई तो जेल से निकलकर हमें तलाशते सीधे हमारे घर आये पर हम मिले ही नहीं। प्रेम में मार्गदर्शन देने का धन्धा खोल लो तो आप ऐसी स्थितियों में घर से रफ़ू-चक्कर होना भी सीख ही जाते हैं।

इतनी भूमिका बाँधने के बाद मैं इस लेख के उस मूल विषय पर आता हूँ जो इस भूमिका के ठीक विलोम है। हम प्यार में पड़ने, बढ़ने या सफल होने की बात नहीं कर रहे। हम प्यार के उस महत्त्वपूर्ण पक्ष की बात कर रहे हैं जिसकी चर्चा किसी भी प्रेमकथा में नहीं की जाती परन्तु मुद्दा है महत्त्वपूर्ण। वास्तव में तो शायद हम भी न करते यदि मुन्नालालजी हमसे इस विषय में सलाह माँगने न आ जाते। मुन्नालालजी प्यार के पुराने रोगी हैं। वे चाहे जब आते रहते हैं। कई बार। ट्राई करते रहते हैं। पिटने का बुरा नहीं मानते और जो उनके प्यार को ठुकरा दे, उसे बहिन बना लेते हैं। प्यार के सिलसिले में कई बार नाली में भी छुपे मिले हैं। लड़की के भाई नाली के बाहर ही ढूँढ़ते रह गये क्योंकि उन्हें अन्दाज ही नहीं था कि प्यार में कोई इतने गहरे भी उतर सकता है।...हम यही समझे कि मुन्नालालजी इसी तरह की कोई समस्या लेकर आये होंगे परन्तु हम ग़लत थे। मामला प्यार का ही था परन्तु इस बार इसका पक्ष

दूसरा ही निकला। वे हमसे पूछने लगे कि भाई साहब, आप तो यह बताओ कि प्यार के चक्कर से निकलें कैसे? वे प्यार में पड़ जाने के बाद उससे निकलने की तज़वीज पूछ रहे थे। कहने लगे कि प्यार में पड़ने के लिए इत्ती सलाहें रहती हैं तुम्हारे पास तो बाहर निकलने की भी होंगी ही। निकलवाइए। फँस गया हूँ। कुछ बताओ।

यह एकदम नयी बात थी। पहले किसी ने यह समस्या बतायी ही नहीं। हमने इस दिशा में सोचा भी नहीं। हम तो हर प्रेमकथा के दो अन्त ही मानते चले आ रहे थे। एक तो यही कि 'फिर वे सुख से साथ-साथ रहने लगे', और दूसरा यह कि 'वे मिल ही न पाए।' मुन्नालाल इसका तीसरा, उत्तर-आधुनिक अन्त करना चाहते थे। प्यार में थे। मिलन के चांस भी हैं परन्तु बाहर निकलने का फाटक पूछ रहे हैं। पहले हमने समझाया। पूछा कि आख़िर निकलना क्यों चाहते हो यार? प्यार बार-बार नहीं मिलता। बल्कि ज़्यादा बार हो चुका हो तो आदमी बदनाम टाइप हो जाता है। फिर तुम्हारी उम्र भी निकली जा रही है। सीनियर सिटीजन को रेलयात्रा में भले ही छूट मिल जाती हो, परन्तु प्यार की यात्रा में तो प्लेटफार्म टिकट भी नहीं मिलती या छुपछुपा कर कम्पार्टमेंट में चढ़ भी जाओ तो संडास के पास खड़े होकर यात्रा करनी पड़ती है।...परन्तु मुन्नालाल नहीं माने। बोले कि बता सको तो ठीक वरना तुम्हारे चिन्तक होने का हमें स्साला फ़ायदा ही क्या!

बस, तभी से सोच रहा हूँ। हमारा इस क्षेत्र में व्यक्तिगत अनुभव है नहीं। हम तो एक बार प्यार में पड़े थे तो बस पड़े ही रह गये। अलबत्ता, हमने लोगों को प्यार से निकलते हुए भी देखा तो है। उनमें से ही निकालकर कुछ उपाय हमने मुन्नालालजी को बताये सो आपको भी बता देते हैं। काम कर जाएँ तो बढ़िया। न भी करें तो क्षमा कीजिएगा। प्यार में किसी चीज़ का भरोसा तो होता नहीं साहब। असर करे, न करे। एकदम होम्योपैथी टाइप मामला।

बहरहाल, प्यार से निकलने के कई तरीके आजमाये जा सकते हैं।

एक तो यह कि आप फादर को बीच में डाल दीजिए। कहिए कि पिताजी नहीं मान रहे। प्यार तो फादर से पूछे बिना यह सोचकर कर लिया था कि 'पोस्ट-फैक्टो' परमीशन ले लेंगे, पर वे अब मान ही नहीं रहे। यहाँ प्रेमिका कह सकती है कि बाप को छोड़ो, कौन-सी बाप से शादी करनी है। ऐसे में आपको फादर की पहुँच, आपराधिक चरित्र, मार-कुटाई में अगाध विश्वास तथा उन पर चल रहे हत्या के दो मुक़दमों का ज़िक्र करके यह तथ्य स्थापित करना होगा कि हमारे घर में पिताजी को नज़रअन्दाज़ करना असम्भव ही नहीं, ख़तरनाक भी है।...और ये सारी बातें लड़की से लिपट-लिपट कर, हो सके तो हिचकियाँ लेते हुए बताइए और कहिए कि मैं तुमसे बिछड़कर भी सदैव तुम्हारा ही रहूँगा, आजीवन कुँवारा रहूँगा और तुम्हारी याद में दिन-रात ही बाम्बे हाई के तेल कुओं की तरह जलता रहूँगा।...एक और तरीक़ा यह है कि आप

अचानक ही शहर से ग़ायब हो जाएँ। मिलें ही न। प्रेमिका पता करती रह जाए कि कौन गली गये मोरे श्याम? यदि शहर से बाहर जाने की व्यवस्था न हो सके तो शहर में ही ग़ायब हो जाएँ। बाल एकदम छोटे करा लें, दाढ़ी रख लें, टोपी लगाने लगें, नकली दाँत फिट कर लें—लड़की अचानक पकड़ न ले आपको, ऐसा कुछ करे। दो-तीन माह में वह अपने आप समझ जाएगी। यहाँ खम्भे के पीछे छुपने, कचरे के डिब्बे में जम्प लगाने, उकडूँ बैठने आदि की प्रेक्टिस मदद कर सकती है। कुल मुद्दा यह कि छुपे रहें। बस।...वैसे आप प्रेमिका को सीधे यह भी कह सकते हैं कि आपको कैंसर हो गया है जबकि भगन्दर पहले से ही था और टीबी का इलाज भी चल ही रहा है—इस तरह आप मेडिकल आधार पर भी प्यार से डिस्चार्ज माँग सकते हैं। कहिए कि ऐसे बीमार आदमी के जीवन का क्या भरोसा? बताइए कि आप अपने स्वार्थ के लिए किसी और का जीवन बलिदान नहीं कर सकते क्योंकि आपका प्यार निःस्वार्थ है। ये सारी बातें कूलते, कराहते, खाँसते हुए कहेंगे तो असर फटाफट होगा।...इनके अलावा अपने मरने, पागल होने, कुएँ या खाई में टपक जाने, गिरफ्तार हो जाने, बम विस्फोट में चिथड़े उड़ जाने, साधू बन जाने या डाकुओं द्वारा उठा लिए जाने की बात भी उड़ा सकते हैं।

तात्पर्य यह कि देखो तो वास्तव में कितने सारे तरीके हैं! सोचने बैठा तो स्वयं भी आश्चर्य में पड़ गया। मुन्नालालजी ने इनमें से कौन-सा तरीका अपनाया, यह पता नहीं। हाँ, आप कोई-सा भी अपनाने के लिए स्वतन्त्र हैं।

दाम्पत्य की सिन्धु-लिपि

पत्नी ने ताकीद करके बार-बार कहा था कि लौटते समय साबुन ज़रूर ले आना। परन्तु, जैसा कि पति प्राय: किया करते हैं, मैं भूल गया। पत्नी ने मुझे खाली हाथ देखा और पूछा कि साबुन लाए? मैंने कहा कि मैं भूल गया। क़ायदे से इस संवाद से सारी स्थिति एकदम स्पष्ट हो चुकी थी और बात सन्तोषपूर्वक निबट जानी चाहिए थी। 'आपने किसी को कोई काम दिया था' और 'वह बेचारा भूल गया होगा'—इत्ती-सी बात! परन्तु दाम्पत्य का यही तो मज़ा है और शायद पेंच भी, बल्कि कहिए कि यही मजेदार पेंच है कि यहाँ आदमी (और औरत भी) ऐसे छोटे-छोटे मौक़े भी हाथ से यों ही नहीं जाने देता। साबुन यहाँ एक सुनहरा अवसर है। साबुन यहाँ एक हथियार, क़िले का खुला फाटक, दुश्मन की सुरक्षा व्यवस्था में एक पुराना सूराख और उसका गुप्त नक्शा है, जो आपके हाथ लग गया है। साबुन तो मात्र एक बहाना है, जिसके ज़रिए अब यह बताया जाएगा कि पति के तौर पर मैं कितनी घटिया क्वालिटी का माल सिद्ध हुआ हूँ। मैं प्राय: सोचता हूँ और उस परमपिता को धन्यवाद देता हूँ (जिसने दाम्पत्य और साबुन दोनों को बनाया है) कि यह तो अच्छा किया उसने कि देश में कहीं कोई 'उपभोक्ता-फोरम' दाम्पत्य के केस नहीं सुना करती, अन्यथा ख़राब माल टिपाने तथा असन्तोषजनक सेवाएँ देने के दंडस्वरूप मैं नित्य ही भागता फिरता।

पत्नी ने कहा, "मुझे पता था कि तुम साबुन नहीं लाओगे।"

"कैसे?" मैंने उसकी बातों पर आश्चर्यचकित होना छोड़ रखा है, फिर भी आश्चर्यचकित होते हुए पूछा।

"क्योंकि मैं जानती हूँ कि तुम मेरी कही बात को क्यों याद रखोगे!" उसने बात को नितान्त नये कोण से पकड़कर प्रश्नवाचक उत्तर दिया।

"तुम्हारी बात याद नहीं रखूँगा तो फिर और किसकी रखूँगा?" मैंने बात को पिटा हुआ रोमांटिक कोण देने की कोशिश की।

"यही तो पता नहीं चल रहा...। परन्तु कुछ तो चक्कर है..." पत्नी ने बात को रहस्यवादी कोण पर मोड़ते हुए कहा।

इसके पश्चात् संवाद जानी-पहिचानी भूल-भुलैया में खो गये, जहाँ पत्नी ने बताया कि वह बहुत दिनों से मेरे रंग-ढंग देख रही है और देखकर भी चुप रहा करती है क्योंकि "तुमसे कहने से भी कोई फ़ायदा तो होना नहीं है।"

उपरोक्त कथोपकथन से कुछ महत्त्वपूर्ण मुद्दे उठते हैं। दाम्पत्य-जीवन के लालित्य, सौन्दर्यशास्त्र, व्याकरण तथा बाराखड़ी को जानने-समझने में जिनकी रुचि है, या फिर जो 'भोगा हुआ यथार्थ' वाली टोली के मेम्बरान हैं, वे इन मुद्दों के मर्म को अवश्य समझ जाएँगे। 'साबुन लाना भूल जाना' दाम्पत्य में इस गम्भीर अपराध की ओर इंगित करता है कि आजकल आप पत्नी की कही बातों को याद नहीं रखते हैं या उन पर ध्यान ही नहीं देते हैं। इससे यहाँ दूसरा मुद्दा यह भी उभरता है कि ध्यान नहीं देने का सीधा मतलब तो यही निकलता है कि आपका ध्यान कहीं किसी और की तरफ रहता है आजकल। इससे अन्ततः यही सिद्ध होता है कि आजकल आपका कहीं और कुछ चक्कर चल रहा है। और सबसे मुद्दे की बात यह कि यद्यपि यह अभी तक ठीक-ठीक पता नहीं लग सका है कि वह कहाँ, क्या चल रहा है, परन्तु वह चक्कर शीघ्र ही पकड़ा जाएगा। पत्नी को विश्वास है कि वह शीघ्र ही पता कर लेगी और मामले के झाग को, तलहटी पर खँगाल कर जान लेगी कि असली किस्सा क्या है और वह 'मुई' आख़िर कौन है कि जिसके कारण आप साबुन लाना भूल जाते हैं?

वैसे मैं हर बार सोच के रखता हूँ कि पत्नी जब बोले, तो मुझे याद रखना चाहिए और यों साबुन लाना नहीं भूलना चाहिए। मुझे जानना चाहिए कि 'साबुन लाना' मात्र साबुन लाने की क्रिया से ही नहीं जुड़ा है। इसी कारण 'साबुन न लाने' से केवल यही समस्या न होगी कि घर में कपड़े धुलने में व्यवधान आ जाएगा। बात इससे कहीं आगे जाती है और मामला कहीं इससे गहरा है मित्र। साबुन तो निमित्त मात्र है। वस्तुतः साबुन लाने का बोलकर पत्नी आपकी परीक्षा ले रही है। आन्तरिक परीक्षण। एक निरन्तर चलने वाली अग्नि परीक्षा है यह कि जिसमें पेपर पहले से आउट रहने के बावजूद परीक्षार्थी हमेशा फेल होता रहता है। 'कापी जँचाई' बड़े ऊँचे स्तर की है तथा परीक्षक बड़े 'स्ट्रिक्ट' हैं। पति की निरन्तर परीक्षा चल रही है। जिसे वह बड़ा 'इज़ी' प्रश्न समझे बैठा था, उसके पेंच देखकर होश उड़ जाते हैं श्रीमान के। 'इस बात' का 'यह मतलब' भी निकाला जा सकता था, यह बात आपको मतलब निकाले जाने के बाद भी समझ में नहीं आती। "आज साबुन लाना भूले हो, कल को तो तुम मुझे ही भूल जाओगे?"

दरअसल पति घर से बाहर निकलते हैं और बाहर आते ही यह महत्त्वपूर्ण तथ्य भूल जाते हैं कि वे पति भी हैं। यह ग़लत है। उनका कर्त्तव्य है कि वे याद रखें कि वे पति हैं और यह न समझ लिया करें कि वे उतनी देर के लिए पति नहीं रह गये हैं। पति हमेशा पति है। वे अहर्निश पति हैं। वे जब देखो, तब पति हैं। वे यहाँ थे

तो पति थे और वहाँ आटे की चक्की पर मिले, तब भी पतिया रहे थे। वे अभी हैं, तो पति हैं, और न भी होते, तो पति होते। शायर स्वयं से प्रश्न करता है कि डुबोया मुझको होने ने, न होता मैं तो क्या होता! परन्तु पति ऐसे बेवकूफ़ी भरे प्रश्न नहीं पूछता है। वह जानता है कि वह होता तो पति ही होता। अगर मैं तोता होता तो क्या होता, तो तो तो तोता होता..., ठीक वही स्थिति है पतियों की। अब इस विचित्र फ़िलॉसफी या कानून में साबुन का लाना कहाँ लागू होता है, हम यह बात भी आपको समझाते हैं। 'साबुन लेकर घर जाना है' यदि आप पत्नी की यह बात याद रखते हैं, तो यह बात तो फिर आपको याद रहेगी ही कि आप पति हैं और बाक़ायदा एक 'कोड ऑव कंडक्ट' से बँधे हैं, जिसके अन्तर्गत आप पर यह बाध्यता है कि आप जब लौटेंगे तब साबुन लाना नहीं भूलेंगे। स्मरण रहे कि साबुन यहाँ किसी 'जिंस' की भाँति पति के जीवन में नहीं आया है। साबुन (या जीरा या हल्दी, या दूध या सिंघाड़े का आटा या ऐसी ही कोई भी वस्तु) यहाँ वास्तव में वह अदृश्य डोर है कि जिसे घर से निकलते समय पत्नी ने आपके गले में बाँध दी है, जिसे वह बीच-बीच में तुनकी देकर देखती रहेगी कि आप डोर द्वारा नियत दायरे से बाहर निकलकर मटरगश्ती करने की कोशिश तो नहीं कर रहे हैं?

आज आप साबुन लाना भूल गये, कल आपको हमारा जन्मदिन याद नहीं रहेगा, फिर शादी की सालगिरह भूल जाओगे और फिर हमें भी भूल जाओगे। हम मिले, तो पूछने लगोगे कि आप कौन? पत्नी साबुन भूल जाने से शुरू होने वाली ख़तरनाक शृंखला के विषय में बता रही है और मैं अवाक हूँ! कहाँ की बात वह कहाँ तक ले जा रही है। 'हद करती हो यार' मैं कहना चाहता हूँ, पर कह नहीं पाता। उसने सिद्ध कर दिया है कि साबुन लाने की बात भूलना कोई साधारण अपराध नहीं है। यह आगे चलकर बड़े अपराधों को जन्म देगा। आज आप साबुन लाना भूले हैं, कल उन्हें भी भूल सकते हैं। आज आप जेब काट रहे हैं, कल को मर्डर भी कर सकते हैं। पत्नी को यक़ीन ही नहीं हो रहा है कि कोई ऐसे भी साबुन लाना भूल सकता है। "कोई कैसे भूल सकता है?" वह पूछ रही है। "कैसे सम्भव है कि मैंने तुम्हें एक काम को कहा और तुम भूल गये? तुम मुझे प्यार नहीं करते। तुम मेरी परवाह नहीं करते। मैं ही मरती रहूँ तुम्हारे लिए। पर तुम्हारा ध्यान तो इधर-उधर लगा रहता है। मैं भी चिकनपट्टी करके फैशन करने बैठ जाऊँ, तब ध्यान दोगे क्या? मैं यह सब करने लगूँ, तब तुम्हारी यह गृहस्थी कौन आकर चलाएगा?" पत्नी पूछ रही है।

मैं हैरान हूँ कि बात कहाँ से कहाँ तक ले जा रही है वह।

परन्तु पत्नी की निगाह से सारे मामले को देखकर मैं अपने अन्दर बैठे पति को समझाने की कोशिश कर रहा हूँ कि साबुन न लाकर तुमने जो अपराध किया है, उसकी गम्भीरता को तुम समझ ही नहीं पा रहे हो श्रीमान पति परमेश्वर जी। अपने

दाम्पत्य-जीवन में यह जो इकतरफा-सा इन्तज़ाम आपने कर रखा है कि आप अपने सम्पूर्ण पतिपन के ठसके में रहें और पत्नी ही आपका ख़्याल रखे, वही आपके कपड़े देखे, खाना बनाये-खिलाये, घर देखे, आपकी छोटी-छोटी आवश्यकताओं की चिन्ता में घुली जाए और आप एक न कुछ-सा साबुन तक लाना भूल जाओ, इस विचित्र इन्तज़ाम के अन्याय को आपको समझना होगा। पत्नी जब आपसे साबुन लाने को कह रही है तब वास्तव में वह बहुत कुछ और भी माँग रही है। दाम्पत्य का यही तो मज़ा तथा परेशानी है कि इसमें प्यार तथा एक-दूसरे के प्रति चिन्ता को प्रकट करने के लिए, रोज़मर्रा की बातों के बीच जो अनकहा छूट जाता है, उसी स्पेस का इस्तेमाल किया जाता है। विशेष तौर पर पत्नी बहुत-सी अनकही बातें इन्हीं पंक्तियों के बीच के मौन में कह जाती है। पति से यह उम्मीद की जाती है कि वह पंक्तियों के बीच की बात को पढ़ लेगा। पत्नी को पति से यही उम्मीद है। बड़ी गचागच मची है पंक्तियों के बीच। बड़ा शोर है इस सन्नाटे में। पंक्ति में 'साबुन लाने' को कहा गया है, पर जो अनकहा मौन इस पंक्ति के साथ-साथ चल रहा है और जो आपके द्वारा 'साबुन न लाने' पर टूटता है, उसे पढ़ना-सीखना होगा पति महोदय को।

इस अनकही, अलिखित, मौन भाषा को लिख-पढ़ पाने में ही सफल दाम्पत्य जीवन का रहस्य छुपा है। इधर पति का कहना है कि यार, ये बड़ी-बड़ी बातें अपनी जगह ठीक हैं, परन्तु क्या आज तक कोई इस भाषा को पढ़ पाया है? पति महोदय का कहना है कि इसे पढ़ना सिन्धु घाटी की उस लिपि को पढ़ने की कोशिश की भाँति है, जिसे लाख दावों के बाद भी आज तक कोई पढ़ नहीं पाया है। पर मेरा कहना यह है कि तब भी 'सिन्धु-लिपि' को समझने के प्रयास चल तो रहे हैं न? तो कोशिश करने में हर्ज़ ही क्या है? आप साबुन लाकर तो देखिए पति महोदय।

कुर्सी बिना...

यों ही बात करते-करते मैंने उनसे पूछ लिया कि आपने कभी कुर्सी से उतरे हुए आदमी को ध्यान से देखा है? वे बोले कि तुम्हारे प्रश्न से कई प्रश्न निकल रहे हैं प्यारे, कहो तो बताऊँ? मुझे कहना ही था कि बताओ, और उन्हें बताना ही था।

वे बताने लगे। बोले कि एक प्रश्न तो यही है कि भैया, जो कुर्सी से उतार दिया गया है उसे तुम आदमी क्यों कह रहे हो? हमारे यहाँ तो कुर्सी पर बैठे को ही आदमी मानने का रिवाज़ चला आता है। फिर, एक बार, आपके कहने से, चलिए, हम उसे आदमी मान भी लें तो कुर्सी से उतरे आदमी को हम क्यों देखें भला? अरे, जब स्साला कुर्सी पर था तब भी हम कौन-सा उसे देखते थे! तब भी कुर्सी ही देखते थे और अब भी कुर्सी ही देखेंगे।...और हद तो यह कर दी तुमने कि ऐसे को ध्यान से देखने की बात करते हो? यार, हमने ध्यान से तो बस सुन्दर स्त्रियों के सिवाय कभी किसी को देखा नहीं। बल्कि सुन्दर न भी हो तो भी उसे ही देखा है, बस।...हमें तो कुर्सी से उतरे आदमी के बारे में आपकी यह पूछताछ ही अजीब लग रही है।

उन्होंने आगे बोलते हुए कहा कि उस आदमी को छोड़ो, तुम तो इसी से जुड़े कुछ और सवालों का जवाब दे दो। एक तो यही बताओ कि ये जो कुर्सी से उतारे गये तो खाली हुई उस कुर्सी का क्या हुआ? इनके बाद किसके हत्थे लगी है वह कुर्सी? उनका मोबाइल नम्बर क्या है? उन्हें कौन-सी ब्रान्ड चलती है? वे कन्याकुब्ज हैं, जिझौतिया या किसी और जाति, गोत्र वाले? उनसे जुगाड़ लगाने के लिए किनसे सम्पर्क करना होगा? उनके बाप कौन हैं जिनने इन्हें कुर्सी पर फिट किया? उनका मोबाइल, जाति, गोत्र क्या है? फिर यह प्रश्न भी महत्त्वपूर्ण है कि ये जो नये-नये बैठे हैं, ये कब तक कुर्सी पर रहने वाले हैं और कुर्सी से उतरने से पहले इनका क्या टारगेट सेट है? प्रति केस ये क्या लिया करेंगे? सीधे लेंगे या भाभीजी के थ्रू लेने वाले सात्विक कुर्सीबाज हैं? किस इलाके के हैं तथा इनकी झकड़ा जड़ें कहाँ तक फैली हुई हैं? बड़े प्रश्न उठ रहे हैं मित्र।

फिर सबसे बड़ा प्रश्न तो यह उठ रहा है भैया कि वे जो कुर्सी से उतार दिये

गये हैं, इनमें आपकी दिलचस्पी क्यों हैं? चक्कर क्या है? आप इतने मूर्ख तो हैं नहीं कि कुर्सी से उतरे आदमी के चक्कर में अपना समय ख़राब करें? कहीं यह सम्भावना तो नहीं कि यह स्साला किसी नयी कुर्सी पर बिराजने वाला हो? ऐसा है तो हम भी उसे ध्यान से देखे लेते हैं—इसमें हमारे बाप का क्या जाता है! यह इसीलिए पूछ लिया भाई सा'ब कि कुर्सी की गादी के बिना अपना पिछवाड़ा नंगा-सा लगता है। तो कुर्सी से उतारे गये आदमी के बगल में खड़ा रहना भी कई बार दूरन्देशी होती है। वैसा हो तो हमें भी इशारा कर देना। हम भी खड़े हो लेंगे।

मैंने कहा कि वह बात नहीं है मित्र।

वे बोले कि फिर क्या बात है? क्यों टाइम खोटी करना?

सोच रहा था कि कुर्सी न रहे तो आदमी कैसा बदला-सा लगता है! वे बोले कि बॉस, कुर्सी से उतरा आदमी तो मुझे विधवा टाइप लगता है। न तो पावर का वह सिन्दूर, न ही माथे पर पद की तख़्ती की वह बिन्दी और न ही गले में अकड़ का वह मंगल सूत्र। आदमी की आवाज़ ही बदल जाती है। वृन्दावन की विधवाओं-सा वह मज़बूरी में भजन-सा बुदबुदाता रहता है, बस। कुर्सी से उतरा आदमी बहुत दिनों तक तो ठीक से खड़ा भी नहीं हो पाता है क्योंकि उसे कुर्सी की टाँगों के बल ही खड़े होने की आदत पड़ चुकी होती है। वह हमेशा ही सूखी टाँगों वाला देवता था जिसकी सारी ताकत कुर्सी के हत्थों और कलम में थी कि जहाँ दस्तख़त कर दे, वही काग़ज लाख टके का। अब वह स्वर्ग से च्युत देवता जैसा है जिसे धरा पर कोई टके गज पूछने को तत्पर नहीं। वह स्वयं ही, बात-बात में सबको बताता फिरता है कि हम फलानी जगह इतने साल तक देवता पोस्टेड थे और फलाने को हमने वह वरदान या शाप दिया था। क्या तो ठाठ थे! पर हर देवता की यही व्यथा-कथा है कि एक बार स्वर्ग से धरती पर उतरे तो क्या तो पद और क्या आप!

जब वे कुर्सी से उतरे आदमी की शान में अपनी गुस्ताख़ी को अंजाम दे रहे थे तब मैं बड़ी कुर्सियों, लाभ की कुर्सियों पर जीवन बिताने वालों के बारे में सोचता रहा। कुर्सी का मज़ा तो है साहब! किसी सुरक्षित और सुसज्जित कमरे में, गमले में बैठकर, बिना धूप-धूल-धक्कड़ सहे ठाठ से सजावट वाला पौधा बनकर जीने का अपना आनन्द और सुकून तो है। बकरी आपको चर नहीं सकती, पानी नियमित डालने वाले ताबेदारी में हैं ही, और जड़ है तो मात्र एकाध इंच की परन्तु वही पर्याप्त है आपको गमले में जमाए रखने के लिए। रंगीन पत्तों के गन्धहीन सजावटी पौधे जैसा जीवन। न फूल देने की झंझट, न किसी को छाँह देने की ड्यूटी। सरकारी गजट के माली की सुरक्षा। ऊपरी कमाई की खाद। जब तक गमले में रहे, ख़ूब पनपे। रुतबा रहा जब तक कुर्सी पर रहे तब तक। कमरे और कुर्सी से बाहर की लॉन, बगीचे की दुनिया के परे की कंटीली झाड़ियों, पथरीली ज़मीन और आवारा जानवरों से बेख़बर

जीवन।...और फिर कुर्सी से उतरना पड़ा। रिटायर हो गये, किसी और बड़े तिकड़मी ने कुर्सी से तिड़ी करा दिया, या कैसे तो भी। मालिक ने गमले से निकालकर बाहर धूप में फेंक दिया। गमले में अब नया पौधा है। ये बाहर पड़े सूख रहे हैं। कल तक सौ लोग नमस्ते करते थे, आज कोई पहिचान ही नहीं रहा। पड़े हैं वे सड़क पर जो कभी गमले में इतराते रहे। बोन्साई वाले पीपल थे, जिसे पता नहीं था कि दुनिया असली कद वाले पीपल को ही पूजती है। पत्थर थे, जिस पर सत्ता और ताक़त का सिन्दूर पोत कर किसी ने कुर्सी की मड़िया में कुछ दिन को धर दिया था—अब न सिन्दूर, न मड़िया, न पूजा, न अर्चना—अब आप सड़क पर पड़े सामान्य पत्थर हैं। आम आदमी ठोकर मार दे, कुत्ते पेशाब के लिए सूँघे।

हम दोनों कुर्सी से उतरे आदमी पर बात-विचार कर ही रहे थे कि वहाँ से कुर्सी से अभी-अभी उतरे वही सज्जन निकले। अभी हाल वे तक बड़े अफ़सर रहे थे। हाल ही तक उनके पेशाब से चिराग़ जला करते थे और ऐसे शानदार जलते थे कि दीपोत्सव-सा चलता रहा जीवन भर। जीवन भर कुर्सी पर रहे और कुर्सी को ही जीवन समझते रहे। अब निचाट अकेले घूम रहे थे।

''कैसा लग रहा है सर, रिटायरमेंट के बाद?'' मैंने पूछ ही लिया।

''रिलेक्स महसूस करता हूँ। अच्छा लगता है। अब खुद के लिए टाइम दे पाता हूँ।...आई एम टोटली ऐट पीस एण्ड रिलेक्स्ड...'' वे बुझे-बुझे से बोले। इतना तनावभरा रिलेक्स्ड आदमी कम ही देखने मिलता है।

वे बेंत हिलाते हुये, अपने कुत्ते के पीछे निकल गये। मित्र ने मुझे आँख मारी। हम दोनों ही हँसने लगे। एक त्रासद कॉमेडी के पात्र को देखना त्रासदी भी है और हँसी भी आती है। हम हँस रहे हैं पर उसके विषाद को भी समझते हैं।

सुदामा क्या करे?

आपको कृष्ण-सुदामा वाली कथा तो पता ही है। यदि आप कृष्ण हैं, तो शायद भूल भी गये हों, परन्तु यदि आप सुदामाओं के वर्ग से हैं, तब तो आपको यह कथा ख़ूब याद होगी। सुदामा लोग ऐसी घटनाएँ भूलते नहीं। ऐसी कथाएँ वे पीढ़ी-दर-पीढ़ी सहेज कर रखते हैं। असफल व्यक्तियों के पास ऐसी ही कहानियाँ तो रहा करती हैं, जो उन्हें जीने तथा जीते रहने का एक कारण देती हैं। कृष्ण ने उस सुदामा का जीवन बदल दिया था, तो ऐसा कुछ कभी अपने साथ भी तो घट सकता है! हर असफल, दीन, निर्धन, धक्के खाते तथा साधनहीन व्यक्ति के स्वप्नों में कहीं कोई एक कृष्ण बसता है। दूर का कोई अफ़सर-रिश्तेदार, मोहल्ले का नेता, कहीं कोई चमत्कारी सन्त, कहीं कोई 'बड़ी मान्यता' वाला मन्दिर-मजार, देश का नेता, जुए की फड़ या सट्टे की पर्ची का अड्डा...या ऐसा ही कोई अन्य आशा का ठिया कि जहाँ बैठे कृष्ण उसका जीवन बदल देंगे।...वह स्वयं ही कृष्ण बन जाने के सपने कभी नहीं पालता। वह ख़ूब जानता है कि इस दुनिया में सुदामा के कृष्ण बन जाने के अवसर नहीं हैं। कृष्ण बनने वाली मिट्टी ही दूसरी होती है। सुदामा को अपनी मिट्टी की 'क्वालिटी' का पता है। उसे अपनी सीमाएँ पता हैं। वह अपनी औकात जानता है। सुदामा को अपनी नियति का ज्ञान है। सुदामा जानता है कि वह इस धरा पर रेंगते करोड़ों सुदामाओं में से एक है। उसे पता है कि सुदामा कभी कृष्ण नहीं बना करते। वह स्वप्न में भी सुदामा को कृष्ण बनते नहीं देख पाता। उसने तो बस यह छोटा-सा सपना लगातार देखा है कि जिसमें कोई कृष्ण उसे सखा-भाव से देख रहे हैं। उसे ऐसे स्वप्नों के बल पर यह भ्रम रहा आता है कि कृष्ण-सुदागा वाली कथा के सुदमा की भाँति कभी उसका जीवन भी बदल जाएगा। ऐसे सपने ही सुदामा को मरने नहीं देते, अन्यथा उसके जीने का कोई कारण नहीं छोड़ा है इस दुनिया ने।

मैंने कई बार सोचा है कि इस तेज़ भागती, सफल व्यक्ति के पीछे जय-जयकार करती दुनिया में एक तथाकथित असफल व्यक्ति का स्थान कहाँ है? वह कहाँ जाए? वह कहाँ बैठे? उसका ठिया कहाँ है? हर सफल व्यक्ति के पीछे जो हज़ार असफल

व्यक्ति छूट जाते हैं, वे क्या करें? हर शहर या गाँव से एकाध कृष्ण कभी-कभार निकल जाता है, जिसकी कहानियाँ पीछे छूट गये सुदामाओं के बीच रह जाती हैं और लगभग किंवदन्तियों-सी सुनाई जाती हैं। ये सुदामा किधर जाएँ? वह जो रह गया, वह क्या करे, सिवाय कृष्ण की गाथा सुनने-गुनने के? वह जो परीक्षा में सेकंड डिवीजन से पास हुआ, वह जो किसी पी.एम.टी-पी.ई.टी. में पास नहीं हुआ या बैठ ही नहीं पाया, वह जिसे कोई रोज़गार नहीं मिल पाया, वह जो स्कूल ही न जा सका, वह जो चलना सीखते ही बाप के साथ मजदूरी की खोज में जाने लगा और वह कि जिसके हाथ तथा पेट पैदा होते ही खाली थे—वह कहाँ जाए, क्या करे? क्या इस दुनिया को ख़बर भी है कि ये ना कुछ, महत्त्वहीन, असफल जन भी उसी में कहीं रहा करते हैं? क्या उसे पता है कि इस असफल व्यक्ति के पैरों तले की ज़मीन दिनों-दिन छोटी होती जा रही है और अब तो इस वैश्वीकरण के फैलाव में वह इतनी सिकुड़ गयी है कि उसका खड़ा रह पाना भी कठिन होता जा रहा है। सुदामा एक टाँग के बल परर कैसे-तो भी खड़ा तो है पर इस टाँग पर भी निष्ठुर बाज़ार की नज़र है। इस टाँग के नीचे की ज़मीन पर फ्लैट, शो-रूम, फैक्टरियाँ, शॉपिंग प्लाज़ा आदि ताने जा सकते हैं। और इस विडम्बना से सुदामा कैसे लड़े कि उसकी टाँग पर कृष्ण जी की ही नज़र है—वह तो फिर उखड़नी ही है।

अपने कस्बे के बहुत से पुराने दोस्त मुझे अक्सर मिल जाया करते हैं और कहा करते हैं कि यार, तुम बढ़िया निकल लिए! वे मेरे दोस्त थे। वे कहीं कस्बे में दुकानदारी करते, क्लर्की-मास्टरी-टेलरिंग-रेडियो रिपेयरिंग आदि में मुब्तिला रह गये और मैं डॉक्टर बनकर उनकी नज़रों में एक छोटा-मोटा 'कृष्ण' बन गया कि जिसके विषय में वे सुदामा की भाँति गर्वपूर्वक चर्चाएँ किया करते हैं। वे सोचते हैं कि ज्ञानू बड़ा आदमी बन गया है। वे यह बात अपने बच्चों को बताते हैं। वे किंवदन्ती की भाँति मेरे विषय में अपने रिश्तेदारों को बताया करते हैं। वे सुदामा होने की विडम्बना को विस्मृत करने के दयनीय प्रयास करते हैं। वे सबको बताते हैं कि उधर भोपाल में बैठा हुआ है अपना ज्ञान—कोई भी अटका काम सटाक से करा सकता है। वे कहते हैं कि 'तुम चिन्ता मत करो, अपने ज्ञानू उतें ही बैठे हैं।' वैसे मैं अपनी औकात तथा अपने कृष्णपने की सीमाओं से परिचित हूँ। मेरे जैसे कृष्ण किस हद तक स्वयं सुदामा होते हैं और कृष्ण के नाम या 'कृष्ण की पोस्ट' के लिए कलंक होते हैं, यह बताने की आवश्यकता आपको नहीं। प्रसन्नता की बात यही है कि मेरे समान नालायक कृष्णों को उनके सुदामा भी खूब पहिचानते हैं और वे यत्र-तत्र चाहे जो कहते रहते हों, परन्तु यदि उनका भी कोई काम भोपाल में अटक जाए, तो वे अपने कस्बे के

असली, चौबीस कैरेट तथा छत्तीस गुणों वाले कृष्ण को ही पकड़ते हैं।...मैं प्राय: अपने इन मित्रों से मिलकर घंटों विचलित रहता हूँ। ये वे साथी थे कि जिनके साथ मैंने साझे स्वप्न देखे थे। छोटे-बड़े कारणों से वे पीछे रह गये। वे सफल हो सकते थे, परन्तु ऐन मौक़े पर बाप ने कह दिया कि भैया, अब पढ़ाई बन्द करके कुछ काम-धाम करो क्योंकि अब हम आगे का ख़र्चा न उठा पाएँगे। ऐसी ही बातें, कैसे भी कारण...बहिन की शादी आ गयी, दो नम्बर से रह गये, पिताजी मर गये, मर्डर के केस में किसी ने झूठ-मूठ नाम डलवा दिया, हॉकी खेलबे के चक्कर में न इधर के रहे, न उधर के, ग़ज़ल लिखबे में लुट गये, प्रेम में पड़ गये, बीए करके निकले तो चपरासी तक की नौकरी के लिए सिफ़ारिश न जुटा सके, नकल की पुर्जी लंगोट से निकालते टाइम पकड़े गये और जैन साहब ने लिहाज न करते हुए नंगा करके लंगोट तक ज़ब्त करा ली, लड़की के डुकर ने हाथ-पाँव तुड़वा डाले, छात्र-आन्दोलन में बस जलाबे वालन में पुलिस ने एफ आई आर में नाम का इन्दराज कर लिया, प्रिंसपल साहब से फालतू-फंड में भिड़ लिए, सही मुद्दों पर सभी से भिड़कर इस दुनिया को बदल डालने का भ्रम पाले रहे, ही-ही-ठी-ठी करते रह गये, बाप गबन में फँस गये...—कुछ ऐसा हुआ कि जीवन की अन्धी दौड़ में जो एक बार झटका खाकर धड़ाम गिरे, तो फिर उठ ही नहीं सके; पीछे आती तेज़ भागती भीड़ के कदम उन्हें कुचलते ही चले गये। अब लँगड़ाते हुए ये सुदामा इस रेसिंग-ट्रैक के बाहर खड़े होकर तेज़ भागते लोगों को देख रहे हैं और चिल्ला-चिल्ला कर बताने की कोशिश कर रहे हैं कि सफलता की इस रेसिंग-ट्रैक पर 'फिनिशिंग लाइन' पर जो कृष्ण पहुँचे हैं, वे हमें ख़ूब जानते हैं—तुम उनसे कभी पूछना कि छतरपुर वाले पृथ्वीपाल को वे जानते हैं कि नहीं? अच्छी बात यही है कि कृष्ण से कोई नहीं पूछता! कौन पूछे उनसे! फालतू बातों के लिए कृष्ण के पास वक़्त ही कहाँ! और आपने बेवकूफ़ी में पूछ ही डाला, तो कृष्ण कह सकते हैं कि 'यार, आप किसकी बात कर रहे हैं? सुदामा कौन? सुदामा परसाद? भई, याद तो नहीं आता अब यू नो कि...।' हम समझते हैं कृष्णजी। कृष्ण का हमें पता है। किस-किस सुदामा की याद रखें? फिर कृष्ण भी तो सफलता की इस अन्तहीन दौड़ में भागते-भागते क्लान्त हो चुके हैं और आजकल बात-बात में चिड़चिड़ा उठते हैं। सुदामा को याद रखें कि निरन्तर आगे खिसकती जाती फिनिशिंग लाइन पर नज़र रखें!

तो हम पुन: अपने यक्ष प्रश्न पर लौटते हैं कि ऐसे में सुदामा क्या करे?

कई सुझाव हैं मेरे सुदामा के लिए।

एक तो यह है कि अब सुदामा न तो कृष्ण की राह देखे और न उनका भरोसा

करे। कलियुग में उस कृष्ण-सुदामा की प्रसिद्ध कथा का नया पाठ यही है कि अब कृष्ण उसी हद तक सुदामा की मदद करने को तैयार हैं जिस हद तक सुदामा उनके कृष्ण बने रहने में काम आ सकता है। बस! वोट के लिए, ब्रजभूमि में फालतू पड़ी जायजाद की देखभाल के लिए या ब्रज में बेनामी सम्पत्ति ख़रीदने के लिए, गोपियों या ब्रजवासियों के बीच इमेज बनाने के लिए तथा ऐसे ही कामों के लिए तो वे सुदामा को पहिचानने को आज भी तत्पर हैं। अन्यथा बेहतर है कि सुदामा जान ले कि कृष्ण आजकल बेहद व्यस्त चल रहे हैं और उनके पास सखा-मखा के लिए फालतू टाइम नहीं है। कृपया कृष्णजी की प्रतीक्षा न करे सुदामा।...फिर सुदामा यह भी जान ले कि स्वयं कृष्ण लोगों की हालत इन दिनों ख़राब चल रही है। कृष्ण को अपनी 'पोजीशन मेनटेन' करने में ही पसीने छूट रहे हैं। कलियुग में सफलता की परिभाषा तथा पैमाने बदल जाने के साथ ही कृष्ण बनने के रास्ते भी बदल गये हैं। अब आप सुदामा की मदद के फेर में रहे तो कब कृष्ण पद से लुंठित हो जाएँगे, यह कहना सरल नहीं। असफलता तथा सुदामागिरी के पैमाने भी अब वे कहाँ रहे! हो सकता है कि आप कृष्ण कहाते तो हों, पर सुदामा जैसी परेशानियों से गुज़र रहे हों। हो सकता है कि आप डॉक्टर होकर भी मरीज़ को न लूटते हों या पुलिस में रहकर भी आम आदमी की सहायता करते हों—तब मान लें कि आप कृष्ण के भेष में सुदामा का जीवन जीने को अभिशप्त हैं। सो भैया सुदामा परसाद जी, बड़े कन्फ्यूजन वाला माहौल है। कृष्ण समझकर आप जिनके द्वार पर चक्कर मार रहे हैं, वे स्वयं सुदामा से भी निर्बल निकल सकते हैं या ऐसे कृष्ण हो सकते हैं कि जिनकी नज़र आपकी चावल की पुटलिया के अलावा आपकी लंगोट पर भी हो! सो हर सुदामा से मेरी विनती है कि वह कृष्ण के चक्कर में न ही पड़े तो बेहतर है।

परन्तु फिर, इस कलियुग में बेचारा सुदामा कहाँ जाए?

हम नहीं कह सकते। सुदामा जहाँ खड़ा है, वहाँ से तो कोई राह फूटती हमें दिखती नहीं। हमारा कहना मात्र यह है कि अब तो अपना एक नया रास्ता स्वयं ही बनाना होगा सुदामा को।...और उसके लिए सबसे पहली शर्त यह रहेगी कि सुदामा को 'बेचारा' बने रहना छोड़ना होगा।

पलकों पर टँगा आँसू

आँसू निकला और पलकों पर अटक गया।

जो जब्त तो नहीं हो पाए, परन्तु जानते थे कि बहेंगे तो कोई पूछने वाला नहीं है—वे आँसू ठहर जाते हैं पलकों के बीच। संसार निर्मम यों ही नहीं कहाता। दुनियादारी की दुकानदारी में आँसुओं का कहीं कोई स्टॉल नहीं। कौन तो ख़रीदेगा? मिट्टी के मोल भी नहीं बिका करते ये मोती। ज़माने के फैशन में इन मोतियों का चलन ही नहीं बचा। आँसू बहें तो कोई पोंछने भी न आए। कहें कि नाटक करता है स्साला। उल्लू का पट्ठा समझे है हमें कि इसके ठनगन में आ जाएँगे।...या कहने लगें कि टसुवे बहाकर हमें डराना चाहती है दारी! मानो कि हम तिरिया चरित्तर को जैसे जानते ही नहीं। सोचती है कि आँसू बहाएँगे तो ये घबरा जाएँगे।...आँसू जानते हैं आदमी की सोच। आँसुओं को पता है अपनी औकात। तभी तो आँसू निकला तो था, परन्तु अटका रह गया पलकों में।

पलकों पर टँगा आँसू कँपा देता है मुझे भीतर तक।

टँगा है आँसू। टिका है पलकों के अधखुले किवाड़ पर। सहमे बच्चे-सा। मानो कि डरा हुआ, आशंकित-सा बच्चा झाँक रहा हो किवाड़ पकड़कर। अबूझ-सा भय है आँसू के चेहरे पर। आँसू को कभी ध्यान से देखो तो पाओगे कि उसके गोल-गोल मुख पर एक उदास डर तैरता, झिलमिलाता रहता है। मानो मन की वेदना, पलकों के गवाक्ष से झाँककर तय कर रही हो कि मैं बाहर निकलकर जो कहीं व्यक्त हुई, तो कोई मुझे पहिचानेगा भी अथवा नहीं? हँसेगा तो नहीं? प्राय: कोई पहिचानता ही नहीं। निज मन की व्यथा प्रकट भी हुई, तो किसी को मानो कोई फ़र्क़ ही नहीं पड़ा। आँसू टपका भी तो बिला गया कहीं, इस तेज़ रफ़्तार समय की रेत में। डबडबाई आँखों को किसी ने देखा ही नहीं—फुर्सत ही नहीं थी किसी के पास। और शायद वह संवेदना भी नहीं। डबडबाती आँख में अटके आँसू को समझने के लिए एक उम्र की संवेदना की दरकार होती है और यहाँ तो एक पल ऐसा फालतू नहीं कि समझने की छोड़ो, उसे देख भी लें। आँसू देखने की फुर्सत नहीं भैया, अपने ही रोने हज़ार। आँसू कौन

देखे? टपकेगा भी, तो टपकता रहे। कोई देखेगा नहीं। देखा, तो पहिचानेगा नहीं। पहिचान ले, तो परवाह नहीं करेगा। घनीभूत पीड़ा का मानो महाकाव्य रचा हुआ है, पलकों के बीच की छूटी जगह में, परन्तु इस भाषा को पढ़ने वाले ही नहीं रहे! इसी कारण तो आँसू ठहरा हुआ है पलकों पर। फड़फड़ा रहे हैं पलकों के पन्ने। आँखें डबडबा आयीं, परन्तु दुख बहने को तत्पर नहीं। दु:ख का आन्तरिक संसार इतना बड़ा कि वह बाहर के सँकरे से संसार में (जहाँ लोगों के अपने सुखों ने इतनी जगह छेंक रखी है कि यदि तुम्हारा दुख उतरे भी तो उसे पाँव टिकाने की जगह न मिले) आने को तत्पर नहीं। दुख अन्दर ही अन्दर घुमड़ रहा है। मन भीतर ही भीतर रो रहा है। आँसू की पतली-सी चादर को मुँह पर डाले हुई दुख हिचकियाँ ले रहा है। भटक रही है वेदना। झाँक रहा है दुख। लटका हुआ है आँसू। भरी हुई है आँखें। ठहरे हैं आँसू।

और कोई देखने को राज़ी नहीं।

परन्तु मुझे लगता है कि इस ठहरे हुए आँसू को जानना बहुत ज़रूरी है।

इसे नज़रअन्दाज़ करना ठीक नहीं। यह जो ना-कुछ-सी एक खारी-सी बूँद है आँसू की, इसके पीछे पछाड़ें मारते पीड़ा के दरिया को देखना बेहद ज़रूरी है। सभी को। सत्ताधीशों को, शासन को, समाज को और परिवार को भी। यह जो चुपचुप-सा दुख है, यह जो ऐंठन है आत्मा तक और यह जो मौन शोर है—उसे सुनना, जानना, देखना और उसका समाधान आवश्यक है। यह आँसू लटके-लटके पलकों पर ही न सूख जाए। यह गिरे तो हमारी हथेली पर। यह हो, तो हमें गीला करे। तभी न। वर्ना तो मतलब ही क्या? वर्ना तो इसके अर्थ, बड़े भयावह। यह आँसू, जो किसी वंचित की पलकों पर असहाय-सा टँगा है, यह जो जीवन से बेदख़ल कर दिये गये बेघर की आँखों में घर बना रहा है, या कि जो कचरा बीन रहे आवारा घूमते बचपन की पलकों से बहकर उसके बदरंग गाल पर कभी का सूख और पपड़िया चुका—ऐसे आँसू को पलकों पर टँगा देखना बेहद डराता है मुझे।

पलकों में अटके आँसू से ज़्यादा डरावना है इसका सूख जाना।

दुख भरा हो भीतर और आँसू ही न आएँ।

डरावना है पलकों पर आए आँसू को कभी यह ख़बर मिलना कि यहाँ उसकी परवाह ही नहीं किसी को—वो बहे, टँगा रहे, टँगा-टँगा सूख जाए या भाड़ में जाए। यह ख़बर आदमी को अकेला कर देती है। फिर तो पीड़ा के बियावान में निर्वासन भोगने को अभिशप्त आदमी के साथ कोई नहीं रह जाता। उसके आँसू भी नहीं। ऐसा आदमी डराता है मुझे। ऐसा आदमी समाज से कट जाता है। यह आदमी ठेंगे पर धरने लगता है समाज को कि जिसने उसकी पलकों पर टँगे आँसुओं को हमेशा ठेंगे पर रखा! अब यह आदमी वह बन सकता है कि जिसे शायद हम समाजविरोधी कहें।

परन्तु जब इसकी पलकों पर टँगा आँसू तरसता रहा कि कोई तो देख ले उसे, तब तो हमने उसे देखा ही नहीं। तब तो हम देखते ही नहीं। फिर एक दिन हमीं रोना रोते हैं कि किशोर अपराध कितने बढ़ गये हैं, कि लोग दंगे करते हैं, कि विवाहेतर सम्बन्ध बढ़ रहे हैं, कि...। सौ बातें करते हैं हम। हज़ार शिकायतें हमारी। परन्तु जब वो आँसू निकला और अटका हुआ था पलकों के बीच, तब हमने उसे देखा ही नहीं कि आँसू स्साले की क़ीमत ही क्या! जब देखना था, तब हमने देखा ही नहीं इस आँसू को।

मेरा विचार है कि आँसू को तो पलकों पर ही पकड़ लेना चाहिए।

तब, जब वह डबडबाता हुआ आँखों की सतह पर फैल रहा हो और पलकों के किनारे पर आकर रुका हो—तभी हम उसे अपनी हथेली पर ले लें। किसी और की आँख से टपका या पोंछा गया आँसू जितना सुन्दर मेरी हथेली पर लगेगा, उसका अनुमान या तो वे लगा सकते हैं जिनने कभी किसी के आँसू पोंछे या फिर वे जिनकी आँखों में जब आँसू तिरे तो किसी हथेली ने उन्हें पोंछकर कहा कि रोना मत तुम क्योंकि हम हैं न!

जिनकी पलकों में आकर आँसू ठहर गये, वे मेरी बात को खूब समझेंगे, वर्ना तो आँसू भरी रुआँसी आँख पर हँसने वाले भी बहुत हैं।

बीच में सम्मान

वे इलाहाबाद जा रहे हैं।

सतना में उतरकर नयी गाड़ी पकड़नी पड़ेगी।

पहुँचेंगे छः बजे। इलाहाबाद वाली गाड़ी आती है शायद साढ़े आठ या नौ बजे। इसका मतलब यह कि बीच में लगभग दो-तीन घंटे का समय रहेगा सतना में। एक सम्भावनापूर्ण अन्तराल। दो घंटे बहुत होते हैं।

तो क्यों न इन दो घंटों में एक छोटा मोटा सम्मान फिट कर लिया जाए? सतना में कोई उनके सम्मान में छोटी-सी गोष्ठी रख दे। शाल-दुशाला हो जाए। या मान लो कि शाल का न भी जम पाए, तो माला-फाला, नारियल और रचनापाठ का ही हो जाए। सात-आठ प्रबुद्ध श्रोता, जो अपनी भी सुना दें तो चलेगा। फोटू-सोटू तो आजकल घरवाले ही खेंच देते हैं और इस कौशल से खींचते हैं कि पाँच आदमी भी हों, तो भीड़ का प्रभाव पैदा हो जाता है।

परन्तु दुविधा यह कि सतना में किसे पकड़ें?

चलो देखते हैं। कोई तो मिलेगा! वे डायरी पलटकर पड़ताल कर रहे हैं। डायरी में हज़ारों पते, पचासों टेलीफोन नम्बर। काम के लोगों के अते-पते। जुगाड़ के ठिये। डायरी में वर्गीकरण है। नाम से। शहर के आधार पर। विधा के हिसाब से। पद, पोस्ट, पावर के हिसाब से भी। सबकुछ तरतीब से दर्ज़ है। इससे आसानी हो जाती है। देखिए न कि सतना के पन्ने पर ही सात निकल आए। इनमें से तीन का सम्मान तो वे स्वयं इसी भाँति अपने शहर में जमा चुके। बल्कि एक तो, अपने किसी सगे की मृत्यु पर अचानक ही उनके शहर पहुँचे थे। फिर भी करा दिया। शो मस्ट गो ऑन। तमाशा जारी रहना चाहिए। बाद में दस बार तो फोन किया होगा कि फोटू तो मिल गये, परन्तु वहाँ के दो अख़बारों में छपी जिस रिपोर्टिंग की चर्चा आप कर रहे थे, यदि उसकी कटिंग भी मिल जाती तो अपने बायोडाटा के ऐतिहासिक रजिस्टर में चिपका लेते।...और इनमें से चातकजी तो यों सम्मानित हुए कि जा कहीं और रहे थे कि बिना टिकिट पकड़े जाने पर इधर उतार दिये गये। और इन्होंने, उसी रात, भाग-दौड़ करके उनके

सम्मान में गोष्ठी भी जमवा दी थी। बताते रहे और बाद में सबसे उनकी तारीफ भी चातकजी करते रहे कि हमने इनको स्टेशन से इत्ता फोन भर कर दिया कि अचानक फ्लाइंग स्क्वाड आ जाने के कारण आपके शहर में उतरना पड़ा है, और हो सके तो जैसा बन जाए, जमा दीजिए। जमा भी दिया। जमी भी गोष्ठी। चार पाँच रिटायर्ड बूढ़े तो पास की बिल्डिंग में ही हैं। वे तो आ ही जाते हैं। कोई मरे, मर्डर हो जाए, कहीं हल्ला हो जाए, गाली-गलौज चल रहा हो या गोष्ठी, सम्मान आदि—वे समान भाव से वहाँ पहुँच जाते हैं और निस्पृह भाव से दृश्य का हिस्सा बन जाते हैं।...सो, भैया इतनों का, चाहे जब, रात में उठ-उठकर जमाया है, तो अपना भी हो ही जाएगा। वे आश्वस्त हैं। डायरी से छाँटकर एक फोन लगा रहे हैं वे अब।

"भाभीजी, चातकजी से बात करा दें..."

दूसरे छोर से भाभीजी ने बताया कि चातकजी तो तीन दिन के लिए दो पेशियों में बनारस गये हैं। लौटते में शायद रीवा रुकें क्योंकि वहाँ उनके सम्मान में कोई गोष्ठी रहेगी। सो वे तो फ़िलहाल नहीं हैं।

अब? अब क्या किया जाए?

यही होता है स्साला! ऐन काम के मौक़े पर आदमी नहीं मिलता। अच्छा भला संयोग बन रहा है कि सतना में गोष्ठी जम जाए, पर आदमी ही ग़ायब है। बताइए! क्या एक सम्मानाकांक्षी साहित्यकार को अपने पेटी-बिस्तर पर बैठकर, स्टेशन पर दो घंटे काटने पड़ेंगे? धिक्कार है! यह तो अन्याय कहाया कि हम तो सबका अपने शहर में जमाते रहे और हम उनकी तरफ से गुज़रें, तो वे कुछ न करें। हमने तो आधे घंटे के नोटिस पर भी लोगों को मानपत्र तक तैयार कराके सेटिंग जमाई है। यहाँ तो चार दिन पहले फोन कर रहे हैं। सतना शहर को उनका सम्मान करना ही होगा। हिन्दी साहित्य के प्रति सतना के भी कुछ कर्त्तव्य हैं, जैसे कि शिवपुरी, गुना तथा भरतपुर के हैं। शहर में किसी को तो करना ही होगा। चातकजी सतना में न हों तो सम्मान की दुकान बन्द न हो जाएगी।...वे दूसरा फोन लगाने लगे। लग भी गया। मिल भी गये। घनश्यामजी दूसरी घंटी पर उठा लेते हैं। लम्बी नहीं बजने देते। कभी काम का फोन हो और कट भी जाए तो? है कि नहीं?

उन्होंने घनश्यामजी को बताया कि इलाहाबाद जा रहे हैं। यह भी बताना पड़ा कि अस्थियाँ प्रवाहित करने के अलावा, दूसरे कारणों से भी लोग इलाहाबाद जाया करते हैं। बताया कि विश्वविद्यालय में परीक्षा लेने जा रहे हैं। तब यह भी बताना पड़ा कि परीक्षक बनने के लिए किसी से जुगाड़ नहीं बिठाया। बस, यों ही। वे विद्वतजनों को बुलवाते हैं भाई।...सच्ची बात वे क्यों बताएँ? कौन बताता है? इस सूचना के बाद वे बताने लगे कि सतना से गाड़ी बदलने में तीन घंटे मिलने वाले हैं। बताना ही था। फोन किया ही इसीलिए था। और घनश्यामजी भी मानो इसी सूचना की प्रतीक्षा कर

रहे थे। छूटते ही कहने लगे कि फिर, न हो तो आपके सम्मान में एक गोष्ठी रख लेते हैं। स्टेशन के पास ही एक छोटा-सा होटल है। उसी में जमा देंगे। होटल मालिक स्वयं कविताएँ लिखता है। या लाइन के उस तरफ आँसूजी का घर है। पत्नी मायके गयी हैं उनकी। वहाँ तो हो ही जाएगा।...उन्हें घनश्यामजी की यही बात भाती है। कहना नहीं पड़ता। समझ जाते हैं। वरना कई कूड़मगज़ तो साफ़ इशारे भी नहीं पकड़ते। अभी पिछले माह ही, बहराइच में विद्रोहीजी से स्पष्ट ही कहना पड़ा कि भैया, हम मुक़दमे के सिलसिले में ज़रूर यहाँ आए हैं, परन्तु चाहते हैं कि जमानत के बाद रात में आप कोई गोष्ठी जमवा दो। तब जाकर समझे। तो नासमझ भी मिल जाते हैं साहब। कभी कभी साफ़-साफ़ भी समझाना पड़ता है। सम्मान के लिए आदमी क्या नहीं करता जनाब? ज़माना ही ऐसा है। खुद कोशिश करो, नहीं तो टापते रहो। कौन पूछता है?

वैसे कहने को तो शुरू में इन्होंने भी न-नुकुर की। रहने दीजिए। अपने लिए तो रचनाकर्म ही सम्मान है। पर ज़्यादा मना भी नहीं किया। सच ही न मान जाए स्साला! तो तय हो गया सब। कहाँ? कैसा? कित्ते लोग? कित्ते बजे तक? घनश्यामजी को हाल ही में पिपरिया में हुए उनके सम्मान पर बधाई भी दी है। बताया कि किसी पत्रिका में रिपोर्ट छपी थी। वहीं पता चला। घनश्यामजी ने भी ऐसी बधाई निकाली।

फोन बन्द करके इन्होंने लम्बी श्वास ली।

अब वे तनावमुक्त होकर प्रसन्न पसरे हैं।

इलाहाबाद का तो पहले ही फिट कर लिया था, पर यह जो बीच में सतना में भी हो जाएगा, उसके आनन्द को बोनस मिलने जैसा मान लें। हराम की कमाई जैसा न कहें क्योंकि ज़िक्र सम्मान का चल रहा है।

बस, ख़ुद के साथ

उनकी कार के काँच पर बहुत बड़े अक्षरों में 'एल' लिखा है।

वैसे वे बढ़िया कार चलाते हैं। सालों से चला रहे हैं। लाइसेंस वग़ैरह धरे हैं। वर्षों से। निष्णात ड्राइवर। परन्तु काँच पर लिखे की मानें तो वे लर्निंग की स्टेज में ही हैं। सीख रहे हैं अभी। वे सालों से 'एल' लगाकर ही चला रहे हैं। जानने वाले बताते हैं कि उन्होंने यों ही एहतियात के तौर पर 'एल' लिख रखा है। इससे फ़ायदे हैं। सामने वाले सम्भालकर निकलते हैं, पैदल यात्री फुटपाथ के भी किनारे की तरफ चलने लगते हैं और कुछ तो घबराकर सड़क ही छोड़ देते हैं कि इस गाड़ी का भरोसा नहीं। भयवश कोई ओवरटेक नहीं करता। डरते हैं कि यह भिड़ा-भिड़ू न डाले। औरों का जो हो, पर इनकी यात्रा निरापद हो जाती है।...और इनको बस अपने से मतलब। वैसे ये सारी बातें भी स्वयं उन्होंने नहीं बताईं हैं। वे बताते नहीं। स्वयं तो वे बोलते ही नहीं। बोलो तो स्टैंड लेना पड़ता है। बोलो तो आपका पक्ष तय हो जाता है। सो क्यों बोलो? बोलने में कुछ उल्टा-सीधा ही मुँह से निकल गया, तब? सो चुप रहते हैं। हमने पूछा कि गाड़ी में 'एल' लगाकर क्यों घूमते हैं, तो मुस्कुरा के रह गये। उनकी मुस्कान के सौ अर्थ। आप पर निर्भर है, जो समझें, निकालते रहें। मोनालिसा वाली रहस्यमयी मुस्कान। कहीं मोनालिसा भी 'एल' लगाकर तो नहीं घूमा करती थी? कहना कठिन।

दरअसल, वे जीवन में सदैव ही सुरक्षित चलने के हामी हैं। जहाँ भी ख़तरे की सम्भावना हो, वे सम्भलकर चलते हैं। रिस्क नहीं लेते। वे खड़े नहीं होते क्योंकि आदमी खड़ा हो तो गिरने का डर। तो बैठते होंगे? नहीं, बैठते भी नहीं कि लुढ़कने का ख़तरा। तो? तो वे रेंगते रहते हैं। हर मुद्दे पर रेंगते मिलेंगे। रेंगते हुए ही वे हर बहस से बाहर निकल आते हैं। भिड़ते नहीं। किसी का विरोध नहीं करते। 'सूर्य पूर्व से निकलता है'—पर उनकी यही बात कि हम कह नहीं सकते क्योंकि हमारे व्यक्तित्व पर तो 'एल' का ठप्पा। जीवन में हर यात्रा 'एल' लगाकर की। ऐसी यात्राएँ बाधाहीन।

किसी के विरोधी नहीं। ना काहू से बैर। या तो हर बात में 'जी' कहा या चुप लगा गये। सबको भ्रम रहा कि यह हमारे साथ हैं। न भी साथ हों, पर कम से कम विरोध में तो नहीं।

वे चलते हैं तो साथ में हाथ नहीं हिलाते। हाथों को बगल में सीधे लटकाकर सतर्क से चलते हैं। जब मात्र टाँगे चलाने से ही चलना हो जाता है तो हाथ हिलाने की फ़िज़ूलख़र्ची क्यों करना? वे उतना ही काम करते हैं कि जितने में नौकरी चलती रहे। वे उतना ही जीते हैं, जितने में मरने से बचे रहें। इससे ज़्यादा जीना मूर्खता। पूरा जीते नहीं। कम जीने में भी यदि चलता रहे तो और ज़्यादा क्यों जीना! वे जीवन को भरपूर जीते ही नहीं। बिताया सारा जीवन इस जुगत में कि कहीं मर न जाएँ। जीवन में रस ही नहीं। उन्हें गीत गुनगुनाते कभी किसी ने न तो देखा या न सुना। वे साहित्य, फ़िल्म, नाटक, प्यार, रोमांस, वफ़ा, दोस्ती, पिकनिक, सामाजिक कार्य आदि को बेमतलब की हरक़तें माना करते हैं। क्या करना यार! कहाँ जाना यार! मौसम तो देखो। ठंड है। जुखाम का डर। गर्मी कितनी! लू-लपट वाले कित्ते लोग अस्पताल में भर्ती हो रहे हैं, यह पता भी है कि ऐसेई? और बरसात में? तब तो घर से निकलना भी ख़तरनाक। सड़क पे कहीं गाड़ी-वाड़ी फँस-फँसा जाए साहब, तो मरण। सो अपन तो वाइफ से फोन करा देते हैं दफ़्तर कि एक सौ पाँच डिग्री बुखार में पड़े हैं। बस्स। आप जानो, आपका काम जाने। हाँ भाई, भला कौन रिस्क ले साहब!

जीवन के हर मुद्दे पर उनका यही कहना है कि यार, अपन को इस पचड़े से क्या? हम न तो इस टंटे में, न उसमें। हम किसी के झगड़े में नहीं। हम किसी विवाद में नहीं। हम किसी बहस में नहीं।...वे किसी के विरोध में नहीं। वे किसी के साथ नहीं। वे यहाँ नहीं। वे वहाँ नहीं। कहीं हैं भी, तो नहीं जैसे। खड़े भी हैं, तो कोने में। चुप हैं। बोलते भी हैं, तो चुप जैसा ही। हँसते भी हैं, तो चेहरा रोता-सा रहता है—ताकि कोई यह न कह ले कि हँस रहे थे। पलटने को हमेशा ही तत्पर। मुकरने को सदैव तैयार। कभी भी कह सकते हैं कि हमने ऐसा तो कभी कहा ही नहीं था। या कि हमारी बात का ग़लत मतलब निकाल लिया गया। उनके मतलब कभी भी बदल जाएँ। उनके मतलब प्राय: बेमतलब। वे सबकी 'हाँ' में। वे सबकी 'ना' में। उनकी हाँ भी अपनी नहीं, न ही 'ना' अपनी।

परन्तु उस दिन वे बहस करते, मुट्ठियाँ भींचकर बातें करते, ज़ोर-ज़ोर से अपनी बात रखते मिले।

हम आश्चर्यचकित। यह हुआ क्या इनको?

पता चला कि श्रीमान का प्रमोशन नहीं हुआ है। वे कभी बॉस से भिड़े नहीं।

सदा 'यस सर' कहा। प्रशासन ने दूसरों पर अत्याचार किये, तो उन्होंने यही कहा कि देखभाल कर चलना चाहिए। बॉस ने दूसरों के साथ नाइंसाफ़ी की, तो वे चुप लगा गये। दफ़्तर में हुए हर अन्याय पर आँखें मींच लीं। दूसरों ने संघर्ष किया, तो ये चुपचाप निकल लिए। पास में आग लगी, तो ये दूसरी तरफ मुँह करके खड़े हो गये क्योंकि आग ने इनको तो छुआ ही नहीं था और दूसरा जले, तो इनको जलन होती नहीं। तब इनका आग से जूझने का कोई कारण नहीं बनता न! आज आग ने ख़ुद को छुआ है तो हल्ला कर रहे हैं। वे समझ नहीं पा रहे हैं कि लर्निंग का 'एल' लगाचर चल रही गाड़ी भी कभी उलट सकती है।

कब तक यह फैंटेसी

दुकान पर बड़े-बड़े हर्फ़ों में लिखा हुआ बोर्ड सामने ही लगा है। लिखा है कि फैशन के इस युग में कृपया गारण्टी की माँग न करें।

दुकानदार मेरा मित्र भी है। मैंने उससे कहा कि यार यह तो तेरी सरासर बेईमानी और सीनाज़ोरी ही कहलाई क्योंकि ग्राहक तो तेरे भरोसे ही तुझसे सामान ख़रीद रहा है और तू ही...! उसने हँसकर कहा कि भैया जो लिखकर टाँगा है वह भी पूरा सच नहीं है। बात तो उससे भी आगे जाती है जनाब। तुम तो लेखक हो। कभी इस पर सोचकर देखना। इसमें हम भी क्या करें? दुनिया बदल चुकी है। चीज़ें आजकल जैसी दिखती हैं, वैसी होतीं नहीं। हम भी तो देखकर ही ख़रीदते हैं, फिर आपको बेचते हैं। हमें ही पता नहीं चल पाता कि चीज़ चमकदार तो है पर है कैसी, तो फिर बोलो कि क्या करें?

मैंने दुकानदार मित्र की कही बात पर विचार किया है। बाज़ार की दमक ने जीवन को यों अपने कब्ज़े में लिया है कि चीज़ें चमकदार तो बहुत हुई हैं परन्तु उन पर भरोसा कम हो गया है। हुआ यह है कि यथार्थ फैंटेसी में तब्दील हो गया है। बल्कि बात यहाँ तक आ पहुँची है कि जब तक चीज़ों को फैंटेसी बनाकर पेश न करो, आदमी उनको स्वीकार करने को तत्पर नहीं हो रहा। फैंटेसी में लपेटे-ढँके यथार्थ को ही वह यथार्थ मानने को तत्पर है, अन्यथा नहीं। इसी चक्कर में धीरे-धीरे यह भयानक उत्तर-आधुनिक घटना हुई है कि अब मानो यथार्थ कहीं रह ही नहीं गया है। हर यथार्थ फैंटेसीनुमा हो गया है। यथार्थ का फैंटेसी में बदल जाना हमारे समय की सबसे बड़ी और सबसे डरावनी त्रासदी है। इसी के चलते आदमी यथार्थ में रहते हुए भी फैंटेसी में रह रहा है। दोहरा जीवन हो रहा है सबका। जीवन के सच के बीच वह लगातार एक झूठा जीवन भी उसी शिद्दत से जी रहा है। या यों कह लें कि उसे ऐसा ही जीना पड़ रहा है क्योंकि फ़िलहाल जीवन जीने का सच भी यही है और शायद शर्त भी। यह निर्मम समय इससे कम पर तैयार ही नहीं। यह यथार्थों से मुँह फेरने का समय है।

जीवन के यथार्थ तो प्राय: सदियों से वही चले आते हैं। कठोर यथार्थ भी। कोमल भी। स्पष्ट भी। धुँधले भी। जादुई भी। सपनीले भी। रहस्यमय भी। और इतनी सदियों में मानवजाति ने इन यथार्थों से निरन्तर मुठभेड़ की है, इन्हें समझा है, इन्हें जिया है और जीवन को उसके तमाम अच्छे-बुरे यथार्थों के साथ स्वीकार किया है। पर अब ऐसा नहीं है। अब मानो जीवन में यथार्थ जैसा कुछ रहने ही नहीं दिया जाएगा। जो जैसा दिखेगा, वैसा निकलेगा ही नहीं और हम इस बात की शिकायत भी नहीं करेंगे क्योंकि जो जैसा है वैसे में अब हमें भी मज़ा ही नहीं आता। यथार्थ के असलीपन से शायद हम थक चुके हैं। यह एक नकली समय है। यह नकली समय, जीवन से असली-सी लगने वाली नकली मुठभेड़ें कर रहा है जिसे मीडिया और राजनीति का मायावी ढोल ऊँची आवाज़ में हम तक कुछ यों पहुँचा रहा है कि जीवन के यथार्थवादी सुर सुनना ही बन्द हो जाएँ। एक विराट फैंटेसी में बदल रहा है यह समाज। यथार्थ से बहुत दूर जाना चाहता है और बाज़ारवाद के समय ने उसकी यह इच्छा ख़ूब समझी है। अब तो शोकगीत भी रॉकबैंड के ढोल-ढमाके पर ही गाये जाएँगे। यथार्थ यदि कठोर या भयावह हो तो उसके चेहरे पर या तो कोई सुन्दर-सा मुखौटा पहिनाओ या नक़ाब, या फिर सात रंगीन पर्दों में यों छुपा दो कि मात्र रंग ही रंग दिखें और बदरंग यथार्थ नज़र ही न आए। यथार्थ से ध्यान हटाओ। उत्सव मनाओ। हर बात पर नाचो। रोने की बातों पर हँसो, खिलखिलाओ, कॉमेडी-शो करो। बाज़ार में इतनी जगमग मचाओ कि आदमी अपनी अँधेरी गली के अँधियारे मकान को भूलकर बाज़ार में ही घूमते रहना चाहे। बाज़ार की चकाचौंध इतनी मायावी और आकर्षक हो गयी है कि आदमी इस यथार्थ तक पहुँच ही नहीं पाता कि कहीं बाज़ार की यह अश्लील रोशनी ही तो उसकी गली में फैले अन्धकार का कारण नहीं? वह अँधेरे के यथार्थ को रोशनी की फैंटेसी में बदल जाने के चमत्कार से अभिभूत होकर, अँधेरों की शिकायत करना ही भूल चला है। जब आप यथार्थ की जगह पर फैंटेसी के संसार के नागरिक बन जाते हो तो यही सब होता है, जो हो रहा है।

परन्तु एक ही तथ्य मुझे राहत देता है और आश्वस्त भी करता है। और वह तथ्य यह है कि यथार्थ, यथार्थ होने के कारण हमेशा यथार्थ ही बना रहता है—उसे लाख नाटकबाजी, उत्सव, नारों आदि से ढक दो, वह वहाँ भी यथार्थ ही बना रहता है और यथार्थ की तरह ही काम करता रहता है। इसीलिए बाज़ारवाद का यह पूँजीवादी समय उसे लाख फैंटेसी से ढक ले, यथार्थ बदलता नहीं। भूखे किसानों की ग़रीबी, कर्ज़दार मज़दूर, भीख माँगते बच्चे, कुपोषण से मरते बच्चे, बेरोज़गार युवा, जिस्म बेचने पर मजबूर स्त्रियाँ, बेईमान नौकरशाही, बेलगाम राजनीति, ढुलमुल जुगाड़ू, बुद्धिजीवी, धर्मान्धता, भूख, साम्प्रदायिकता आदि न जाने कितने यथार्थ हैं जिन्हें हम बयानों, विज्ञापनों, बड़ी गाड़ियों, मीडिया, नाचगानों आदि के रंगीन मुलम्मे द्वारा फैंटेसी

में बदलने की कोशिश में हैं। हमारा समय इन सारे यथार्थों को फैंटेसी मानकर चल रहा है। वह इनके अस्तित्व से ही इंकार करना चाहता है या इन्हें मज़े-मज़े से देख रहा है जैसे कि कोई कार से गुज़रते हुए झुग्गियाँ देख ले या एसी कम्पार्टमेंट की तरफ जाते हुए जनरल कम्पार्टमेंट की रेलपेल को मुस्काते हुए निहारे।

पर कोई भी समय अपने समय के यथार्थों को नज़रअन्दाज़ करके नहीं चल सकता अन्यथा ऐसा समय बदल जाता है। यथार्थ एक दिन उसे गर्दन से पकड़कर परे कर डालता है और उसकी जगह नये समय को स्थापित कर देता है। इस बार भी यही होगा, यह तय है। नया समय आएगा ही। मुझे तो पूरा विश्वास है क्योंकि पूरे जीवन को ही फैंटेसी में बदल डालने की यह बदमाशी आख़िर चलेगी भी तो कब तक!

विद्वत्तामापक यन्त्र और मूर्खता का खटका

समय आ गया है कि वैज्ञानिक लोग विद्वत्ता मापने (या नापने) का यन्त्र बनाएँ।

आप पूछ सकते हैं कि ऐसे यन्त्र की क्या आवश्कयता है? हमें आपसे ऐसे ही मूर्खतापूर्ण प्रश्न की आशंका थी क्योंकि आपकी विद्वत्ता के क़िस्से मशहूर हैं। यन्त्र की आवश्यकता यों पड़ी है कि इस देश में विद्वान बहुत हो गये हैं। आप कहेंगे कि यह तो बढ़िया बात है, इसमें परेशानी क्या? परेशानी यह है मित्र कि यहाँ हर विद्वान दूसरे को कम विद्वान मानता है; बल्कि प्रायः तो मानता ही नहीं और ज़्यादातर को तो मूर्ख मानता है। चीज़ें तय करना कठिन होता जाता है। कौन विद्वान? कौन कितना मूर्ख विद्वान? कौन कितना विद्वान मूर्ख? तो हम तो यहाँ तक कहेंगे कि हमें न केवल विद्वत्तामापक यन्त्र चाहिए, बल्कि साथ-साथ एक मूर्खतामापक यन्त्र की भी दरकार है। यदि एक ही यन्त्र में दोनों सुविधाएँ हों, तो और भी बेहतर। टू इन वन जैसा कुछ। मान लो कि विद्वत्ता की नपनी में कुछ न मिला तो तुरन्त ही दूसरे खटके को दबा लिया। साहित्य ऐसा अहाता है जहाँ फाटक के अन्दर होते ही आदमी विद्वान साहित्यकार कहाने लगता है। पर कहाने से क्या होता है! कोई माने तो। साहित्य में आमतौर पर और हिन्दी साहित्य में विशेषतौर पर, विद्वान साहित्यकार एक दूसरे पर मूर्खता का आक्षेप भी लगाया करते हैं। कहते हैं कि बेसमझ है वो तो। सो तय कहना कठिन कि असलीयत क्या है? हमें खुद कई ऐसे मिलते हैं कि जो शक्ल से तो मूर्ख लगते हैं और बातों से भी, परन्तु विद्वान बताए जाते हैं। ऐसे में विद्वत्तामापक यन्त्र पास होता तो मिलने के टाइम पर चुपके से नाप लेते और रीडिंग के हिसाब से बातें करते क्योंकि मूर्ख आदमी से क्या तो भिड़ना और विद्वान से क्या तो मूर्खता करना!

हमने अपने एक वैज्ञानिक मित्र से बात की। उन्होंने स्वीकार किया कि यार, तुम्हारी बात पहली नज़र में जितनी भी मूर्खतापूर्ण नज़र आ रही हो, परन्तु है तो रोचक और यदि इस पर विद्वत्तापूर्वक विचार किया ही जाए तो इससे मूर्खता और विद्वत्ता के बीच की कोई चीज़ निकल तो सकती है अन्ततः तीनों के काम की सिद्ध होगी। यन्त्र बनाने के तकनीकी पहलुओं पर चर्चा चली। यन्त्र कितना बड़ा हो? ऑटोमेटिक

हो या कि पट्टा खींचने पर चलने वाला? बिजली वाला कि मिट्टी के तेल से चलने वाला? सोलर ऊर्जा से चले, तो? हम भी कोई कम वैज्ञानिक नहीं। डिस्कशन करने लगे। बताया कि यन्त्र जेबी हो तो बेहतर क्योंकि अगर बड़ा बनाया तो कन्धे से लटकाना होगा जबकि हिन्दी साहित्यकार के कन्धे कभी खाली नहीं होते—या तो वहाँ झोला टँगा होता है या उसके अपने गुट या संघ की मानसिकता—सो वो रखेगा कहाँ? फिर किसी को सामने ही यन्त्र नज़र आ गया तो वो विद्वत्ता झाड़ने के चक्कर में दस तरह की मूर्खताएँ करने लगेगा और बाद में हमसे नपनी की कटिंग माँगता फिरेगा कि जिसे वह बायोडाटा में लगा सके। इससे फ़ालतू ही यन्त्र पर ज़ोर पड़ेगा। हो सकता है कि मीटर की सुई मूर्खता तथा विद्वत्ता के बीच इतनी खटाखट घूमे कि यन्त्र ही ख़राब हो जाए। जेब में धरने लायक बनाना ठीक रहेगा। नज़र न आये। बिजली से चलने वाला न बनाएँ। अपनी तरफ बिजली जाती रहती है। अभी आधी ही विद्वत्ता नपी थी कि बिजली चली गयी। हिन्दी में वैसे भी आधी-अधूरी नपनी को बीच में ही छोड़ देने की आलोचना की चौथी परम्परा पहले ही चलती है—आप विद्वान घोषित ही होने को थे कि सम्पादक पद से हकाल दिये गये या आपकी सरकार चली गयी और साहित्य परिषद हाथ से निकल गयी—बस्स, रह गये! विद्वान होते-होते रह गये। सो आप तो बैटरी से चलने वाला बना दें। वैज्ञानिक मित्र ने बताया कि फिर हमें बैटरी बड़ी स्ट्रांग देनी होगी क्योंकि आप लोगों की विद्वत्ता इतनी मूर्खताओं के नीचे दबी रहती है कि उसे इतनी तहों से खींचकर रिकार्ड करने में बड़ी बैटरी ख़र्च हुआ करेगी। और आप एक बार रिकार्ड करने पर तो मानोगे नहीं। मनमाफिक न आने पर मशीन आपरेटर की ग़लती बताओगे। बार-बार रिकार्डिंग कराओगे, सुई को हाथ से पकड़कर हिलाओगे। इसमें बड़ी बैटरी फुँकेंगी। हमने यह भी कहा कि ऑटोमेटिक ही बनाना। मूर्खता का खटका दबा के छोड़ दें तो मूर्खता की एक तय सीमा को पार करते ही यन्त्र नपनी करना शुरू कर दे। ऐसा ही विद्वत्ता का ऑटोमेटिक खटका।

एक और बात।

मान लो कि आदमी न तो विद्वान हो न और मूर्ख—ऐसी स्थिति में यन्त्र का क्या रोल रहेगा? हमारे यहाँ बहुत से हैं कि जिनका अभी तक तय नहीं हो सका है और शायद कभी न हो सकेगा कि वे क्या हैं? जब तक विद्वान मानने की नौबत आती है, वे मूर्खता प्रकट करने लगते हैं। तो उनके लिए यन्त्र में अलग से व्यवस्था हो। टूँ टूँ करने वाला सेंसर, जो बता दे कि इन पर यन्त्र प्रयोग करना उचित न होगा। वैज्ञानिक मित्र ने बताया कि दरअस्ल यह यन्त्र मूर्खता की तरंगों को रिकार्ड करके नपती किया करेगा और थोड़े सुधार के पश्चात्, बाद के मॉडलों में हम अलग-अलग तरह तथा ग्रेड की मूर्खताओं तथा विद्वत्ता के अलग-अलग ग्राफ दे सकेंगे। इन रिकार्डों

तथा ग्राफों से साहित्य के पुरस्कारों में आसानी हो जाएगी—मित्र ने सुझाया। यन्त्र का विद्वत्ता वाला प्रिन्टआउट निकालकर (तथा मूर्खता वाला फाड़कर फेंक के) सबको दिखाया जा सकेगा कि सही आदमी को ही पुरस्कार दिया गया है। इस पर हमने मित्र को समझाया कि वैसे हमारे यहाँ पुरस्कार अपनी विधा में विद्वत्ता के आधार पर ही दिये जाएँ, ऐसी कोई नैतिक या कानूनी बाध्यता नहीं है, सो वहाँ तो यन्त्र बेकार ही रहेगा, परन्तु गाली-गलौज, बहस, गोष्ठियों, सम्पादकीयों तथा आलोचना आदि में यन्त्र द्वारा निकाले प्रिन्टआउट एक दूसरे के मुँह पर मारने में बड़े काम आएँगे। हिन्दी साहित्य के संवर्धन में यन्त्र का यही उपयोग रहेगा जैसा कि यहाँ हर अच्छी या बुरी शै का पहले भी इसी तरह होता आया है।

तो मित्रो, काम जारी है। कलपुर्जे, खटके, बैटरी आदि जुगाड़े जा रहे हैं। उम्मीद है कि वैज्ञानिक मित्र शीघ्र ही विद्वत्तामापक यन्त्र मार्केट में ला देंगे। तब तक यदि मैं स्वयं को विद्वान मानकर चलूँ तो कृपया अन्यथा न लें।

उपमाओं के जंगल में

थोड़ी-सी धवल चाँदनी लें, उसमें इत्ती-सी गुनगुनी धूप मिला दें, फिर इसमें अमराई की घनी छाँव मिलाकर इसकी लुगदी बना लें, इसमें सितारों की धूल भुरक के धरती के चकले पर शृंगार-गीतों के बेलन से बेल लें; और आख़िरी में दूज के नुकीले से पतले चाँद की नुक्की को इस पर गोल-गोल चलाकर काट लें तो जैसा प्यारा-सा, गोल-गोल, चमकदार, गोरा परन्तु साँवली छाँव वाला चेहरा निकल कर आएगा; वही तो मेरे महबूब का चेहरा है।...मैं नहीं कह रहा यह। कवि कह रहा है। इतनी उपमाएँ या तो कवि जुटा सकता है या फिर प्रेमी। हमें तो कभी भी प्रेमिका का चेहरा ऐसा नहीं लगा, परन्तु प्रायः प्यार या कविता के फेर में यही होता है। बात करते-करते एक उपमा हमें भी सूझ रही है, मुलाहिज़ा फ़रमाएँ कि ऐसी ही बहुत-सी अबूझ और अललटप्पू उपमाओं को खलबत्ते में कूट-कूट कर बारीक-सा पीस डालें, फिर मूर्खता के पतले कपड़े से (जो गरेबाँ चाक करके लाया गया हो) एक उम्र तक उसको छानते रहें, उससे जो कुछ भी पाउडरनुमा चीज़ झरेगी उसे बटोर कर डायरी के मर्तबान में सम्भाल कर रख लें—तो यही चीज़ कविता, शायरी और मोहब्बत में ख़ूब काम आ सकती है। माल तैयार करते हुए चुटकी से इसे भुरक लें या इस मर्तबान के माल में तुकबन्दी की चाश्नी मिलाकर मंचीय कविता की आँच पर पका के गर्मागर्म परोस दें।...मंचीय कविता से और याद आया है कि मान लो कि उपमाओं का एक घना, बारामासी जंगल हो जिसमें प्रेमियों और कवियों के सिवाय कोई भी समझदार आदमी घुसने से भी कतराता और घबराता हो, उसी जंगल को साहित्य-संस्कृति के अफ़सरनुमा भरतार यदि मंचीय कविता और महफिल सजाने वालों को ठेके पर दे डालें जो तुकबन्दी की आरी से सारे पेड़ काटकर गिरा दें और फिर गलेबाजी के ट्रकों पर लादकर मंचनुमा टालों पर खुले में बेचते फिरें तो फिर कविता के सौन्दर्यशास्त्र का जंगल ही उजड़ जाने का दोष हम किसे दें? मंच को, ठेकेदारों को, आलोचक को, टाल पर आकर माल उठाने वालों को या उनको जिन्होंने असली कविता के उपवन को इतने घने, कँटीले जंगल में बदल डाला कि पाठक/श्रोता नाम के ग्राहक लकड़ी

बटोरने के लिए इसमें घुसने में भी घबराने लगे? किसे कोसें?

चलिए, कवि को छोड़कर प्रेमी को पकड़ते हैं। उपमाएँ यहाँ भी ख़ूब बघारी जा सकती हैं। मान लो कि मोहब्बत का एक ठेला हो जिस पर आहों, प्रेमपत्रों तथा छालों-फफोलों और विरह आदि का ख़ासा कबाड़ और रद्दी लदी हो—और इस ठेले को लेकर कोई प्रेमी बमुश्किल सँकरी प्रेमगली से गुजरता हुआ पाये कि ठेले का एक पहिया पंक्चर है, दूसरा डग कर रहा है, तीसरा चूँ-चूँ कर रहा है तो मात्र चौथे पहिये के बूते ही क्या वह इस ठेले को आगे घसीटता जाए या कि इससे पूर्व कि चूँ-चूँ की आवाज़ सुनकर प्रेमिका का बाप आकर उसकी टाँग तथा ठेले का चौथा पहिया भी तोड़ डाले क्यों न वह ठेला ही छोड़ भागे या प्रेम के कबाड़ी वाला यह धन्धा ही छोड़ दे जिसमें ऐसी ही सँकरी गलियों में जाना पड़ता है और ठेले प्राय: ऐसे ही मिलते हैं, और बाप भी ऐसे ही। क्या करे प्रेमी? है न कठिन प्रश्न? अब इससे भी कठिन सुनिए। प्रेम में यही तो है कि एक से एक कठिन, 'आउट ऑफ कोर्स' टाइप प्रश्न होते हैं। प्रश्न है कि प्रेमिका का मुख चाँद-सा, बाल सुनहरे और नयना कजरारे तो हैं, परन्तु यह सारा क़ीमती सामान यदि उसका बाप सात तालों में बन्द करके चाबी अंटी में बाँधकर काम पर जाया करता हो तो कैसे अपना यही ठेलाशुदा प्रेमी इस सामान को कबाड़ के बीच छुपाकर ले भागे?...यह भी सुनिए। आहों का एक म्यूचुअल फंड हो जो बाज़ार गिरने के कारण किसी काम का न बचे अर्थात आहें भरते रहो और प्रेम का सेंसेक्स फिर भी गिरता ही जाए तो ऐसे में क्या समझदार प्रेमी को यह मानकर आहों को कहीं और इन्वेस्ट कर देना चाहिए कि समझदार प्रेमी के लिए मोहब्बत भी अन्तत: एक तिजारत ही है? ऐसे में वे प्रेमी अपनी आहों का क्या करें जो अब तक मोहब्बत को इबादत मानते रहे थे। आहों का जो इतना स्टॉक हृदय के गोदाम में धर रखा है उसका क्या करें? यों ही औने-पौने भाव निकालकर कहीं और शादी कर ले या बाज़ार पर भरोसा करके अपनी आहों का असर बढ़ने की प्रतीक्षा करता रहे?

चलिए, और उपमाए लेते हैं। आज उपमाओं में ही भटकने का मन कर रहा है।

एक रंगीन काग़ज़ पर उकेरा प्रेमपत्र हो जो चिकने लिफाफे की मुलायमियत का आनन्द लेता हुआ बड़ी आशा से महबूब के पते पर पहुँचे—और वहाँ वह लिफाफा महबूब के बाप के हाथ पड़ जाए जो लिफाफे को अपनी मोटी उँगलियों के बीच किनारे से फाड़ना शुरू करे तो प्रेमपत्र को अपने पकड़े जाने के डर से कैसा महसूस होता होगा, उस समय? वह लिफाफे में लाख टेढ़ा-मेढ़ा होकर छुपता फिरे, परन्तु बाप की खुरदुरी उँगलियाँ उसे बाहर घसीट ही लाएँगी, यह बात वह प्रेमपत्र भी जानता है। फिर बाप के हाथों में कैसा काँपेगा वह प्रेमपत्र?...एक आह हो जो प्रेमी के दिल

से निकलकर महबूब की दिशा में चले परन्तु उस चाट के ठेले के बीच में ही आ जाने से वहीं टकरा कर रह जाए जिस ठेले को देख महबूब चाट-पापड़ी खाने के चक्कर में आह भरते प्रेमी को देखे ही नहीं, तो?...एक तिरछी नज़र हो जो भेंगी मान ली जाए, तब?...एक अँगूठी हो जो बेनाप हो और प्रेमिका की उँगली में निबकती फिरे, तो? प्रेमगीत रचने की शुरुआत में एक बढ़िया तुक बने जो कविराज के साथ दूसरी तुकों को खोजने निकल पड़े—और बीच में ही उसकी उँगली कवि और कविता के हाथ से छूट जाए, तो?...एक जूता हो जिसका तल्ला ज़मीन पर चलने से कम और प्रेमियों की खोपड़ी पर चलने से ज़्यादा घिसा हो, उसका मालिक यह तय करने बैठे कि जूता नया लिया जाए, कि नया तल्ला ठुकवा लिया जाए कि बिटिया की शादी ही जल्दी निबटा दी जाए ताकि रोज़ नये प्रेमी को ठोंकने में जूते की फ़िजूलख़र्ची होने का सिलसिला ख़त्म हो सके—ऐसे में घिसा तल्ला क्या सोचता होगा?

सही बात तो यह है मित्र कि प्रेम और प्रेमकविता की पगडंडी पकड़ लो तो वह उपमाओं के ऐसे जंगल में ले जाती है कि बाहर निकलना कठिन। मैं किसी तरह निकल आया हूँ। उपमाओं में भटकना आसान नहीं है साहब जैसा कि आप या मैं कविताओं को पढ़ते हुए सोचा करते हैं। मैंने अभी भटककर देख लिया और इससे कवियों के प्रति मेरी सहानुभूति और बढ़ ही गयी है।

रेत के महल

राजा ने रेत का महल बनवाया है।

रेत का महल क्यों?...यार, सलाहकार सुझाते रहते हैं। राजा को जिसकी सलाह लग जाए। एक बार लग भर जाए। फिर न तो राजा, न राज दरबार कोई भी नींव, मज़बूती, उपयोगिता, लागत, रख-रखाव तथा महल या योजना के भविष्य जैसे निरर्थक प्रश्न नहीं उठाता। आदेश जारी हो जाता है। खड़ा हो जाता है रेत का महल। बन जाती है एक और हवाई योजना। स्वीकृत कर दिया जाता है बजट। दे दिया जाता है रुपया कि फूँको। बिना नींव और बग़ैर छत वाले महल तैयार हो जाते हैं यहाँ-वहाँ। जनाब रेत का ही सही पर महल तो महल ठहरा! वो भी राजा का बनवाया हुआ। सो जब तक सिंहासन पर राजा है, तब तक चहुँओर महल की ख़ूबसूरती और मज़बूती के चर्चे। योजनाओं की तारीफ़। कि क्या कहने!...हाँ, बाद में जब न राज बचा, न राजा तब कहाँ तो उसके रेत महल, कहाँ उसकी अललटप्पू योजनाएँ, कहाँ उनके कसीदे और कहाँ उनके क़िस्से! धीरे-धीरे रेतमहल ढह जाते हैं। रेत ढो ले जाते हैं तिकड़मी प्रजाजन। या वहीं आसपास बिखर जाती है रेत, बंजर करती हुई आसपास की ज़मीन को। अन्ततः न महल बचता है, न ही ज़मीन। बस, रेत ही रेत। निरर्थक। योजना की फाइलें। काग़ज़। अफवाहें। क़िस्से। जाँच आयोग। इन्क्वायरी। सुनवाइयाँ। आरोप- प्रत्यारोप।...उड़ती रहती है रेत और धूल, राजा के सत्ताच्युत होने के बाद। धीरे-धीरे बैठे जाती है रेत भी जिसके नीचे दफ़्न हो जाते हैं रेत का महल बनवाने के घपले।

परन्तु फिलवक़्त स्थिति यह है कि राजा ने रेत का एक और शानदार महल खड़ा करवाया है और उसकी इच्छा तथा आज्ञा है कि प्रजाजन इस पर गर्व करें। वाह-वाह तो करें ही।...करेंगे। क्यों न करेंगे स्वामी? फिर अपने जनसम्पर्क और विज्ञापन वाले भी तो बैठे हैं। शब्दों के खिलाड़ी। काम है उनका। हर ऐरी-गैरी, दो कौड़ी की बात पर भी दुनिया से वाह-वाह करा सकते हैं। कराते ही हैं। सरकारी भोंपू, दरबारी भाँड़, स्वाँग करने वाले राजकीय चाकर, दरबारी चिन्तक और कभी भी, किसी

की भी विरुदावली गाने को तत्पर गवैयों का अमला सिंहासन के आसपास ही मँडराता रहता है। राजा ने रेत का महल बनवाने की घोषणा की नहीं कि ये सब अपनी तरह से सक्रिय हो जाते हैं। वे रेत के महल की मज़बूती, उसकी दीवारों की दृढ़ता, सुन्दरता और उसकी छत की ताक़त के ऐसे दिलक़श तथा विश्वसनीय क़िस्से सब तरफ विज्ञापित करेंगे कि धोखे में पड़कर एक बार तो आपकी भी तमन्ना हो आएगी कि चलकर उसी महल में रहा जाए। पर न तो आपकी औकात कि महलों में रहने की सोचें, चाहे वे रेत के ही क्यों न हों, और न वे महल ही ऐसे कहीं। वो तो बस यों ही। काग़ज़ पर। या यहाँ-वहाँ। ऐसे ही। राजा तो कभी आने से रहा। वह तो हवा में बने अपने महल में ही रहता है। निकलता ही नहीं वहाँ से बाहर। हवा में तैरता, हवा पर टिका, हवा का बना उसका हवाई महल।

रेत का महल तैयार है।

रेत के महल का विज्ञापन समाचार पत्रों के पूरे-पूरे पन्नों पर है। समाचारों में छाया है। दरबारी लिखैया लिख रहे हैं लेख, विशेष टिप्पणियाँ, सम्पादकीय आदि, रेत के महल पर। महल तैयार होने से पहले ही लेख तैयार। राजा के राज्य में गुनीजनों की कौन-सी कमी। ऐसे ही कामों की खाने वालों की फ़ौज पड़ी है। आदेश भर दे दें। पैसा तो ख़ैर फेंक ही दें। मदिरा की बॉटली भी लगती ही है। बस। हाँ, बाद में रसीद-फसीद, हिसाब आदि न माँगे। फिर देखें। रेत के महल का ऐसा ठाठ खड़ा कर देंगे कि प्रजाजन भ्रम में पड़ जाएँ कि आज के पहले के राजा क़ैसे मूर्ख थे कि चूने और पत्थर के महल बनाते फिरते थे जबकि रेत की टेक्नॉलॉजी हमेशा से हमारे पास थी कि इसी से तो हम बचपन में भी घरोंदे बनाया ही करते थे।...सो राजा बनवाता जाता है रेत के महल, कल्पना के घोड़े, गत्ते की तलवारें, काग़ज़ के सिपाही और हवाई योजनाएँ। देखने में प्यारे। बस।

सो रेत का महल बन गया है। योजना क्रियान्वित हो गयी। स्वर्णमुद्राएँ फुँक चुकीं। बजट निबट चुका। राजा गदगद है महल को देख-देखकर।...क्यों भाई, कैसा लगा? बहुत शानदार मालिक। कमाल का बन गया स्वामी। आपकी दृष्टि। आपकी योजना। आपकी सोच। जय हो!...अरे, इसके कंगूरे तो देखो। हवा चलने पर इसकी दीवारों से जब रेत झरती है तो दृश्य कैसा नयनाभिराम दिखता है। कैसा अद्‌भुत महल! कितनी शानदार योजना! ग्रामीण अंचल का कायापलट कर देगी। सचमुच।...राजा गदगद। दरबारी परम गदगद। हें-हें-हें-हें। दरबार में देर तक चापलूसी के राग बजते रहे। जय-जयकार करने वाली प्रजा को लाया गया है। जत्थों में जयकार के नारे लगा रही है प्रायोजित भीड़ उस रेत के महल की प्रशंसा में कि जिसे उसने कभी देखा ही नहीं और देखा भी तो उसमें रहे ही नहीं। परन्तु राजा परम उत्साहित। दरबारी आह्लादित। उत्सव का माहौल। और क्या चाहिए! रेत के महल का बस इतना ही तो

उपयोग होता है। रहना किसको है। सभी को असलियत का पता है कि ये सब तो बस बनाने के लिए ही बनाए जाते हैं।

सो इसी तरह खूब हल्ला चलता रहा रेत के महल का। राजा की योजनाओं की तारीफ़ तो साल भर ही चलती रहती है। इसकी भी चली।

फिर बोर होने लगा राजा। वही-वही बात। कब तक उसी रेत के महल का ज़िक्र। दरबारी इसी पल और मूड की फ़िराक़ में ही हैं। रेत का महल बनाने वाले ठेकेदार और बिचौलिए भी चक्कर लगा रहे हैं दरबार के कि हजूर लोग, तनिक राजा साहब से ऐसी ही किसी नयी योजना का चक्कर और चलवाइए न! नयी योजना बने। नये फंड। नया बजट। नयी पंगत। चार आप कमाएँ, चार हम। नये महल की ही योजना। वह भी रेत का ही सेंक्शन करा दें तो पुराने महल की रेत ही खोद-खाद के नये में लगा डालें। ऐसा करा सकें तो चार हम कमाएँगे, पर आपको पाँच देंगे। सच्ची! दरबारी सक्रिय हैं। केबिनेट मीटिंग के प्रस्ताव में घुसेड़वा देंगे नये रेत महल का प्रपोज़ल। बढ़िया जस्टीफिकेशन तैयार करने वाले दरबारी नौकरशाह हैं ही।

तो आपने अभी जो रेत का एक और महल बनाने की राजकीय घोषणा सुनी वह ठीक सुनी है। बजट मिलते ही काम चालू हो जाएगा।...हाँ भाई, रेत का ही फिर से बनेगा। यह तो हरदम की ही तय बात है। राजा जब भी बनवाता है रेत का ही बनवाता है। कभी चूने का बना भी हो तो वह भी अन्ततः रेत का ही निकलता है!

फैशन की चपेट के वे दिन

यदि मैं फैशन डिज़ाइनर होता, तो क्या करता?

बड़ा कठिन काम होता है इन लोगों का साहब। मैं तो इनकी प्रतिभा के समक्ष नतमस्तक रहता हूँ। रेशमी सलवार, कुर्ता जाली का—जैसी ऊटपटाँग बात रोज़ सोचना आसान काम नहीं है। आज कुर्ता जाली का, तो कल कुर्ता रेशम का करा जाए तो सलवार कौन-सी जँचेगी—हमारी तो नानी मर जाए यह सोच-सोच कर। वैसे तो उजबक-सी टी-शर्ट, टॉप, कुर्ती या पैंट सिल देना कोई कठिन कार्य नहीं (और दर्ज़ीगिरी सीखते हुए आदमी शुरुआत में ऐसी ऊटपटाँग चीज़ें सिलकर डाँट खाता ही रहता है), परन्तु उसी को यह सिद्ध करके चला देना कि ऐसा किसी बेवकूफ़ी या ग़लत सिलाई-तुरपाई से नहीं, वरन फैशन के तहत किया गया है, यह आर्ट है। जैसे कि ठग विद्या एक विद्या है और धोखा देना मनोवैज्ञानिक अध्ययन—वैसी ही प्रतिभा इस काम में भी लगती है।

हम भी एक ज़माने में इन फैशन डिज़ाइनरों के चक्कर में रहे हैं।

जवानी के दिनों में हम बड़े दिनों तक तंग मोहरी वाले पैंट में टाँगे फँसाए रहे। उन दिनों न जाने किस बेवकूफ ने यह अफवाह फैलाई थी कि पैंट की मोहरी जितनी तंग होगी, फैशन के रास्ते पर आदमी उतना ही सरपट दौड़ेगा। पैंट की मोहरी तब ऐसी तंग चली थी कि एक तो उसमें टाँगे डालना कठिन, और डाल बैठे तो बाद में निकालते टाइम तो चार लोगों को बुलवाकर रस्साकसी जैसा खिंचवाइए, तब शायद हो सके। हम तो इस खींचतान में गिरकर, या आसपास के फर्नीचर से टकराकर कई बार टाँग या मुँह तुड़वाते बचे। बाद के दिनों में तो हम आँगन में गद्दे बिछाकर खुले में खड़े होते और तब अपने भाइयों तथा नौकरों को खींचने को कहते कि गिरें भी तो गद्दे पर। इसमें बड़ा समय ख़राब होता। इसी चक्कर में, बाद में तो हम कई बार पैंट पहिनकर ही रात में सो जाया करते थे क्योंकि उतारने के लिए अलग से आधा-पौन घंटा कई बार नहीं होता था, या फिर दिन भर काम के बाद थके होने

पर इतनी ताक़त ही नहीं बचती थी कि आदमी पैंट उतारने की कसरत में लगे। तंग पैंट को उतारने के लिए मोहरी और टाँग के बीच उँगलियाँ डालने की जगह नहीं मिलती थी। पैंट, टखनों से इस तरह चिपकी होती थी कि जिसे पहिनकर कुछ देर आदमी घूम ले तो पंजे भी सुन्न होने लगते थे। उन दिनों, फैशन के रास्तों पर, सुन्न पंजे लिए हम भी खूब उचक-उचक कर चले।

यही चल रहा था। सुन्न पाँवों के साथ चलने की कला में हम निष्णात हो ही रहे थे कि अचानक चौड़े पाँयचे की पैंट का फैशन आ गया। इसे तब बैल-बॉटम कहा जाता था। पता नहीं कि किस शरारती दिमाग़ की उपज थी यह, पर यह तय है कि वह मज़ाकिया स्वभाव का व्यक्ति रहा होगा। बैल-बॉटम पहना हुआ आदमी, ऊपर की दिशा से ठीक-सा चलता हुआ, नीचे आकर अचानक ही चौड़ा हो जाता था। उसके जूते तथा पंजों के आसपास की ज़मीन ग़ायब-सी हो जाती और एक झालरनुमा चीज़ उसकी टाँगों से निकलकर आसपास के वातावरण पर कब्ज़ा जमा लेती। आदमी इसे पहनकर चलता तो पैंट का नीचे का लहँगेनुमा झालर ऐसी लथड़-पथड़ करती कि सड़क पर धूल उड़ती और आदमी ज़रा-सा चूक जाए, तो झालर में फँसकर स्वयं उसी धूल में मुँह के बल गिर सकता था। बैल बॉटम वाला पैंट धारण करना कोई बच्चों का खेल नहीं था। कल्पना यों करें कि कोई आपको टखनों से घुटनों के बीच एक घाघरा जैसा पहना दे—चलो तो वह लहराए और रुको तो आपकी टाँगों, पंजों आदि से परे वह धरती पर ये फैल जाए कि कीड़े-मकोड़े उस पर चढ़ने को मचल उठें। इसी कारण बैल बॉटम पहने हुए आदमी रुकते नहीं थे कि कहीं चींटी-वीटी चढ़कर घुस गयी तो इत्ते बड़े घेरे में उसे खोजना देश में आई एस आई एजेन्ट को खोजने जैसा कठिन कार्य हो जाएगा। 'चरैवेति-चरैवेति' वाली बात का मर्म मैं बैल बॉटम पहिनकर ही समझ पाया था।

इसी बीच किसी बदमाश फैशन डिज़ाइनर ने आदमियों को परेशान करने की नीयत से एक पैंट निकाली कि जिसे 'एलीफेन्टा' कहा गया। इसमें कमर से चलकर पाँयचों तक, पैंट उस सीमा तक चौड़ी होती थी कि जिसके बाहर निकलने पर पैंट अपनी पहिचान खो सकती थी। मान यों लें कि जैसे पैंट में पेटीकोट की आत्मा घुस गयी हो और चलते टाइम वो ऐसा हिलता भी था कि मानो इसकी आत्मा तड़प रही हो। दो पैंटों का कपड़ा एक पैंट में लग जाता। पहनो, तो इतना ढीला कि बार-बार नीचे देखकर तसल्ली करनी पड़ती कि जो कमर के बेल्ट पर टँगा था, वो अभी भी टँगा हुआ है अथवा नहीं? चलते समय टाँगे अजीब ढंग से स्वतन्त्र महसूस किया करतीं, जिनके चारों तरफ पैंट का विस्तार झंडे का फहराता चलता। टाँग को काफ़ी आगे ले जाओ, तब जाकर पैंट से टकराती और पीछे ले जाओ तो पैंट का बहुत

बड़ा-सा कपड़ा टाँग पर परदे-सा टँग जाता। इससे चाल में एक अनोखा चौकन्नापन तथा बेवजह चपलता आ जाती। हम पैंट को दिनभर सम्भालते घूमते। वस्तुतः हम इसे धोती-टाइप पकड़कर चलते। इस तरह के फैशनेबल पैंट में बेल्ट का जो महत्त्वपूर्ण स्थान रहा करता, उसे अलग से बताने की कोई आवश्यकता नहीं है। आप समझदार हैं। बेल्ट के सहारे ही तो 'ऐलीफेन्टा' का ठाठ खड़ा या लटका रहता था!

और बेल्ट? उसमें फ़ैशन का दख़ल?

बेल्ट की तो पूछिए ही मत।

हमने अपनी जवानी से लगाकर अपने लगभग आ चुके बुढ़ापे तक इतनी तरह के बेल्ट बाँधे हैं कि क्या कहें! फैशन डिज़ाइनर्स ने नाक में दम कर डाली हमारी। रस्सीनुमा एकदम पतले बेल्टों से लगाकर चपरास-टाइप चौड़े बेल्टों तक—हमारी कमर ने न जाने किन-किन से साक्षात्कार किया है। पैंट की चौड़ी बद्दियों में पड़ा पतला सा बेल्ट, पतली बद्दियों में से गुजरता पतला बेल्ट, फिर चौड़ी बद्दियों में इतना चौड़ा बेल्ट कि जिसके बनाने में एक पूरी भेड़ का (वो भी बड़ी साइज की भेड़ का) चमड़ा लग जाता होगा, छोटे बक्कल वाली बेल्ट और इतने बड़े बक्कल की बेल्ट भी कि मानो कमर पर ढाल या फिर मेनहोल का ढक्कन बाँधकर घूम रहे हों—हमने फ़ैशनेबुल बेल्ट बाँधने के चक्कर में क्या-क्या खटकरम किए हैं, यह हमारा हृदय या फिर हमारी कमर ही जानती है। वैसे, बीच में फ़ैशनजगत में बिना बेल्ट वाले दिन भी आए थे कि जब कुछ अर्से के लिए पैंट की अपनी स्वतन्त्र सत्ता स्थापित हुई थी। परन्तु यह सत्ता कभी स्थिर नहीं रही। ये पैंट हमेशा ही निबकने को तत्पर रहते। कमर, ज़िप, हुक तथा बटनों की कमज़ोर आन्तरिक शक्ति पर टिका बेल्टहीन पैंट आदमी को निरन्तर भयाकुल तथा असुरक्षित बनाए रखता। आदमी ऐसी पैंट पहिनकर तो निकलता, परन्तु सदैव सड़क के किनारे, आड़ वाली जगहों से गुजरता ताकि ऐन मौक़े पर अपनी आन बान शान की रक्षा करने हेतु उचित आड़ ले सके।

पैंट को तो फैशन वाले ऐसे पकड़कर बैठ गये थे कि चलना कठिन था।

पैंट के आगे की प्लेट्स या चुन्नटों पर तो नित्य राय बदल जाती। सेंसेक्स की तरह रोज़ पता करो कि आज क्या चल रहा है? आदमी पैंट हाथ में लटकाए परेशान खड़ा रहता कि अभी पहना जाए अथवा नयी प्लीट डलवाने के बाद में? कितनी प्लीट्स पड़ी हो कि फैशन की दुनिया आपकी पैंट को पैंट माने, चड्डी नहीं? प्लीट्स डलवाने या निकलवाने में दिन निकल रहे थे। हम नित्य ही 'लतीफ टेलर्स'

की दुकान पर खड़े हो जाते। वे लानतें भेजने के स्वर में दरयाफ़्त करते कि मियाँ, अब क्या ठान कर आए हो, सो बयान करो! हम बताते कि यदि एक प्लीट और डाल देते, तो...। वे हँसते। लतीफ मियाँ कहते कि उतारकर दीजिए और कोने में तौलिया बाँधकर खड़े हो जाइए। दिन के एकाध घंटे हमारा तौलिया बाँधे, यों ही कोने में खड़े गुज़रता। लतीफ मियाँ ने एक बार तो यह तक कहा कि हमारा मन तो करता है कि एक डोरी में चुन्नटें पिरोकर तुम्हारी पैंट की कमर पर बाँध दे–खेंच दो तो चुन्नटें और ढीली कर दो, तो सपाट। एकदम परदा टाइप बाँध दें सामने। तब तो ख़ैर हम तैयार नहीं हुए, परन्तु रोहित बल जैसे आधुनिक फैशन डिज़ाइनर कभी लतीफ मियाँ की बताई चीज़ जैसी कोई डिज़ाइन लेकर रैम्प पर कभी किसी को उतार दें तो आज कोई न तो आश्चर्यचकित हो, न ही शर्मिन्दा—गर्व महसूस कर बैठे तो भी बड़ी बात नहीं।

पैंट की जेब को लेकर भी कम खटकरम नहीं हुए हैं।

इकतरफा, तिरछी, दुतरफा, ढक्कनदार, ज़िपशुदा, बटन लगी, गहरी, उथली, नकली, छोटी, बड़ी, पोशीदा—न जाने किस किस मायने की जेबें। पहिनने वाले से लेकर जेबकतरों तक, सबके लिए चुनौतियाँ प्रस्तुत करतीं जेबें। पहिनने वाला भूल जाता कि पर्स जिस जेब में धरा था, उस जेब को दर्ज़ी ने किस तरफ तथा किस तरह का बनाया था और उस तक जाया किस विधि से जाता है। जेबकतरों की परेशानियों की तो कहें क्या! पैंट में जिस जगह जेब के भ्रम में जेब काटी थी, वहाँ से हाथ डालने पर आदमी की टाँग के बाल ही पकड़ में आए और वो पट्ठा बुरा मान बैठा कि तुम जेब काटने के फेर में हमें बालतोड़ करा दोगे क्या? क्या बाद में तुम्हारे बाप आकर उस पर पुल्टिस बाँधेंगे? चार-चार, आठ-आठ जेबों वाले पैंट आने पर जेबकतरों पर यह मानसिक दबाव पड़ने लगा कि पता नहीं कि आदमी ने नोट कौन-सी जेब में धरे होंगे? कौन-सी काटें? मान लो कि पहली जेब से शुरू करें और माल वास्तव में छठवीं में जाकर धरा हो, तब? क्या वो एक के बाद एक खचाखच काटता चला जाए? तब तो माल मिलने तक पैंट चिन्दी-चिन्दी हो चुका होगा और जेब कटने के बाद आदमी वास्तव में नंगा हो जाएगा। इतनी मुसीबत में भी, यह सब सोचकर ही जेबकतरा मुस्कराने लगता। और पहनो ऐसे कपड़े स्सालो! एक बार तो हमारी छठवीं जेब काटने पर भी जब जेबकतरे को कुछ नहीं मिला तो बुरा मानकर 'कारण बताओ नोटिस' सा देता हुआ वह बोला कि नालायक, तुम लोगों ने क्या मज़ाक बना रखा है? जेबकतरों को एकदम ही फालतूफंड का आदमी

मान लिया है क्या? बड़ी मुश्किल से मनाया उसे। हम उसका दर्द समझ रहे थे। किसी को भी होता। परन्तु हम भी क्या करते? हमारे सारे पैसे तो इसी तरह की फैशन की चपेट में आकर फुँक चुके थे। एक मित्र से उधार माँगकर दस रुपये दिये उसे। वह कहता रहा कि भाईसाहब, पन्द्रह रुपये के तो ब्लेड ही ख़राब करवा डाले आपने!

और शर्ट!

पूछना आपका जायज़ है। पैंट में इत्ता चला तो शर्ट में भी तो फैशन चला ही होगा। ठीक कहते हैं। चला। परन्तु मूल तौर पर डिज़ाइनरों ने बस शर्ट के कॉलरों पर ध्यान दिया। फैशन ने आदमी को कॉलर से पकड़ रखा है। चौड़े कॉलर वाला वो दौर भूले नहीं भूलता कि जब कमल के पत्तों के समान फैले बड़े-बड़े कॉलरों के बीच से हमारी गर्दन तथा दुबला-सा चेहरा किसी मुरझाये फूल-सा उगा रहता था। बाद में लम्बे कॉलरों का फैशन चला। कुत्तों के कान जैसी रचनाएँ मेरे आदमीनुमा चेहरे के बगल से निकली रहतीं। चलूँ तो फड़फड़ातीं। कुत्ते तक भ्रम में पलट-पलट कर देखते तथा भौंकें या न भौंकें—यही सोच-सोच कर परेशान होते। एक ज़माने में तो इत्ते लम्बे चौड़े कॉलरों का फैशन श्री देव आनन्दजी ने शुरू करा दिया था कि हमारी कमर तक कॉलर ही कॉलर लटकते। एकाध बार पिताजी ने पीटने के उद्देश्य से कॉलर पकड़ा तो पेट पकड़ में आ गया और हम पिटने के बाद भी हँसते रहे। बाद में गोल कॉलर, छोटे कॉलर, नुकीले कॉलर तथा बिना कॉलर की शर्टों के ज़माने भी हमने देखे। शर्ट पर लगने वाले बटनों पर भी फैशन मेहरबान हुआ। छोटे बटन, चिटपिटिया वाले बटन से चलकर एक ज़माने में हम इतने बड़े बटनों तक भी पहुँचे कि जिनके लिए इतने बड़े-चौड़े काज बनते, मानो किसी ने चक्कू मार दिया हो। फिर, इन्हें बन्द करने में इतना अध्ययवसाय लगता कि एक बार आदमी इन्हें बन्द कर दे तो खोलने की हिम्मत नहीं करता था। बड़े बटन वाले फैशनेबुल लोग दिन भर पसीने-पसीने घूमते, परन्तु बटन न खोलते। बटन पकड़ में ही न आते। कई बार दो हाथों में पहिए टाइप पकड़कर घुमाना पड़ता। ढीले हो जाएँ तो डर लगा रहता कि कहीं टूट-टाट कर पाँवों पर गिर-गिरा गये तो वहाँ नील पड़ जाएगा। बीच में गोल की जगह चौखुट्टे बटनों का फैशन चला था। फिर गोल बटन, लोहे के बटन, चाँदी के बटन, बहुत छोटे बटन, और काज के स्थान पर फन्देनुमा हुक कि जिनमें बटन फँसाए जाएँ। ऐसी शर्टें भी निकलीं, जिनमें हर जगह बटन टँके थे। पूरी शर्ट में, जहाँ जगह निकली, वहीं बटन—कॉलरों पर, जेबों पर, पीछे, आगे और अन्दर तक; मानो कि बाप ने बटनों की फैक्टरी डाल रखी हो, या कि कहीं से चोरी-चकारी में आदमी के हाथों इतने बटन लग गये हों कि उसे समझ

न आ रहा तो कि इन्हें कहाँ कहाँ टाँक ले! लम्बी और ब्लाउज जैसी छोटी शर्टों का दौर तो चला ही।

मित्रो, कम बताया, बहुत समझना।

बताया इसीलिए कि कुर्ते वाली हमारी फोटो देखकर भ्रम में न रहा जाए। फैशन के एक दौर से हम भी गुज़रे हैं, यह सनद रहे। फैशन की चपेट हर युग में अपनी तरह से आदमी को पकड़ती है। हमें भी कभी पकड़ा था।

अवतार का डर

बाबाजी उस दिन अपने प्रवचन में धिक्कार रहे थे कि दुनिया में पाप बहुत बढ़ गया है। ज्ञानी आदमी हैं, ठीक ही कह रहे होंगे। वैसे धार्मिक होने के कारण पाप का उन्हें उस तरह से 'फर्स्ट-हैंड' ज्ञान शायद न हो। वे ठहरे पुण्य विशेषज्ञ। पर कह रहे हैं तो पता होगा ही।...और टीवी पर इधर एक महात्मा उस दिन बता रहे थे कि जब-जब धरती पर पाप बढ़ जाता है तो इस धरा पर ईश्वर अवतार लेता है तथा पापियों का नाश करता है।...दोनों ही बातें यदि सही हैं तो मेरी दुविधा तीसरी है।

मैं आजकल परेशान हूँ। मुझे लगता है कि ईश्वर अवश्य ही अवतार ले चुका है और मुझे ठीक से पता नहीं है कि उसने कहाँ अवतार लिया है, वह कैसा दिखता हैं तथा किस तारीख से पापियों को दंड देने का अपना प्लान चालू करने वाला है? आप कहेंगे कि कैसे इतने पक्के से कहते हो कि ईश्वर अवतार ले चुका है?...वह इसीलिए कि ज्ञानियों की कौन कहे, स्वयं मुझे ही लगता है कि दुनिया में पाप बहुत बढ़ चुका है। मैं ख़ुद ही बीसों पाप रोज़ करता रहता हूँ, फिर भी मन नहीं भरता। रोज़ पाप करने का मन करता है। आप बताएँगे नहीं पर आप भी करते ही होंगे। परेशानी यह है कि पाप करने में मज़ा बहुत आता है। आदमी करता ही है। फिर कई बातें जो पहले पाप की लिस्ट में शामिल थीं, वे आजकल मैनेजमेंट स्किल और विकास के नाम पर सब तरफ आदरणीय हो गयी हैं। सो पाप तो खूब बढ़ा है। इस हिसाब से अब तक ईश्वर का अवतार हो जाना चाहिए था गो कि यह साफ़ नहीं है कि एक्ज़ैक्ट्ली कितना पाप बढ़ने पर वह अवतार होता है? कहीं लिखा नहीं है। ज्ञानी से पूछा तो वो यही कहने लगा कि जब ख़ूब बढ़ जाता है, तब। तो हो सकता है कि अभी पाप की नपती चल रही हो और फाइनल रिपार्ट ईश्वर के समक्ष पेश न की गयी हो। रिपोर्ट मिले, तदनुसार अवतार ले वह। देखिए, न लिया हो तब तो ठीक है परन्तु मेरा डर यह है कि मान लो कि उसने ले ही लिया हो तो उसे पहिचानोगे कैसे? हमारे मन में तो ईश्वर की छवि वही कैलेंडर, कल्याण तथा फ़िल्मों में देखे भगवान की है जो मुकुट लगाए, लम्बे बालों को पीछे की तरफ काढ़े हुए, कर्ण कुंडल,

बाजूबन्द, मणिमुक्ताओं के हार इत्यादि धारण करके ही काम पर निकला करता है। वैसा कोई शख़्स तो सड़क पर मुझे दिखा नहीं है। कहीं इस बार पापियों का नाश करने के लिए किसी और धज में तो नहीं आ चुका अवतार?...फिर?

मेरा पक्का विश्वास है कि भगवान अवतार तो ले चुके हैं। यह ज़रूर है कि हम ही उन्हें पहिचान नहीं पा रहे। यह बड़ी डराने वाली स्थिति है। इसी चक्कर में मुझे तो आजकल पाप करते हुए घबराहट लगती है कि पाप का नाश करने की मुहिम पर निकला अवतार कहीं से अचानक निकल ही न पड़े और लगाए गालों पर करारा रहपट कि क्यों रे शठ, पाप कर्मों से तेरा मन नहीं भरा? खटका-सा लगा रहता है आजकल। हर वह शख़्स जो मुझे घूरकर देख रहा हो या पीछे आता दिखे—मुझे अवतार टाइप लगता है। वैसे मैं स्वयं को समझाता भी हूँ? तेरे से बड़े पापी पड़े हैं यार! बल्कि तू तो स्साले कुछ भी नहीं। छोटे-मोटे पाप करके ही अवतार की प्रतीक्षा कर रहा है? हद है तेरी तो! ठीक से पाप करना भी तो आया नहीं तुझे और अवतार से अपॉयन्टमेंट माँग रहा है? अवतार पहले बड़े पापियों से निबटेगा कि तुझसे?...पर खटका तो लगा रहता है भाईसा'ब। बड़े पापी तो मुझे ख़ासे मज़े में और आश्वस्त-से दिखते हैं। कहीं पॉलिसी तो नहीं बदल चुकी? ऐसा तो नहीं कि अवतार, पहले हिसाब साफ़ करने के लिए छोटे पापियों का संहार करे और छोटे पापियों से निबटता हुआ फिर असली पापियों तक पहुँचे? एक ज्ञानी महात्मा उस दिन बता भी रहे थे कि ईश्वर के मन में क्या है, यह आज तक कोई समझ नहीं पाया है। तो डर के तो रहना ही पड़ता है। यह लाज़िमी भी है।

यह धुक-धुक अलग लगी रहती है कि पापियों का नाश करने के लिए अवतार कौन-सा तरीका अपनाएगा? क्या समस्त पापियों का एक जगह एकत्रित करके चक्र वग़ैरह चला देंगे? मार ही देंगे या थप्पड़ वग़ैरह जड़कर, गारियाकर, मात्र वॉर्निंग देकर छोड़ देंगे कि आज तो छोड़ दे रहे हैं परन्तु याद रहे तुम लोगों के पापकर्मों पर मेरी नज़र रहेगी; पाप करना बन्द न किया तो वापस अवतार लेकर फिर आऊँगा और एक-एक की हड्डी-पसली बराबर करूँगा। हमारे इलाके के अवतारी पुरुष अर्थात् कलक्टर साहब आदि तो पापियों पर छापे मारकर, जुआरियों, सटोरियों तथा जमाखोरों आदि को इसी तरह चेतावनी देकर जाने देते हैं कि अगली बार ऐसा करते पाया तो कानून अपना काम करेगा और तुम्हारी ऐसी-तैसी हो जाएगी। पापी भी कहते हैं कि तब की तब देखी जाएगी। कहीं ऐसा ही हुआ तो आदमी तो वापस पाप में लग जाएगा। मैं भी इसी जुगाड़ में हूँ कि अभी के अवतार की पोस्टिंग का समय कैसे तो भी निकल जाए, बस। देखो, क्या होता है?

मैंने इस दुविधा का ज़िक्र अपने एक मित्र से किया जो ठाठ से पाप करता रहता है और ईश्वर को मात्र अफवाह मानता है। वह हँसने लगा। कहने लगा कि तेरा

भगवान जल्दी अवतार क्यों नहीं लेता? पाप बढ़ने ही क्यों देता है? सारे पापियों को एक झटके में ख़त्म करके बार-बार अवतार लेने के झंझट से मुक्त क्यों नहीं हो लेता? यदि ईश्वर को पाप से ऐसी ही चिढ़ है तो वह पाप की यह व्यवस्था ख़त्म ही क्यों नहीं कर देता? आदमी पर क्यों छोड़ देता है जबकि आदमी को उसी ने बनाया है और उसके सारे 'मेन्यूफेक्चरिंग डिफेक्ट्स' ईश्वर को ख़ूब पता हैं—जानता है कि इसे ज़रा-सा भी मौक़ा मिला तो यह पाप करने से बाज नहीं आएगा।...मेरे मित्र ने मेरी पीठ पर प्यार भरी धौल जमाते हुए कहा कि भैया, इस तरह से देखो तो भगवान स्वयं चाहता है कि हम पाप करें।...सो प्यारे पाप कर ताकि ईश्वर को अवतार लेने का मौक़ा मिले। उसे मौक़ा न देकर तू पाप कर रहा है।

सो दुविधा तो है। करूँ कि न करूँ? ईश्वर अवतार ले चुका है या अभी इसके लिए तैयार हो रहा है?...इसीलिए इसी बीच जिन्होंने अचानक ही मुझे पाप कर्मों से विरक्त पाया हो, वे आश्चर्यचकित न हों। एक बार अवतार का ठीक-ठाक से पता कर लूँ, फिर वापस आता हूँ न!

बिफर गया हो तब भी...

ऑटो चलाते हुए जब उसने चौथी बार ग़लत गियर लगाया, दूसरी बार एक कुत्ते को चलते ऑटो से ही, बगल से टाँग निकालकर लतियाने की असफल कोशिश की, आवेरटेक करने वाली कारों को हवा में गालियाँ दीं और सड़क के गड्ढों के लिए पाँचवीं बार नगरपालिका के चेरयमेन को चार लातें मारने का संकल्प प्रकट किया—तब मैंने धीरे-से पूछ ही लिया कि बहुत नाराज़ लग रहे हो मित्र।

जब मैं इस ऑटो में बैठा, तब उसकी अभी-अभी उतरे ग्राहक से बहस चल रही थी। ग्राहक सत्तर दे रहा था और इसके हिसाब से नब्बे से एक धेला कम नहीं बनते थे। फिर भी वह फालतू बहस को और फालतू ही न बढ़ाने के लिए अस्सी रुपये पर आ गया था परन्तु ग्राहक सत्तर से एक धेला और देने को राज़ी नहीं हुआ।...''जो बन सके, कर ले...ये धर सत्तर और निकल ले...।'' ग्राहक यह कहकर उस होटल में अपने बेटे के साथ घुस गया जहाँ वह ठहरा था शायद। उसने दस रुपये और नहीं ही दिये।

ऑटो उसी तरह दौड़ाता हुआ वह अपने गुस्से का खुलासा करने लगा।

''साहब, ग़रीब के दस रुपये मारकर उसको क्या मिल गया?'' ड्राईवर को पता है कि बैठने से पहले मैंने वह बहस सुनी थी।

''उसने हमारा कित्ता टाइम खोटी किया, बताएँ?...पहले तो स्साला ऑटो लेते टाइम बोला कि बैरागढ़ चले चलो और वहाँ एक जगह दस मिनट का काम करके हमें वापस यहीं छोड़ देना।...हमने भी सोचा कि चलो, आने-जाने की सवारी मिल रही है, सो कन्सेशन लगा के साठ बोल दिया। कई हरामी ऑटो वाले मीटर डाल के यहाँ-वहाँ से घुमा के ले जाते और बना देते पचास एक तरफ के। और तब ये साहब हँस के दे देते। मीटर में छपा पढ़ते और ठगा कर भी खुद को हुशियार मानते।...इधर हम ईमानदारी से शॉर्टकट से ले गये कि यार कौन तो अष्टमी के दिन बेईमानी करे सो साठ पे मान गये थे।...'' वह बताता रहा।

''पर उसने तो साठ के सत्तर दे दिये न यार?''...मैंने कहा।

इसी बीच एक साइकिल सवार की माँ तथा एक पैदल व्यक्ति की बहन के विषय में नितान्त आत्मीय तथा गोपनीय विचार प्रकट करके वह एक हाथठेले वाले को आँखें दिखा चुका था।

"सुनिए तो मालिक...। ये स्साला बैगराढ़ जाकर जो घुसा तो वहीं अन्दर बैठ गया। उस सिन्धी को हम भी पेचानते हैं। पूरे भोपाल में बदनाम है स्साला। चोरी का सोना गलाता है। और ये स्साला उसी के कने घुस गया साँकल मार के। काहे के दस मिनट। पौन घंटा बाद तो हम खटखटाए कि निकल भैया, इत्ती देर तक रोके रहोगे तो इत्ते में तो हम सौ कमा लेते।...किराए का ऑटो लेते हैं सरकार। मियाँ का ऑटो है मालिक। नब्बे रुपये रोज़ तो मियाँ के। मान लो एक सौ बीस का पेट्रोल।...वाइफ के हाथ में सौ धरने पड़ते हैं तभी घर में घुसने देती है।...तो ऐसे में दस मिनट की कह के गाहक घंटे भर उल्लू बनाए तो हम क्या तो कमाएँगे और क्या किसी को देंगे? है कि नहीं? येई हमने कही।...तो कहता है कि चलते हैं, चलते हैं।...और फिर बीस मिनट और लगा दिए...हमें तो आग लग गयी। मन तो किया कि छोड़ें किराया और निकल लें। शाम का गाहकी वाला टाइम।...फिर निकला। पूरा डेढ़ घंटा लगा के।...बाप बेटा दोनों स्साले ऐसे ख़ुश कि...। साथ में वो नौजवान लौंडा था न? वही। स्साले चोरी का गोल्ड बेच बाँच के निकले होंगे। बाप ने तो आँख मारकर उसे कुछ इशारा भी किया था। बताइए। क्या ज़माना आ गया है। बाप बेटे को आँख मार रहा है।...पर हम भी छोड़ने वाले नहीं। अभी आपको छोड़ के लौटे कि सीधे शर्मा इंस्पेक्टर को जाकर बताते हैं कि आप तो होटल सूर्या के चौंतीस नम्बर पे मारो छापा। पेचान है अपनी भी पुलिस में। पुराना होमगार्डी कनेक्शन है पुलिस से अपना। इसकी मइयो न कराई तो देखिएगा।...ऐसे थोड़ेई होता है साहब।...और हाँ मालिक। लौटते में बीच में जो अपना वो आयुष अस्पताल पड़ता है न, वहाँ भी रुकवाया। कहता है कि पैसे देंगे न रोकने के। वहाँ भी आधा घंटा। कहता था कि कल इसी बेटे को आपरेशन को भर्ती करना है।...और इत्ते के बाद पैसे माँगे तो वो कल का लौंडा कह रहा है कि पापा तुम घटिया लोगों के मूँ क्यों लग रहे हो?..."

मेरा घर पास आ रहा है। मैंने समझाया कि छोड़ो, यह तो धन्धे में लगा ही रहता है।

"साहब, वो तो ख़ैर भगवान देखता है। उसने दस का झक्कू दिया तो भगवान ने तुरन्त आपकी सौ रुपये की सवारी भेज दी कि नईं? पर मालिक, ग़रीब आदमी के पिछवाड़े भी लात मारो और पेट पे भी तो यह तो ठीक नहीं न?...और हम तो साहब मैहर की माँ शारदा के भक्त। एक मियाँ से तन्त्र-मन्त्र भी सीख रखा है। किसी के दरवाज़े पर मन्त्र का डोरा बाँध आऊँ तो एक साल में पूरा खानदान ही साफ़ हो जाए। सच्ची।...स्साला रास्ते में लौंडे के आपरेशन की कह रहा था न। माँ शारदा का

नाम लेकर फूँक मार के आऊँगा अस्पताल में। स्साले का बेटा वहीं आपरेशन में मर जाएगा। सच्ची। ग़रीब की हाय और शारदा मैया के भक्त का कोप...।

मैं चुपचाप ही रहा फिर। बिफरे हुए ग़रीब को सुनना ज़रूरी था। फिर वह भी चुप हो गया। आगे रास्ते में भी उसने किसी को गरियाया-लतियाया नहीं। शायद भड़ास निकल गयी, तो शान्त हो गया।

उतरकर मैंने सौ रुपये दिये।

रुपये लेकर वह कहने लगा, ''गुस्से में ग़लत बात निकल गयी साहब, मूँ से। अभी हम सोचते रहे। अरे, दस रुपये में हम कौन-से अमीर हो जाते। पर गुस्से में हमने सोचा नहीं और फाल्तू ही उसके बेटे के लिए बद्दुआएँ निकाल दीं। भगवान करे कि उसका बेटा सौ साल जिए साहब।...बच्चे तो सबके साझे होते हैं मालिक। पर क्या करें! गुस्से में मूँ से निकल गया। और शारदा मैया हमारी सुनती भी हैं, सो और चिन्ता हो गयी है।...अभी लौटते में अस्पताल की तरफ से राउंड काटना पड़ेगा। वहीं फूँक मारेंगे और मैया से हाथ जोड़ेंगे कि इस मूरख भगत की पहली कही बात पे ध्यान न देना और बच्चे का आपरेशन सही करा देना माँ...।''

वह ऑटो लेकर वापस जा रहा है। जाते में उसने ऑटो लगभग रोक ही दिया। एक कुत्ता सड़क पार कर रहा है। पार कर गया वह तब जाकर निकला है वो।

देश की माटी

वे बोले, ''हमें देश की माटी का कर्ज़ चुकाना है।''

मैंने कहा, ''छब्बीस जनवरी आ गयी क्या?''

वे बोले, ''देश की माटी क़ुर्बानी माँग रही है...''

मैंने कहा, ''यार तुम किसी और को ये बातें सुनाओ। हम इन बातों का असली खेल जानते हैं।''

वे बोले, ''तुम्हारे बातों से देशद्रोह की बू आती है।''

मैंने कहा ''...और तुम्हारे मुँह से दारू की।''

वे बोले, ''पर यह देसी दारू की है, यह तुमने भी नोट किया कि नहीं? यह होती है देशभक्ति!''

फिर उन्होंने पूछा, ''दारू पीकर देश की माटी की बात चलने पर यह कैसे जान लिया कि चक्कर छब्बीस जनवरी का है?''

मैंने कहा, ''क्योंकि इस देश में अब गणतन्त्र दिवस पर ही समझदारों को ऐसा मज़बूर होता देखा गया है कि बेचारों को 'देश की माटी' जैसे ऊटपटाँग बातें बोलनी पड़ती हैं।''

वे बोले, ''यार तुम स्वयं नशा तोड़ने वाली ऊटपटाँग बातें कर रहे हो। हम चलते हैं। किसी और को पकड़कर देश की माटी की चर्चा करते हैं। आज दिन भर यही करना है। छब्बीस जनवरी के दिन का साला यही तो पचड़ा है! अभी स्कूली बच्चों को बताकर आए हैं और अब ़चौक पर सभा में बताने जा रहे हैं कि देश की मिट्टी का क्या, कैसे करना है! हमने सोचा बीच में तुम खड़े मिल गये हो, तो तुम्हारे साथ थोड़ी प्रेक्टिस कर लेते क्योंकि देश की मिट्टी की बात करते-करते कभी-कभी मुँह से देश की दारू की बात निकल आती है। पर तुमको बदमाशी सूझ रही है। हम चलते हैं। पर चेताए देते हैं कि छब्बीस जनवरी पर बदमाशी ठीक नहीं। इस दिन को तो छोड़ो। बाकी साल भर बदमाशी करते रहो, जैसी कि हम करते हैं। पर आज का दिन देश की माटी की बात करने में ही गुज़ारो।...''

और वे चले गये।

मैं देश की माटी के विषय में चिन्तन में लग लिया।

देश में मिट्टी ख़ूब है। जब खोदना हो, तब इसे मिट्टी कहते हैं और जब प्रणाम करने या माथे पर लगाने का कर्मकांड करना पड़े, तब इसे 'देश की माटी' कहकर पुकारने का चलन चला आता है। सो देश में ख़ूब मिट्टी है। धूल उड़ती ही रहती है। मिट्टी में सने रहते हैं देशवासी। फेफड़ों में भरती रहती है देश की माटी। अभी-अभी मुरम का हिचकोले खाता वह ट्रक देश की माटी को देश के सपूतों के मुँह पर उड़ाता हुआ सड़क से गुज़रा है। मिट्टी यों ही माथे पर लग गयी। बैठे-बिठाये देशवासी धन्य हो गया। आँखों में भर गयी हैं देश की माटी। किर-किर कर रही हैं आँखें। बालों में भर गयी है देश की माटी। मिट्टी पलीद हो रही है देशवासियों की। मिट्टी की भी। मिट्टी के साथ प्राय: यह होते देखा गया है कि वह पलीद होती रहती है। स्वयं देश की मिट्टी पलीद होती रहती है। करने वाले करते रहते हैं। इस देश में मिट्टी को माथे पर मलकर देश के लिए शहीद होने वाले लोग भी हैं और इसकी मिट्टी पलीद करने वाले भी। कई बार पलीद करने वाले ही शहीदों की लिस्ट में भी शामिल हो जाते हैं और शहीद होने वालों की मिट्टी पलीद होती रहती है। फिर ऐसे लोग भी हैं कि जो माथे पर माटी पोतकर देश की मिट्टी पलीद कर रहे हैं। बड़ा कन्फ्यूजन मचा है। आदमी वोट की पेटी तक जाते-जाते समझ नहीं पाता कि सही माटी किसकी है?

देश की मिट्टी सोना उगलती है, जो न जाने कहाँ चला जाता है! देशवासियों को तो यह सोना मिलता नहीं। उन्हें स्मगलिंग वाला ख़रीदना पड़ता है। यहाँ का शायद स्विस बैंकों में जमा हो जाता है। देश की मिट्टी को लेकर कविगण बताते रहते हैं कि इस मिट्टी में खर-पतवार, कीड़े-मकोड़े, साँप-बिच्छू, चींटे इत्यादि की रूटीन पैदावार के अतिरिक्त जो चीज़ कसरत से पैदा होती है, वह है सोना, हीरे, मोती। कवि गा-गाकर बनाते रहते हैं कि मेरे देश की मिट्टी सोना उगले, उगले हीरा मोती। पर हमने तो जब भी खोदी है, तो उसके नीचे से भी मिट्टी ही निकली है, या कभी कोई हड्डी-वड्डी का कोई टुकड़ा। पर छब्बीस जनवरी को विशेषतौर पर यह कहा जाता है कि देश की मिट्टी ने बड़े हीरे-मोती पैदा किए हैं। करती होगी। स्वयं मेरे भृत्य का नाम हीरालाल है और मेरे पैतृक गाँव में मोती सिंह नामक डाकू तो ऐसा हुआ था कि जिसने देश की माटी से निकले सोने को लूटने में ही अपना जीवन अर्पित कर दिया था। फिर सोना, चाँदी के अलावा देश की माटी जो चीज़ बहुतायत से उगलती है, वह है पटवारी, तहसीलदार, कानूनगो, गिरदावर, चकबन्दी अफसर, बन्दोबस्त अधिकारी, नगरपालिका पार्षद तथा ऐसे ही देश की माटी पर नज़र रखने वाले माटी मिले लोग। देश की माटी इनसे घबराती है। ये उसका हाथ किसी भी कमीने के हाथ में दे सकते हैं। ये किसी के भी नाम, देश की कोई भी माटी—खेत-ज़मीन अपने उम

काग़ज़ों में चढ़ा सकते हैं, जिनमें देश की सारी माटी क़ैद है। देश की माटी इनके लिए एक खसरा नम्बर मात्र है, देश की ज़मीन एक ऋण-पुस्तिका है और हिन्दुस्तान का नक्शा वास्तव में एक बड़ा-सा मास्टर-प्लान है कि जिसमें बहुत से छोटे-छोटे प्लॉट काटकर अनाप-शनाप पैसा पीटा जा सकता है।...इनके अलावा देश की माटी में सपूत पैदा होते रहते हैं, जो कपूतों के हाथों पिटा करते हैं। सपूतों की फ़सल, न जाने क्यों, बड़ी कमज़ोर निकल रही है आजकल। सपूतों के बौने क़द तथा मुरझाये-से गात देखकर कभी कभ्झी अपनी माटी पर सन्देह होता है, तो कभी अपनी खाद-पानी पर। कपूतों की खर-पतवार ने सारे खेत पर ही कब्ज़ा कर लिया है जो सपूतों की फ़सल को खा रही है।

मैं यही सब सोचता जा रहा था कि वे फिर मिल गये। बड़े प्रसन्न। बोले कि आज तो साहब, 'देश की माटी का कर्ज़ चुकाना है' वाला टोटका ऐसा चला कि ख़ूब तालियाँ पिटीं और पब्लिक जय-जयकार पर उतारू हो उठी। वे आगे बोले "यार, यही चक्कर वोट के टाइम तक चलता रहे तो अपन को स्साला इस देश की माटी से और क्या चाहिए?"

मैंने कहा, "आपने बोला क्या?"

वे बोले, "हमने यही कहा कि हम सभी पर इस देश की माटी का कर्ज़ है और अब समय आ गया है कि हमें इसे चुकाना है...।"

मैंने कहा, "फिर?"

वे बोले, "फिर क्या! कौन-सा हम बैंक के कर्ज़े की बात कर रहे थे कि आदमी पलट जाए। सभी ने कहा कि हाँ भैया, चुकाना ही है। वे स्साले भी जानते हैं कि छब्बीस जनवरी के दिन ऐसे कर्ज़े की बात सालों से उठ रही है और हर सत्ताइस जनवरी को यह भुला दी जाती है।...सभी तालियाँ मारने लगे।"

मैंने कहा, "मान लो कि कोई कभी आपके पास आ ही जाए कि हाँ जनाब, हम चुकाना चाहते हैं बताइए कि कहाँ तथा कैसे चुकाएँ? तब?..."

वे बोले, "यार हमें क्या पता? तुम बेकार के प्रश्न उठाकर परेशान करने की कोशिश करते रहते हो। देखो मित्र, देश के नागरिक के पास ऐसे फ़ालतू प्रश्न पूछने का टाइम नहीं है। न ही वह चाहता है कि हम भी रोज़-रोज़ ये बेवकूफी की बातें करें। सो वे तालियाँ मार देते हैं कि ठीक है यार, ख़त्म करो। वे जानते हैं कि छब्बीस ज़नवरी है और हम यों ही कह रहे हैं। सुन लेता है देश का नागरिक, यही क्या कम है? सही में कर्ज़ा चुकाने की बात आएगी, तो पहले तो वह कोर्ट के पेपर माँगेगा या कहेगा कि हम वकील से बात करेंगे। इस देश में कर्ज़ा वसूलना क्या ऐसा सरल

काम माने हो? [illegible] तो नागरिक यही कहेगा कि यार, दिया क्यों था? क्या हम गये थे माटी के पास कि कर्ज़ा दो? दिखाओ हमारी अप्लीकेशन? फिर इस देश की माटी की यही बात तो हमें भी ठीक नहीं लगती कि कर्ज़ा देती जाती है और हिसाब धरती नहीं—बाद में रोती है कि लोग माटी का कर्ज़ा नहीं चुकाते।''

मैंने कहा, ''माँ कभी ऐसे हिसाब रखती ही नहीं जनाब...पर यह बात आप नहीं समझेंगे।''

वे बोले, ''क्यों नहीं समझेंगे?''

मैं उनको क्या कहूँ? इस देश में परम्परा रही है देश की माटी का कर्ज़ा मानने की और जान न्योछावर करके उसे चुकाने की। परन्तु बैंकों से झूठे कर्ज़ लेकर उन्हें दबा जाने की ऐसी आदत इधर के वर्षों में देश में पनपी है कि यदि कोई वास्तव में भी माटी का कर्ज़ चुकाने की बात चलाए, तो अब ये बुरा मान जाते हैं। कहते हैं कि हमने तो हमेशा ही चुकाया है। बाप के ज़माने से चुकाते चले आ रहे हैं। बल्कि ग्रैंडफादर के टाइम से। वे अँग्रेजों के ज़माने में दो दिन को जेल गये थे। पिताजी ने रक्षाकोष में पचास रुपये दिये थे, जिसकी रसीद अभी भी कहीं पड़ी होंगी। और क्या कर्ज़ा चुकाएँ यार? दस-पचास और बनते हों, तो बताइए, हम दें देंगे, पर यह न कहिए कि मिट्टी का कर्ज़ अदा नहीं किया। किया, और हमने तो कर्ज़ अदायगी का बाक़ायदा रिकार्ड भी धरा है। यह देखिए ताम्रपत्र। यह स्वतन्त्रता-संग्राम सेनानी होने का सरकारी सर्टीफिकेट। यह लायंस-क्लब के ज़रिए दो विधवाओं को सिलाई-मशीन देने की रसीद। काले धन से निकालकर मन्दिर के भंडारे के लिए जो रुपया दिया, यह उसकी पक्की रसीद। यह विधवा आश्रम को सौ रुपये के चन्दे की पावती। और यह तब की फोटू जब हमने अनाथाश्रम के बच्चों को दलिया बँटवाया था। यह जो एक दुबले अनाथ बच्चे को ठेलते हुए गोलगोल आदमी खादी का कुर्ता पहिने आगे को आने की कोशिश कर रहा है, वह हम ही तो हैं! हाँ भई, हमी हैं—हमने तब से मूछें रख ली हैं और सफारी पहिनने लगे हैं, सो भ्रम हो रहा है आपको। मूछों से रुआब बनता है साहब। देश सेवा में भी रुआब चाहिए, नहीं तो ये विरोधी स्साले आपको उसी मिट्टी में मिला देंगे जिसके कर्ज़े का रोना आप तब से रो रहे हैं।...देखिए भाई साहब, माटी का कर्ज़ तो 'इंटरेस्ट-फ्री लोन' टाइप मामला है—ब्याज देना नहीं है और मूल दबा जाना है। एकदम 'स्मॉल-स्केल इंडस्ट्री' को मिले लोन वाली स्थिति। माटी का कर्ज़ तो ऐसा लोन है जिसे डूबना ही डूबना है। इसे तो देश को 'वेव-ऑव' करना ही होगा, या फिर रोता रहे देश जीवन भर। हमने तो थोड़ा-बहुत चुकाया भी। आप उस स्साले वर्मा से क्यों नहीं पूछते? उसी ने तो नहीं भेजा है तुझे? माटी के कर्ज़े को लेकर कोई समझदार आदमी अन्यथा ऐसा सीरियस तो होता नहीं, जैसा तू हो रहा है।...वे तुम से तू पर आ गये।

मैं चुप रह गया।

वे बोले, ''क्या सोचने लगे यार? बुरा मान गये क्या?''

मैंने कहा, ''यह बताएँ सरकार कि यदि आप जैसे देशभक्त इस छब्बीस जनवरी से देश की मिट्टी खोदना शुरू करें, तो कितने समय में यहाँ की सारी माटी खोद डालेंगे? और यह भी बताएँ कि यदि देश की माटी ही नहीं रही, तो इसे पहिचानेंगे कैसे? और यह भी बताएँ कि इस ज़मीन पर फिर विदेशी माटी और आयातित फूल वाली जो बगिया बनाने की आप सोच रहे हैं तो उसे भारत कहेंगे, कि इंडिया, या कि कोई नया नाम ही देंगे?''

वे बोले, ''...भैया, गणित हमें आता नहीं। नकल करके आठवीं में पास हुए थे। पर तुम्हारे सवाल का जवाब यही है कि इसकी मिट्टी तो हम कब की खोद चुके। अब उस माटी को रोने से कोई फ़ायदा नहीं। इन पचपन वर्षों में अब जो देश की माटी बची तथा बनी है, वह ज़मीन ही दूसरी है। तुम जैसे भोले वोटर सलामत रहे तो हम इस देश की माटी को ऐसा कर देंगे कि कोई स्साला बता न सकेगा कि अमेरिका में खड़ा है, कि तुम्हारे भारत में...''

वे बोले जा रहे हैं।

मैं चुपचाप खड़ा हूँ। इतनी मिट्टी भी तो नहीं बची है कि मैं शर्म से गड़ जाऊँ उसमें। और उनमें तो ख़ैर न शर्म बची है, न मिट्टी।

मलबे का मालिक

विचारों का सब्बल लेकर चला करते हैं वे।

बड़े पैने विचार हैं उनके। दो हाथ अपने नुकीले सब्बल के मार दें, बस। स्वार्थ की सुरंग तैयार। विचार को, वे सेंध लगाने के लिए ही पैदा हुआ मानते हैं। विचार तभी तक महत्त्वपूर्ण है जब तक उनसे ओछे स्वार्थ सध सकें। अन्यथा काहे के विचार भैया! दो कौड़ी के फिर तो। दुनिया का हर महान विचार इनके हाथों में पड़कर जुगाड़ में बदल जाता है। इनका मार्क्सवाद ऐसा कि कभी स्वयं मार्क्स मिल जाएँ, तो अपनी ही औलाद को पहिचान न सकें कि कैसी तिकड़म की ड्रेस और अवसरवाद के दाढ़ी-मोंछा चिपकाए घूमा करती है आजकल। और कहती इधर की है, पर जाती उधर को है, बल्कि न जाने किधर को। इनका गाँधीवाद ऐसा कि कभी गाँधीजी की तस्वीर देखता हूँ, तो ख़्याल आता है कि गाँधीजी नैसर्गिक तौर पर गंजे नहीं थे बल्कि भविष्य में गाँधीवादियों द्वारा गाँधीवाद की हत्या होना जानकर उन्होंने पहले ही अपना सिर घुटा लिया था। ऐसे ही सारे वाद। ऐसे ही सारे सद्‌विचार। दुनिया का हर विचार अन्ततः उनके स्वार्थों की कुदाली का हत्था बन जाता है। हर सद्‌विचार को वे स्वार्थ पर रद्दा मारने में इस्तेमाल करने में निष्णात हैं। वे विचारक हैं। वे आलोचक हैं। वे कीर्तनिये हैं। वे प्रवचन देते हैं। राजनीति की तलवार पर अम्बेडकर के विचारों की धार। हर विचार अन्ततः एक खांडे में परिवर्तित। आपकी गर्दन पर कभी महसूस करें।

यह बात बेहद महत्त्वपूर्ण है कि हथियार किस हाथ में पड़ता है।

विचार अन्ततः किसके काम आ रहा है, यह भी महत्त्वपूर्ण।

आप मार्क्सवाद की कमन्द लगाकर कमेटियों, समितियों, डेलीगेशनों के क़िले की दीवार चढ़ जाते हैं और इसी को मार्क्सवाद की सार्थकता मानने लगते हैं। प्रगतिशीलता की गोह चिपकाकर पुरस्कारों की गढ़ी पर कब्ज़ा करने को ही प्रगतिवाद मानते हो। आम आदमी का नाम जपते-जपते दिनों-दिन आप और भी ख़ास बनते जाते हो, तथा बेचैन रहते हो कि यह ख़ासपन और बढ़ जाए। हिन्दूवाद की नाव के नैसर्गिक पैदाइशी छेदों में अपने तर्कों की उँगलियाँ फँसाकर उसी नाव से विदेश यात्राएँ साध लेते हो।

विचार आपके कने तभी तक किसी काम का, जब तक वह आपके अपने किसी काम का। इसी के तहत, विचारों का सब्बल लिए अपने स्वार्थों के चोर रास्ते खोदते फिरते हैं आप—गली-गली, गोष्ठी-गोष्ठी, द्वारे-द्वारे, मंच-मंच, महफिल-महफिल, इधर-उधर, पत्रिका-पत्रिका—बाई के बेर, अढ़ाई सेर!

साध्य महत्त्वपूर्ण है, साधन नहीं।

आप नाली से घुस सकते हैं और नाबदान में उतर सकते हैं, बशर्ते कि कुछ मिले। आप स्वयं ही साध्य हैं। मंज़िल आप हैं। आपके बौने क़द में छटपटाती बड़ी, निजी, स्वार्थी महत्त्वाकांक्षाएँ, जो बड़ी हैं, पर ओछी भी हैं, छोटी भी। यही साध्य है। मिले। कैसे भी! गाँधीजी मूर्ख थे कि जो साधनों की पवित्रता की बचकानी बातें किया करते थे। इधर आपके हाथों में आकर तो हर साधन अपवित्र। यार, पवित्र साधन को लेकर चाटोगे क्या? सो, आपका तो यह कि हल्ला विचारों का, ढोल किसी वाद के। उल्लेख यहाँ-वहाँ के। चार नाम विदेशी। एकाध देशी। चार ऊटपटाँग किताबों का उल्लेख। फिर लौट-लौट कर इधर-उधर के छींटे। कुछ कबीर। थोड़ा-सा तुलसी। बहुत-सा निराला। मार्क्सवाद स्वादानुसार। इसमें ढेर सारा अपना माल मिला दो। बस। परोस दो। इन्हीं मसालों में तिकड़म का सीमेंट मिला दो तो खड़ा कर लो अपना संगठन, महल या जेल। साहित्य हो, राजनीति हो या सामाजिक जीवन, विचार का बस यही इस्तेमाल कि समझदारी की कन्नी पर लगाया और अपनी ईंटें जमाने लगे। विचार को बार-बार चक्कू की भाँति निकालो और लहराओं या अड़ा दो कहीं भी। लोग घबराते घूमें। कहें कि यार, इसके मूँ मत लगना, कि ये अपने सम्पादकीय में, या यहाँ वहाँ ऐसा चाकू घुमाएगा कि अँतड़ियाँ बाहर निकाल डालेगा। वह साहित्य का 'जैक द रिपर' यह कनपटीमार बाबा। करता है विचारों की हथौड़ी से कनपटी पर वार। करता है राजनीतिक हत्याएँ। साहित्यक वध। जेनुइन लेखकों की न जाने कितनी मुंडियाँ, इसके विचारों के श्मशान में। विचारों के अघोरी बाबा। अपने वाद के बियावान में विचरते कापालिक।

और ये तो जैसे हैं, वैसे हैं ही। पर इनके पीछे विमर्शों की तगाड़ी उठाए इनके चेले। युवा चेले। तो दृश्य यह कि आगे-आगे ये, जिनके कन्धे पर विचार का सब्बल, कुदाली या गैंती। स्वार्थ की खुदाई। बहस का मलबा। विमर्शों का कचरा। पीछे-पीछे तगाड़ी सिर पर उठाए चेले। हाथों में तसले बजाते चले। सब्बल की हर चोट पर वाह-वाह करते ये युवा गैंगमैन जो इस मलबे को बटोरकर अपनी भी छोटी-मोटी कुटियानुमा इमारत खड़ी करने की मासूम तमन्ना रखते हैं। वे जानते हैं कि जब इसी मलबे से आपकी ठाठदार बन गयी, तो उनकी छोटी-सी टुइंयाँ इमारत भी बनेगी ही। जहाँ भी आपने सब्बल चलाई, वहीं का कचरा ये अपनी तगाड़ी में भर लेते हैं। फिर

उसका इंटरव्यू बनाए, विमर्श पकाएँ, गोष्ठी करें या सेमीनार। तगाड़ी वाले भी सीख रहे हैं।

आजकल न जाने क्यों, सम्पादकीयों, वैचारिकता झाड़ते लेखों या वक्तव्यों से गुज़रते हुए मुझे, पंक्तियों के बीच की स्पेस में पोशीदा बैठा, सब्बल लिये यह मलबे का मालिक मिल जाया करता है।

बताइए, कि क्या करूँ मैं?

भूगोल को समझना

भूगोल मुझे कभी भी समझ में नहीं आया।

स्कूल में भूगोल को लेकर मेरा स्पष्ट दृष्टिकोण था कि भाड़ में जाने दो स्साले को। गाँव के हमारे स्कूल में नकल की उचित तथा लगभग विधि-सम्मत सुविधा थी तथा भूगोल वाले मास्साब दूर के रिश्ते में हमारे मामा भी लगते थे, सो भूगोल कोई विशेष अकादमिक समस्या थी नहीं। परीक्षा में पास होने लायक भूगोल की चिटें हमने तैयार कर ही ली थीं और वस्त्रों में जिस जगह छुपाकर हम उन्हें रखकर परीक्षा में नकल के महती उद्देश्य के साथ बैठते थे, उस जगह का उल्लेख किसी भूगोल की किताब में नहीं था। सो, जब मास्साब अक्षांश—देशांश रेखाएँ, लाल सागर, भूमध्य रेखा, कर्क रेखा, दक्षिणी गोलार्ध, उत्तरी गोलार्ध, अमेजन का कछार, सुन्दर वन का डेल्टा, पठार, घाटियाँ, वन आदि के अकादमिक तिलिस्म में भटकते फिरते थे, तब हम होनहार छात्रगण पीछे की टाटपट्टी पर बैठे इस सामाजिक न्याय के लिए संघर्ष करते रहते थे कि प्रातः प्रार्थना के समय बटोरे गये अधजली बिड़ी के टुकड़ों में से बड़ा टुकड़ा किसको मिलेगा? स्कूल के इंटरवल में हम वहाँ छुपकर सामूहिक धूम्रपान करते थे, जहाँ का भूगोल हमारे भूगोल के मास्साब को भी ज्ञात नहीं था। मुझे पता नहीं कि भूमध्य रेखा से वह जगह कितनी दूर थी जहाँ हमारा सरकारी मिडिल स्कूल स्थित था और मुझे यह भी पता नहीं कि हम अपने हेडमास्टर साहब के हाथों पृथ्वी के उत्तरी गोलार्ध में पिट रहे थे अथवा दक्षिणी गोलार्ध में—परन्तु यह बात स्पष्ट है कि जब मुझे भूगोल पढ़ना तथा समझना चाहिए था, तब मैं नितान्त अभौगोलिक क़िस्म की हरक़तों में मुब्तिला था।

मैं ही क्यों, मेरे समस्त मित्रों की यही स्थिति थी। दरअसल हम लोगों की दिलचस्पी गाँव के भूगोल में ही इस क़दर थी कि शेष पृथ्वी का भूगोल हमें उसी प्रकार अप्रासंगिक प्रतीत होता था जिस प्रकार हमारे आलोचक प्रवरों को अपनों की रचनाओं के अलावा अन्य लेखकों की रचनाएँ लगती हैं। किसी को सन्नाकर पत्थर मारने के उत्तरदायित्व से निबटने के तुरन्त बाद गाँव की किस गली से भागकर किस

गली में पहुँचकर अदृश्य हुआ जा सकता है, या गाँव के किस बगीचे में इस समय जुआ चल रहा होगा, या हेडमास्साब का छाता या जूता स्कूल के पिछवाड़े किस गड्ढे में फेंकना निरापद रहेगा—ये तथा इसी प्रकार की अन्य भूगोल विषयक मेरी जानकारियाँ जबरदस्त थीं, परन्तु आस्ट्रेलिया में कौन-सी पैदावार सर्वाधिक होती है, या कि मानचित्र में नर्मदा नदी को कहाँ से कहाँ तक खींचा जाए—ये तथा ऐसी बातें मेरी समझ के नितान्त परे थीं। विश्वबन्धुत्व की जो भावना आप मुझमें कूट-कूटकर भरी पाते हैं, तब भी यही लगता था कि यह सारा संसार एक क्यों नहीं हो जाता ताकि विश्व के मानचित्र पर विभिन्न देशों को पहिचानने की इस अर्वाचीन समस्या से छुटकारा प्राप्त हो सके।

मैं आज भी प्राय: विचार करता हूँ कि आख़िर क्योंकर मुझे भूगोल कभी समझ ही नहीं आया?

कारण क्या थे? वे कौन-सी परिस्थितियाँ थीं जिनने मुझे भूगोल से विमुख किया? भूगोल की किताब देखकर ही उसे फाड़ने-छुपाने या जलाने की तीव्र आकांक्षा मुझे आज भी क्यों उठती है? क्यों भूगोल का मास्टर देखकर मैं आज भी घबरा जाता हूँ? और क्यों ऐसा होता है कि किसी भी नक्शे को समझकर चलूँ, तो कहीं भी नहीं पहुँच पाता? ये तथा इसी भाँति के विभिन्न प्रश्न उठा करते हैं आजकल मेरे मन में। इन दिनों जब मैं अख़बार में पढ़ता हूँ कि फलाने लातीन अमेरिकी देश में पुन: किसी ने किसी का तख़्ता पलट दिया, या स्केन्डीनेविया (या ऐसी ही किसी—नेविया) का कोई राज्याध्यक्ष आकर राजघाट पर पुष्प चढ़ाकर और हमारे देश को शान्ति का पुजारी बताकर सीधे पाकिस्तान गया (जहाँ वह यही बताएगा), अथवा कहीं तूफान या भूकम्प आया, या कहीं कोई सम्मेलन हुआ जहाँ, जैसा कि होता आया है, हमारा कोई प्रतिनिधिमंडल पहुँचा, जिसका, जैसा कि होता आया है, बड़ी गर्मजोशी से स्वागत हुआ—ये, तथा ऐसे समाचार पढ़कर दो प्रश्न मेरे पापी मन के भूगोल में भटकने लगते हैं। एक तो यह कि यह स्साला स्केन्डीनेविया है कहाँ, भारत से कितने किलोमीटर पड़ेगा, यहाँ से किस दिशा में कैसे जाना होगा, किराया कित्ता लगेगा, टीए-डीए क्या मिलेगा और वहाँ ऐसा है क्या कि कोई शरीफ मनुष्य अथवा प्रतिनिधिमंडल वहाँ जाए? स्पष्ट है कि मैं ऐसे अवसरों पर समझ ही नहीं पाता कि किस जगह की चर्चा चल रही है तथा हाट पिपल्या या भाण्डेर या खिलचीपुर से तुर्की अथवा कुवैत किस भाँति भिन्न है? और इसी पहले प्रश्न से तब दूसरा प्रश्न जन्म लेता है कि मैं आज तक भूगोल को क्यों नहीं समझ पाया?

सत्य तो यह है प्यारे कि अपुन को यह भूगोल कभी जमा ही नहीं। सही मायनों में कहें तो अपनी रुचि तो कभी पढ़ाई के किसी भी विषय में रही ही नहीं। गणित तो ख़ैर किसी को भी समझ में नहीं आता तथा नागरिक शास्त्र में जो पढ़ाया जाता

है, वह नागरिक को अच्छा नागरिक बनने में मदद करता हो, ऐसा देखा नहीं गया है—फिर भी इन समस्त विषयों में भूगोल का स्थान सर्वोपरि रहा। मेरी रुचि तो सदैव ही यार की गली के भूगोल में रही। कहाँ से मुड़ना है, यार के बाप को देखते ही किस कचरापेटी के पीछे सुरक्षित छुप सकते हैं, कितने अक्षांश पर उसका छज्जा है और मौक़े पर कैसे उस गली से किस रास्ते को पकड़कर किस दिशा में छू होना, यह मुझे सदैव ही कंठस्थ रहा। मैं नेत्र मूँदकर भी वहाँ जा सकता था।...और जहाँ तक नदियों का प्रश्न है, तो नदियों में हमारी रुचि उसी हद तक रही कि चाँदनी रात में नौका विहार पर सुन्दर-सा निबन्ध, या ओ माँझी रे, हैया रे हैया, अथवा कैसे जाऊँ जमुना के तीर आदि। नदी कहाँ से निकलती है, उसका 'सोर्स' क्या है तथा कैसे वह समुद्र में मिलने से पूर्व डेल्टा बनाती है—ये नीरस तथा शुष्क बातें मेरे रसिक मन को ऐसी पीड़ा देती रही हैं मानो कोई ज्ञानीजन प्रेमिका का पोस्टमार्टम करके उसका दिल, जिगर और गुर्दा हाथ में लेकर शृंगार रस की चर्चा करने का प्रयत्न कर रहा हो! हमें ऐसी नदी में कभी दिलचस्पी नहीं हुई कि जो मात्र मानचित्र पर उकेरी गयी एक टेढ़ी-मेढ़ी रेखा भर हो। इसी कारण भूगोल मुझे कभी समझ ही नहीं आया। फ़सलों, किसानों और मौसम-चक्र आदि का ज़िक्र आते ही मुझे सदैव ही दो बीघा ज़मीन और प्रेमचन्द याद आते थे, तथा अक्षांश-देशांश रेखाओं के सन्दर्भ में मुझे हमेशा आज भी दूसरी रेखाएँ ही याद आती हैं, जो मोहल्ले में रहती हैं, या रही हैं या फ़िल्मों में काम करती हैं।...मैंने बहुत पहले यह जान लिया था कि मैंने भूगोल समझने के लिए जन्म नहीं लिया है। बल्कि मुझे तो यहाँ तक लगने लगा था कि मैंने भूगोल को न समझने हेतु ही जन्म लिया है।

परन्तु इन दिनों दुनिया और देशों की स्थिति देखकर मुझे लगने लगा है कि भूगोल का समुचित ज्ञान अत्यन्त आवश्यक था।

मुझे ज्ञात होना चाहिए था कि हमारा देश जिस देश से कर्ज़ ले रहा है, वह किधर है? भीख किस दिशा में बँट रही है? बम किस दिशा में गिरेंगे और भूगोल के किस खंड को इतिहास बनाने की साज़िशें चल रही हैं? वे जो दिव्य मध्यस्थ हैं, वे जो दुनिया के भूगोल को अपनी मुट्ठी की साइज़ का करना चाहते हैं और वे जो भूगोल बदलने के साथ इतिहास भी बदलना चाहते हैं—वे वस्तुत: किस मिट्टी की पैदाइश हैं और उस मिट्टी में इनके सिवाय भी कोई फ़सल होती है या नहीं—मुझे यह भी जानना चाहिएं था। पता होना था कि कहाँ क्या है? टीवी पर नाम सुनते हैं, परन्तु पता ही नहीं चलता। वे शर्माते क्यों नहीं? वे बम गिराकर बच्चे मार देते हैं और उनके देश को शर्म नहीं आती! या आती हो और हमें ख़बर न हो? पता होना चाहिए था कि वे हमसे कितनी दूर हैं और उनकी शर्म यदि चलना शुरू करे, तो हम तक कितने हज़ार किलोमीटर चलकर पहुँच पाएगी?...भूगोल का पता होता तो हम भी जान पाते

कि इस बड़े देश का क्षेत्रफल इतना सँकरा तथा छोटा क्यों है कि हम सब बिना लड़े-झगड़े रह नहीं पाते? फिर हम इतने दूर भी किस भूगोल के कारण हैं कि बिहार या उत्तर-प्रदेश या आन्ध्र-प्रदेश में यदि कुछ गड़बड़ी होती है, तो हमें आन्दोलित नहीं करता? हमारा भूगोल इतना छोटा कैसे हो गया कि वह अपने घर की सीमा पर ही समाप्त हो जाता है? हमारे छोटे-से भूगोल में यह देश क्यों नहीं आ पाता?...मुझे लगता है कि मैंने ग़लती की। भूगोल पढ़ना बहुत आवश्यक था।

लड़की जब ख़ुश होती है

सुन्दर। गौरवर्ण। सुन्दर-सा मुँह। मोटे होठ। बड़ी-बड़ी, विस्फरित-सी आँखें, कौतुहल से भरीं। सपनों से छलकती युवा आँखें देखी हैं कभी? वैसी ही। गोल, पतली कलाइयों में ढेर सारी लाल चूड़ियाँ। दोनों हाथ चूड़ियों से भरे। हथेलियों से कलाइयों तक रची मेहँदी। तराशे, रंगीन नाखून। ख़ुश। बल्कि खूब ख़ुश। स्वयं में मग्न। खुद से ख़ुश। और मानो चाहती-सी कि ज़ोर-ज़ोर से सबको बोल-बता सके कि वह कितनी तो ख़ुश है!

सुन्दर साड़ी में लिपटी वह नवविवाहिता लड़की जब से ट्रेन में चढ़ी है, तब से चहक रही है। मैं जाने कब से, ऊपर वाली बर्थ पर लेटा हूँ। ऊँघता। पढ़ता। बैठता। उठता। उतरता। ताकता। झाँकता। फिर लेटता। फिर ऊँघता। लम्बी रेलयात्रा में समय काटना कितना कठिन!

कि तभी पिछले स्टेशन से यह लड़की चढ़ी।

वहाँ ट्रेन दस मिनट को रुकी होगी। उसे चढ़ाने ढेर सारे जन आए थे। खूब चिल्ल-पों रही। 'बबली, सँभल के जइयो...', 'बबली, तेरा हलुवा भी धरा है अम्मा ने—रास्ते में खा लेना, नहीं तो ख़राब न हो जाए बन्द डिब्बे में...', 'बबली से हमने कित्ती बार कहा था कि इत्ते गहने पहिन के यात्रा ठीक नहीं, अब आप ही देखते रहियो जीजाजी...', 'जीजाजी को परेशान न करियो बबली...'। पचासों बातें। इसी तरह की। बच्चे, हमउम्र लड़के-लड़कियाँ, बुजुर्ग स्त्रियाँ-पुरुष, और शायद पिता। जब तक रेल चली नहीं, वे डिब्बे में डटे रहे। ख़ासा कोलाहल रहा। लड़की के साथ उसका दूल्हा। लम्बा-सा लड़का। तनिक साँवला। कदाचित विवाह के पश्चात् पहली बार मायके से लौट रही है। पति लिवाने आया होगा। अब कुछ दिन रहकर लौट रहे हैं दोनों।...'चलो रे, उतरो सब, सीटी लगा रहे हैं गार्ड बाबू...' किसी बुजुर्ग ने चेताया है सबको। वैसे वे तो शुरू से चेता रहे हैं। ट्रेन चल दी तो उतरना मुश्किल होगा। पर कोई सुन नहीं रहा उनकी।... 'अभी न चलेगी बाबूजी...। पहले सीटी तो मारे इंजिन।...तीन बार मारता है बाबूजी...। तब चलती है...' 'उतरो रे। उतें खिड़की से बतिया लेना भाई।...'

‘बाबूजी तो यार ऐसा घबराते हैं कि क्या कहें!’...कुछ लोग उनका लिहाज करके उतर गये। बाक़ी डटे रहे। ‘तुरतै तो सौ की स्पीड पकड़ न लेगी यार। कूद जाएँगे चलती में।...’ जब गाड़ी चल ही दी, तभी उतरे, कूदे और फिर चलती गाड़ी के साथ चलते, भागते रहे। ‘बबली-बबली’ चिल्लाते रहे। यह लड़की भी, शरमाती, इठलाती, खिलखिलाती हुई दूर तक, गर्दन मोड़कर, टेढ़ी होकर जितनी देर तक उन्हें हाथ हिलाकर देख सकती थी, देखती ही रही।

एयरकंडीशन डिब्बे में यात्रा की अलग ही संस्कृति होती है। सभी स्वयं में सिमटे। अलग-अलग अपनी-अपनी दुनिया में। इस लड़की के अचानक यों आने से उस दुनिया में ख़लल-सा पड़ा। ट्रेन चली, तब जाकर डिब्बे के जीवन में शान्ति हुई। परन्तु कुछ ही देर को। बस। क्या किया जाए! असल में लड़की इतनी उत्साहित और प्रफुल्लित है कि वह अपनी इस ख़ुशी में सारी दुनिया को शामिल करना चाहती है कि उसका हाल ही में विवाह हुआ है। सारी दुनिया को पता हो कि वह कैसी ख़ुश है! कह सकते हैं कि वह उन लड़कियों में से है कि जो ज़िन्दगी का एकमात्र उद्देश्य अच्छी-सी शादी हो जाने को ही समझती हैं। शायद ऐसा हो। यह भोली लड़की दिग्विजय के भाव से ऐसी भरी है कि इसके विपरीत सोचना उसकी ख़ुशी को कम करना होगा।

दिक्कत इतनी है कि उसके उत्साह को बाँटने के लिए इस डिब्बे में कोई तैयार ही नहीं। उसके सामने की सीट पर बैठी है अधेड़ महिला, एक पुरुष और बच्चा। बगल में अकेले यात्रा कर रहे एक मध्यवय के गंजे-से सज्जन। वे लगातार एक फाइल में कोई हिसाब चेक कर रहे हैं। फिर एक अकेला युवक। वह व्यस्त है किसी प्रतियोगिता की किताब में। ऊपर की बर्थ पर एक तरफ मैं और एक तरफ पचासेक वर्ष के एक सज्जन, जो जब से चढ़े हैं तब से सो ही रहे हैं। सभी अपने-अपने में व्यस्त भी और मस्त भी।

लड़की ने सामान यहाँ-वहाँ फिट करके सामने वाली आंटी को नमस्ते कहा। बताने लगी कि वह मायके आयी थी और अब जयपुर जा रही है। हम तो और रुकते, पर ये माने ही नहीं। झट से लिवाने आ गये। हमने तो अम्मा से कहा कि हम न जाएँगे। पर अब तो अम्मा भी इन्हीं की तरफ़दारी करती हैं। बड़े लाड से कहती हैं कि ये जमाई थोड़ेई हैं, बेटा है हमारा। इन्हीं के पसन्द का खाना बनाया। मूली के परांठे। भरवाँ बैंगन। कोफ्ते। हमारी तो अम्मा से लड़ाई ही हो गयी। अरे, ये भी कोई बात हुई। ये जमाई हैं, तो हम तो सगी बेटी हैं तुम्हारी। हमारा हलुआ तो बनाती नहीं। बस, इनकी सेवा...।

पति की तरफ मीठी शिकायत की प्यार भरी चितवन से देखती बतियाए जा रही है वह। कोई सुने, न सुने। पति दुनियादारी समझने वाला युवक है। असहज हो

रहा है। एकाध बार इशारे से उसे रोका-टोका भी। लड़की ने मानो देखा ही नहीं। वह अपने में ही मगन। छेड़ रही है पति को।...आंटीजी, हम जानते हैं इनको।...हमारी मम्मी को ही पटा लिया...। सब तारीफें कर रहे थे इनकी।...अरे, पर हमसे पूछो कि कितने बदमाश हैं ये तुम्हारे जमाईजी! क्यों जी, ठीक कहा न?...खिलखिलाए जा रही है लड़की। ख़ुश। आनन्द से छलकती। दमकती।

कोई सुन नहीं रहा उसे। सामने वाली आंटी 'हाँ-हूँ' करती रहीं। फिर अंकल की दवाइयों का डिब्बा बैग से निकालने में व्यस्त हो गयीं। बाकी सबका तो हमने बताया ही।

कुछ देर सब शान्त रहे। बस, रेल की आवाज़। या लड़की की इसी तरह की बातें।

भागे जा रही है ट्रेन। देर से रुकी ही नहीं है कहीं।

"सुनो जी..." अचानक लड़की ने पति का हाथ पकड़कर, उसके कान में बड़ी अदा के साथ कुछ फुसफुसाया है। शरमाते हुए टॉयलेट जाने को कहा है शायद। चाहती है कि पति साथ जाए और टॉयलेट के बाहर खड़ा रहे। पति बेमन से उठा है। "आंटी, तनिक हमारा सामान देखिएगा..." कहकर लड़की गयी है। पीछे-पीछे युवक। दोनों गये, तो थोड़ी देर चुप्पी रही।

फिर अचानक सभी हँसने लगे। आसपास के। आंटी। अधेड़ अंकल। वह लड़का। यहाँ तक कि अगली पिछली सीटों वाले तक।

"ऐसी ख़ुश हो रही है, मानो दुनिया में पहली बार इसी की शादी हुई हो..." आंटी ने कहा।

"बच्ची है अभी...धीरे-धीरे नोन तेल लकड़ी समझेगी तो अक्ल ठिकाने आ जाएगी।" एक बुजुर्ग बोले।

"छह माह के बाद एक दूसरे का मुँह नोचेंगे..." अंकल ने आंटी की तरफ अर्थपूर्ण नज़रों से देखा और हँसे।

सबके इसी तरह के कमेन्ट्स। ऐसी ही बातें। मानो नाराज़ हो उसे ख़ुश देखकर।

मैं सोच रहा हूँ कि माना कि समय के साथ लड़की की यह भोली ख़ुशी धूसरित होने की आशंका है। पर जब होगी, तब होगी। अभी ख़ुश है, तो अचानक ही हमें भी तो सारा संसार कितना प्यारा, सुन्दर और चमकदार लगने लगा है। जब से आयी है डिब्बे में सब कितना भला-सा हो गया है! उसकी यह खुशी जब तक रहे, वही काफ़ी है। लड़की जब तक ऐसी ख़ुश है, तब तक जीवन कितना सुन्दर रहने वाला है! और मान लो कि कुछ चमत्कार हो और यह जीवन भर ऐसी ही ख़ुश रह जाए तो?...मुझे अपनी बेटी याद आ रही है और मैं चमत्कार के लिए प्रार्थना में हूँ।

अफ़सरीग्रस्त

वह भूल ही नहीं पाता कि वह बड़ा साहब है।

बड़ा अफ़सर। शक्ति सम्पन्न। बड़ी कुर्सी। बड़ी गाड़ी। पचासों सलाम। हज़ारों 'हें-हें'। रिरियाते लोगों से घिरा। जुहार बजाते लोगों के बीच। हस्ताक्षर कर दे तो काग़ज़ लाख का। बना दे। बिगाड़ डाले। इसके टेंटुवे पर अँगूठा, तो उसके भाग्य की चाबी मुट्ठी में। दिन-रात टेलीफोन। इसे फटकारना। उसे डाँटना। यहाँ आदेश। वहाँ एक्शन। कार से घर। घर से क्लब। ड्राईवर की 'जी साहब'। मातहतों की 'जी-जी' 'जी-जी'। सभी तरफ 'सर-सर'। सब तरफ दंडवत। भजन। प्रशस्तियाँ। शक्तिप्रदर्शन। बड़ा दफ़्तर। बड़ा बंगला। बड़े लोग।...अपने क़द से कहीं बड़ा अफ़सर।

रात-दिन में कभी कोई पल ऐसा नहीं होता कि जब वह अपनी अफ़सरी से बाहर निकलकर साधारण हवा में साँस लेता हो। सालों से अफ़सरी के खोल में। अब तो लगता है कि जन्म से ही। कि एक दिन माँ के पेट से निकला और हुंकार मारता सीधे कुर्सी पर। मानो सदियाँ गुज़र गयीं अफ़सरी में!

वह भूल ही नहीं पाता कि वह साहब है। उसे याद ही नहीं है कि वह पति, प्रेमी, बाप, दोस्त और सामान्य नागरिक भी है। वह पत्नी से साहचर्य के क्षणों में भी अफ़सर ही रहता है। उसे लगता है कि पत्नी भी सबआर्डिनेट की भाँति हुकम बजा लाए, बहस न करे, डिस्टर्ब न करे तथा अपनी हैसियत में रहे। वह अफ़सर-पति है। वह मित्रों के बीच भी भूलता नहीं कि वह बड़ा अफ़सर है। वह दोस्तों से धौल-धप्पा करने की सोच भी नहीं पाता। कभी, कमज़ोर पलों में, मूड में आकर वह दोस्तों से मज़ाक जैसा कुछ कर भी ले, परन्तु कोई दोस्त उससे कोई बहुत अन्तरंग-सा मज़ाक कर दे तो दोस्ती के नाते वह उसे सह तो लेता है, परन्तु एक कसक-सी मन में रह जाती है, जिसे वह देर तक भूल नहीं पाता। जानता है कि दोस्तों को हक है, पर अफ़सरी भी रह-रह कर याद आती है। मानो कहीं कोई काँटा-सा गहरे में गड़ा हो और रह-रह कर लौंकता हो। वह दोस्त नहीं रह पाता। वह पति होते-होते रह जाता है। बच्चों को प्यार करने को बाँहें फैलाए तो पाता है कि वे जकड़-सी गयी हैं।

अकड़ा-सा रहता है। सहजता नहीं। काया की चदरिया में ईश्वर नाम के धोबी ने इतना माँड़ दे दिया है कि ओढ़ना मुश्किल!

एक ऐसी दुनिया में रहता है वह जिसका वही एकमात्र नागरिक। बस वही। अन्य किसी का उसमें प्रवेश ही नहीं। वहाँ का राजा, प्रजा, भगवान, बस वही।

अफ़सर के दो बच्चे हैं। एक बेटा, एक बेटी। सुघड़-सी पत्नी है। बूढ़ी माँ साथ ही रहती है। बाप मर चुका। ज़िन्दा होता तो वैसे भी परेशानी ही रहता क्योंकि अफ़सर स्वयं को सभी का बाप मानता है। उसका भी कोई बाप कहीं हो सकता है, इस बात की कल्पना भी उसके लिए कठिन है। वह घर में शहंशाह की तरह घुसता है। बच्चों से प्यार भी ऐसे प्रोटोकोल के तहत करता है मानो अहसान कर रहा हो। पत्नी हमेशा डरी-सहमी रहती है। माँ चुपचाप पड़ी देखती रहती है उसे। क्या बोले? पूरा परिवार उसी आतंक में जीता है, जिसमें पूरा दफ़्तर जीता है। अफ़सरी की गमक और पिनक में उसे पता ही नहीं चल सका है कि दुनिया उसे किस तरह बमुश्किल बर्दाश्त कर रही है। उसे भ्रम है कि वह कैसा बढ़िया सफल अफ़सर है और उसके मातहत यह दुनिया कितनी बढ़िया चल रही है!

वह हँसता नहीं। उसके रहते कोई नहीं हँसता। कहीं अचानक पहुँच जाए तो हँसते-मुस्काते लोग तुरन्त चुप हो जाते हैं कि कहीं कुछ और न सोच ले। या कहीं फटकारने लगे कि 'ही-ही, ठी-ठी' करते रहते हो तो फिर काम कब करते हो? उसका बस चले तो एक सर्कुलर निकालकर दुनिया में हँसने की सख़्त मुमानियत कर दे और हँसता पाए जाने पर वार्निंग इश्यू करा करे जिसे सीआर में भी दर्ज़ करा जाये। घर के लोग भी कम ही हँसते हैं उसके सामने। और पीठ पीछे भी सँभलकर ही कि मान लो कहीं सुन ही ले और मान ले कि उसी पर हँस रहे होंगे। बड़ा संवेदनशील है वह अपनी प्रोटोकॉल की रक्षा के प्रति। उसे हमेशा ही अपनी अफ़सरीयत पर ख़तरा लगा रहता है। ज़रा- सी बात पर उसकी अफ़सरी की बेइज़्ज़ती हो जाती है। चपरासी ने स्टूल से उठने में दो सेंकड ज़्यादा लगा दिए, किसी का सलाम अपेक्षा से कम कड़क हुआ, बेटे ने बिना बताए किसी परीक्षा का फार्म भर डाला, पत्नी ने चाय लाने में तनिक देर कर डाली, मातहत ने सुबह से केवल दो बार ही यह कहा कि आपके ही कारण यह दफ़्तर चल रहा है—ऐसा कुछ भी हो जाए तो वह तनाव से भर उठता है। अपनी अफ़सरी और हैसियत के प्रति वह चौबीसों घंटे इतना सजग रहता है कि ठीक से सो भी नहीं पाता। सोते में निरन्तर बेचैन बना रहता है। जागते में तो ख़ैर रहता ही है।

यही अफ़सर उस दिन कार से उतर कर, बीवी-बच्चों के साथ कपड़ों के शोरूम में जा रहा था।

ड्राइवर ने लपक कर कार का दरवाज़ा खोला। साहब चले। कि अचानक ही छोटे से पिल्ले ने उनकी पतलून का पाँयचा पकड़ लिया। कुत्ते को क्या पता कि कित्ता बड़ा अफ़सर!

अफ़सर घबराकर चिल्लाने, चीखने, पुकारने लग गया।

पीछे से ड्राईवर लपका। आगे से पत्नी और पुत्री। दुकान का सिक्योरिटी गार्ड भी।

अफ़सर घबराहट में पीला पड़ गया। कहीं काट न ले। टाँग घुमाई तो पाँयचे से लटका हुआ पिल्ला भी साथ-साथ घूम गया।

सबने मिलकर छुड़वाया अफ़सर को।

शोरूम में दो तीन छोटे-छोटे बच्चे पहले से खेल रहे थे। दौड़ते-भागते। वे सारा दृश्य देखकर ख़ूब हँसे। एक बच्चा तो अंकल को यों घबराते देखकर लोटपोट ही हो गया। वे बच्चे अफ़सर को देख देखकर हँसते ही रहे। वे तब भी हँसते रहे, जब अफ़सर दुकान में आ गया। अफ़सर ने एक-दो बार ज़ोर से घूर कर आँखें दिखाईं, तो बच्चे दुकान में बने खम्भों के पीछे छुप गये और वहीं से खी-खी करके हँसते रहे। एक बच्चे ने अफ़सर की तरफ दूसरे बच्चे को धकेला और दोनों हँसते हुए भाग गये।

अफ़सर नाराज़-सा कार में जाकर बैठ गया। अफ़सर की पत्नी ने छोटे बच्चों को दुलार से डाँटकर कहा कि देखा, तुमने अंकल को नाराज़ कर डाला न!

डाँटते हुए वह भी बच्चों के साथ हँसने लगी और बाद में कपड़े ख़रीदते हुए भी देर तक मुस्काती रही।

वह कार में बैठा है। इसी बीच ड्राइवर ने लात घुमाकर उस पिल्ले को भगाया है। कुत्ता दूर भाग गया है। अफ़सर ने यह देखा तो बड़े सन्तोष से सीट से टिक गया है। बड़ा सुरक्षित महसूस कर रहा है वह।

बाज़ के बावजूद

दो पंछियों की कहानी है यह। बल्कि पंछी और पंछिनी की।

पर पंछी हैं, तो बाज़ भी होगा ही। सो इसे दो पंछियों और बाज़ की कहानी मानिए।

पंछी बैठे है डाल पर। बीच-बीच में फुदक भी रहे हैं। बैठा हुआ पंछी हिन्दी में अकर्मण्य माना जाता है। हमने तो हिन्दी की कथा-कविता में पंछियों को फुदकते ही पाया है। ये दो पंछी भी हिन्दी साहित्य के प्रति कर्त्तव्य का निर्वाह करते फुदक रहे हैं, इस पेड़ की डालों पर। पेड़ पर बस यही दो पंछी। बस, यही दो। तो बाकी के पंछी? क्या पंछियों के बीच भी परिवार नियोजन टाइप कुछ चल पड़ा है? देखिए, पेड़ पर पंछी तो बहुतेरे हैं। परन्तु कथाकार फिलवक़्त दो पंछियों की कथा कह रहा है, सो बाकी को उसने कथा के पेड़ से चलता कर दिया है। वरना, इधर आप कथा कह रहे हैं और उधर सबकी चें चें, चें चें—पाठक का ध्यान बँटता है। कथा में उगा पेड़ कथाकार के बाप का। जिसे बिठाना चाहे। जिसे भगा दे। सो, दो पंछी। पूरा पेड़ उनके हवाले। बैठें, फुदकें, फड़फड़ाएँ, चिचियाएँ। पंछी कर भी रहे हैं यही सब।

परन्तु फुदकने में मग्न पंछी को पता नहीं है कि उन पर बाज़ की नज़र है।

बहुत ऊँचाई पर उड़ रहा है बाज़। सातवें आसमान से रखे है नज़र। मानो कोई बॉस। बड़ा अफ़सर। राजधानी में बैठा कोई खुर्राट राजनीतिज्ञ। वैसा ही। उड़ रहा है बाज़ नभ में। तेज़ नज़रें धरती की तरफ। वो पेड़। वो डाल। वो वहाँ कैसी हलचल? पंछी उसकी निगाह में आ गये। चुपचाप बैठते, तो कदाचित न दिखते। और फुदको बेटा! फुदकना ख़तरे में डालता है। हमारे तिवारीजी ने हमेशा समझाया है कि बहुत फुदका मत करो, फँस जाओगे—अपने काम से काम रखो। पर पंछी फिर पंछी ही क्या! पंछी फुदक रहे हैं और बाज़ की निगाह में आ गये हैं। पंछी को पता ही नहीं कि बाज़ झपट्टा मार कर उठा ले जाएगा। बाज़ को अभी ज़ल्दी नहीं। बाज़ मौक़ा नहीं देगा बचने का। वो मौक़ा देखकर ही झपटेगा। वो प्रतीक्षा करेगा। उचित अवसर की तलाश में उड़ रहा है बाज़। मानो कोई अफ़सर धीरे-धीरे तैयार कर रहा हो केस,

किसी छोटे कर्मचारी की बर्खास्तगी के लिए। मानो कोई नेता गणित बिठा रहा हो, दूसरे को डुबोने का। बाज़ मँडरा रहा है फ़िलहाल।

इधर ये अपने पंछी ठहरे लव-बर्ड टाइप। चोंच लड़ाने में मग्न। प्यार के तरानों में मुब्तिला। चहचहाहट में डूबे। दुनिया के प्रपंच से बेख़बर। अपनी छोटी-छोटी उड़ानों में ख़ुश। फुदक में छोटी-सी दुनिया नापकर ही आनन्दित। छोटे-छोटे सुख। थोड़ा-सा दाना। छोटी-सी डाल। थोड़ी हवा। थोड़ी धूप। थोड़ी पत्तियाँ। थोड़े फूल। थोड़ा बादल। थोड़े-से घूँट। थोड़े-से तिनके। छोटा-सा घोंसला। छोटी उड़ाने। छोटे-से पंख। उड़ना। गोते खाना। सँभलना। बैठना। चहचहाना। या मौन। कभी पंखों में हवा भर के शरीर फुला लिया और स्वयं पर फालतू ही मोहित कि देखो तो कि कैसी हट्टी-कट्टी निकल आयी है अपने बॉडी भी। छोटे सुख। छोटे आनन्द। छोटे सपने। चार दानों में सन्तोष। चार तिनकों का आसमान। एकदम अपनी हिन्दी कथा का आम आदमी। बल्कि उसके असन्तोष की तो फिर भी कहानियाँ ही कहानियाँ। अपने पंछी तो परम तृप्त।

सो बात यहाँ तक पहुँची है कि बैठे हैं दो पंछी कथाकार द्वारा अलॉट की हुई डाल पर।

और मँडरा रहा है बाज़ आसमान पर।

अब?

अब यह तो तय है कि मौक़ा पाते ही बाज़ झपट्टा मारेगा। यह कटु सत्य हैं पंछी-जीवन का।

पर यही अनिश्चितता पंछी जीवन की जान भी है।

ख़ूब चोंच लड़ा चुके दोनों पंछी। प्यार की बातें। मनुहार। अभिसार। कि अचानक पंछी ने पंछिनी को छेड़ते हुए कहा कि सुन री, मान ले कि अभी, इसी दम, कोई बाज़ झपट्टा मार कर मुझे उठा ले जाए, तो? कहकर पंछी मुस्काया। पंछिनी ने पंख फड़फड़ाकर घबराहट व्यक्त की। ऐसा न कहो प्राणनाथ। बाज़ उठाए तुम्हारे दुश्मनों को।...वैसे पंछी ऐसा सीधा-सादा कि उसके दुश्मन ही कहाँ! सभी से मेलजोल। सभी का दोस्त। वो तो कथाकार ने अभी पेड़ खाली करा लिया है, वरना देखते आप। कैसा मिलनसार है पंछी। इस डाल से उस डाल। इसके सुख में, तो उसके दुख में।...पर फ़िलहाल तो दृश्य प्यार और चोंचलेबाजी का कि जहाँ प्रेमी मारते रहते हैं डायलॉग कि हम जो मर गये, तो तुम क्या करोगे?...बाज़ का मूँ काला हो। तुम्हीं मिले हो उठाने को क्या?...पंछिनी ने कहा और देखा आसमान की तरफ।

आसमान खाली है। बाज़ कहीं दिखता नहीं। नीला, खाली आसमान। पीली

धूप। बादल के भूरे टुकड़े। ''ऐसी बातें क्यों करते हो नाथ?'' चिड़िया बोली।

''जाओ, हम तुमसे नहीं बोलेंगे?'' चिड़िया रिसा गयी।

रुठ कर गुमसुम बैठ गयी चिड़िया डाल पर। फुदकना स्थगित। रिसाई चिड़िया। गुस्साई पंछिनी। फूली-फूली सी। पंछी देख रहा है उसे प्यार से। मुस्का रहा है पंछी। पंछिनी के पंखों में चोंच गड़ाकर मुंडी हिला दी पट्ठे ने।...गुदगुदी मत करो। हटो रे। छेड़ो मत। हम नाराज़ है तुमसे। क्यों करते हो ऐसी अशुभ बातें।...पंछी हँसा, चोंच खोलकर। अच्छा बाबा। चीं चीं चीं चीं। अब नहीं करेंगे। वैसे भी, बाज़ से डरते हैं क्या हम! अरे, ऐसी तैसी उसकी। आएगा तो स्साले के पंजे तोड़-मरोड़ डालूँगा।...पंछिनी हँसने लगी। पिद्दे से पंछी की बड़ी-बड़ी बातें। प्यार आ रहा है पंछी पर। वो क़रीब आ गयी। वो सट गयी। दोनों फिर से चोंच जोड़कर चेंचें कर रहे हैं।

इधर बाज़ मडराता हुआ नीचे आ रहा है।

पंछियों पर निगाह उसकी, लगातार। दूरी भाँप रहा है वह। झपट्टे की तैयारी।

अब? इस कहानी को कहाँ ले जाकर अन्त करोगे हे कथाकार?

दरअसल, जब तक बाज़ झपट्टा न मार दे, कथाकार कहानी का अन्त तय नहीं कर सकता। कुछ भी हो सकता है। झपट्टा मारे और पंछी ऐन मौक़े पर ताड़ ले और बच निकले। या झपट्टा मारे और पंछी या पंछिनी में से कोई पंजे में आ ही जाए। ऐसा हो, तो? पता नहीं कि तब क्या होगा? पंछियों की प्रेमकथा कहाँ ख़त्म हो, कहना कठिन क्योंकि पंछियों की हर प्रेमकथा पर बाज़ की नज़र रहती है।

पर हमारा कहना यही है कि दुनिया की हर प्रेमकथा पर बाज़ तो मडराता ही है। मात्र इस कारण प्यार करना न तो बन्द किया जा सकता है, न ही स्थगित। बाज़ है, यह पंछी-जीवन का कटु सत्य है। परन्तु जीवन है, यह सत्य सबसे बड़ा है।

इसीलिए पंछी फुदक रहे हैं डाल पर। बाज के झपटने से पहले बहुत सा जीवन जीना है उन्हें।

मुड़ तो जाएँ, पर कैसे?

मैंने तय कर लिया है कि मैं अब प्रकृति की तरफ मुड़ूँगा।

सो अब मेरी भविष्य की रचनाओं में यदि आप प्रकृति को इतनी मात्रा में पाएँ कि हर पंक्ति के झाड़-झँकाड़ में आपकी पतलून फँसे और इस पैराग्राफ से उस पैराग्राफ को चले तो रास्ते में हमने कोई नदी निकाल रखी हो या किसी चुटीले जुमले का मज़ा ले रहे हों, तभी कहीं से कोई झरना सिर पर गिरने लगे—तो कृपया बुरा न माने। मेरे जैसा रचनाकार यदि प्रकृति वर्णन पर उतरेगा तो ऐसी ही गचागच मचेगी। पूछा जा सकता है कि यह अचानक ही प्रकृति मोह क्योंकर? देखिए, प्रकृति वर्णन में फ़ायदा यह है कि आपके लिखे का कोई भी बुरा नहीं मान सकता। यह सबसे निरापद रचनाकर्म है। पाठक सिवाय वाह-वाह करने के अलावा कुछ और करने की स्थिति में नहीं रहता। झरना कलकल करके बह रहा हो, नदी में नावें तैर रही हों या चिड़िया यहाँ से वहाँ फुदक रही हों—तो इससे न केवल हमारे, बल्कि किसी के भी बाप का क्या जाता है! खूब फुदकाइए। होने दें कलकल। तो आजकल तो यही लिखना ठीक। मेरे जैसा लिखकर तो बस दुश्मन पैदा होते हैं। सो लेखन का फंडा यह कि राजनीति पर फालतू कमेंट न करें, जीवन, जिसमें साहित्य भी शामिल है, उसमें कोई स्टैन्ड न लें, अपनी रचनाओं में कम्यूनिस्टपना न छाँटे और सच से परहेज़ करें। वे चाहते हैं कि ऐसा-वैसा न लिखें। लिखें ऐसा कि किसी का रोंया भी न दुखे। फिर तो प्रकृति ही बची प्यारे! लिखेंगे हम भी पेड़ पर, चिड़िया पर, जंगल पर, नदी पर। वे हमें बता रहे हैं कि वाल्मीकि ने अरण्यकांड में कैसा सुन्दर प्रकृति वर्णन किया है! या कालीदास को पढ़ो। वैसा लिखो। कुल मिलाकर सलाह यह कि ऐसा लिखो कि आपके एरिया के विक्रमादित्य को कोई उज्र न हो।

तो वैसा तो फिर प्रकृति वर्णन ही हो सकता है। अब वही लिखा करूँगा। इस लेख से शुरू कर रहा हूँ, जहाँ तक पहुँचे। तो शुरू करते हैं।

मेरे पास एक अदद नदी है, कुछ पेड़ हैं, एक झरना है, कुछ पंछी हैं, हवा है, पौधे हैं, घास है, फूल-पत्तियाँ हैं और हिरण, खरगोश, मोर, बगुले आदि भी हैं।

छोटा-सा स्टाफ है प्रकृति के डिपार्टमेंट का। और इसी छोटे-से स्टाफ से बड़ा काम कराना है मुझे। वैसे स्टाफ पुराना तथा अनुभवी है—एक हद तक घाघ भी कह लें तो ग़लत न होगा। चित्रकला से लगाकर कविता तक, प्रकृति वाली ड्यूटी के लिए इन्हीं को डेपुटेशन पर लगाना पड़ता है।

मैंने नदी को पकड़ा। रचना में शुरू में ही नदी डाल दो तो आख़िरी तक बहने के लिए एक चीज़ मिल जाती है। नदी, जिसका चौड़ा पाट, बहती हो नि:शब्द, जिसमें तिर रही हों पालदार नौकाएँ और मछुवारे फेंक-समेट रहे हों अपने जाल—इत्ता मिल जाए, तो बढ़िया। मैंने ये चीज़ें माँगी तो नदी बिफर गयी। सरकारी कर्मचारी वाला अड़ियल रवैया। कामचोर। बदमाश। सालों से एक ही डिपार्टमेंट में रहकर काम टालने के सारे गुर जान गयी है नदी। साफ़ नट गयी कि यह काम हमसे न होगा—चाहो तो लिखकर दे दें। कहने लगी कि नदी में ज़माने भर का गू-मूत बह रहा है और आप प्रकृति वर्णन में हमारी ड्यूटी लगाना चाहते हैं? नदी एक हद तक ठीक कह रही थी, परन्तु साहब, सरकारी कर्मचारी को तो इसी तरह की पचास दिक़्क़तों के बीच काम करना पड़ता है। ये थोड़ेई कि आपको ड्यूटी रोस्टर दें और आप रोने लगें कि वाइफ़ बीमार है या ख़ुद के पेट में दर्द है। यह तो ठीक बात नहीं। पर नदी ने ऐसा ही कहा। कहने लगी कि आप किसी से भी हमारी जाँच करा लो। हम प्रकृति वर्णन की ड्यूटी के लिए फिट निकलें, तो काम करा लें। पे रिवीजन होता नहीं। पैसा लगाते नहीं। सूखती जा रही है नदी। सरकार बस बड़े बाँधों की परवाह करती है, पर हम छोटे कर्मचारी? सूअर भी नदी में उतरने से पहले चार बार सोचता है, ऐसी गन्दी, बजबजाती नदी हैं हम! अब इससे जैसा, जितना काम प्रकृति विवरण का ले सको, तो ले लो। हमारा क्या है—हम तो जैसी हैं, वैसी पहुँचे जाती हैं तुम्हारी रचना में। फिर तुम जानो और तुम्हारी रचना।

बड़बड़ाती रही नदी। ठीक भी कह रही थी। तो नदी को लाना तो बेकार। रचना फाल्तू में बास मारती।

चलो, अपन तो पेड़ को पकड़ते हैं—सोचा मैंने।

पेड़ पकड़ लो, तो साहित्य में काम चल निकलता है। ठीक-ठाक से पेड़ों का एक झुरमुट भी हाथ आ जाए, तो आठ-दस कविताएँ निकाली जा सकती हैं। पेड़ आएगा, तो उसके साथ पंछी तो मिल ही जाएँगे। पंछी तो पेड़ के दफ़्तर से अटैच्ड कर्मचारी हैं। ऑफिस कम रेजीडेंस, पंछियों का। फिर गिलहरियाँ भी। और छाँह में बकरी, गाय, भैंस तथा बैठा हुआ कोई ग़रीब आदमीनुमा जानवर भी। पेड़ मिल जाएँ तो नदी के बग़ैर भी लेखक का काम चल सकता है। नदी के भाव इधर कुछ ज़्यादा ही बढ़ गये हैं। इसे ठीक करना बेहद आवश्यक है। स्साली को रचना से ही ग़ायब कर देते हैं। ज़िक्र ही नहीं करेंगे। हमारे हिन्दी साहित्य में तो किसी की अकल ठिकाने

लगाने का यही समयसिद्ध शास्त्रीय तथा विद्वानों द्वारा मान्यताप्राप्त विधि है। इसी से ठीक करेंगे नदी को। अब मेरा सारा रचनाकर्म पेड़ को समर्पित। नदी का कहीं नाम भी नहीं। अब तो अपने कविमित्रों की भाँति पेड़-एक से लगाकर पेड़-पच्चीस या पचास तक जाना है—जितने मिल जाएँ। क्यों सा'ब ठीक बात कि नहीं?

सो मैं पेड़ खोजने निकला। पेड़ अपनी जगह पर मिला ही नहीं। जंगल तो यहाँ से शिफ्ट हो गया साहब। पहले था। तब पेड़ भी थे। बड़ा-सा दफ़्तर था जंगल का। ढेर-से पेड़ों का सेटअप। अब तो उनसे यह जगह खाली करा ली गयी है। कॉलोनी बननी थी न। फिर? अब कहाँ मिलेंगे? कहते हैं कि कहीं रिमोट इलाके में शिफ्ट कर दिया गया है जंगल को। स्टॉफ की छँटनी भी कर दी। पेड़ काट दिये गये। अब पेड़ देखना हो, तो चुंगीनाके पर खड़े ट्रकों में झाँक लो; उन्हीं पर लदे मिल जाएँगे पेड़। या फोटुओं में देख लो और प्रेरणा ले लो। आजकल लेखन में यही ट्रेन्ड है भी। दलित की फोटू देखकर दलित की कहानी और स्त्री पर तिरछी नज़र धर के स्त्री की कथा। यही मैं भी पेड़ के साथ कर लूँ तो?

तो देखा आपने कि मैं प्रकृति वर्णन में हार गया।

मेरे जैसे लेखकों की यही मुसीबत है। प्रकृति, उदात्त प्रेम, आध्यात्म आदि शाश्वत विषयों में घुसूँ भी तो थोड़ी दूर जाकर ही ज़माने की कटु वास्तविकताएँ घेर लेती हैं और यह सब धरा रह जाता है। क्षमा करें। मैं आगे भी व्यंग्य ही लिखता मिलूँगा। मेरा प्राकृतिक इलाज सम्भव नहीं।

धूप में अँधेरा

एक शानदार कॉलोनी के प्रवेश द्वार से सामने है यह छोटा-सा चौराहा।

चौराहे के दो तरफ दो पुलियाँ बनी हैं।

इधर की पुलिया पर वह बैठी है और उसका इन्तज़ार कर रही है।

उधर की पुलिया पर 'वो' बैठे हैं, जिनको किसी का इन्तज़ार नहीं और जिनका किसी को इन्तज़ार नहीं।

यह कहानी 'वह', 'उस' तथा 'वो' की कहानी है।

'वह', 'उस' के लिए आयी है, जो अभी आया नहीं है, पर जब भी बस से उतरकर आएगा, तो 'वह', 'उस' को छाता लगाकर एहतियातपूर्वक घर ले जाएगी। और 'वो'? 'वो' तो बस यों ही। आगे की कहानी में बताएँगे 'उनके' बारे में।

कहानी किंचित क्लिष्ट ढंग से शुरू करने के लिए क्षमाप्रार्थी हूँ। पर क्या करूँ? आजकल के कहानी लेखन में यही ट्रेन्ड चल रहा है कि कहानी ऐसे शुरू करो कि पाठक शुरू में ही बिदक जाए। धन्धे में रहना है, तो यह भी करके देख लिया जाए—यही सोचकर इस कथा का शुरू का हिस्सा उपरोक्त लहज़े में लिखा। पर आगे लिख नहीं पाया। ख़ुद ही बिदक गया। यह रूपवादी सौन्दर्यशास्त्र हमसे सधेगा नहीं। सो चलो, सीधे-सीधे ही कहानी बताते हैं आपको।

वह है आठ-नौ साल की बच्ची। हाथ में छाता लेकर बैठी है पुलिया पर। बाबा अभी स्कूल बस से उतरेगा, तो वह उसे सँभालकर घर तक ले जाएगी। उसके हाथ से स्कूल बैग लेगी, पानी की बोतल पकड़ेगी, छाता तानेगी, सड़क पार करायेगी और कॉलोनी की सड़क पर चल देगी। इत्ती-सी बच्ची पार कराएगी सड़क, इत्ते-से बच्चे को? आप आश्चर्य कर रहे हैं? बित्ते भर की छोकरी। ज़रा-सी। पर साहब, बड़ी चुस्त लड़की है। है तो मुश्किल से आठ-नौ साल की, पन्तु फिरकी-सी घूमती है। बर्तन माँज लेती है। मैडम के घर में कहाँ क्या पड़ा है और क्या सँभाल करनी है, सब जानती है। बच्चे को देखती है। और दूसरे सर्वेन्ट्स कभी न आएँ, तो झाड़ू-पोंछा भी सलटा देती है। ऐसी नौकरानियाँ बड़ी किस्मत से मिला करती हैं—कहते हैं पड़ोसी।

रश्क करते हैं मैडम की किस्मत से। छोटी-सी लड़की, पर क़द की ही छोटी है साहब। कभी उसकी आँखों में झाँक कर देखिए। डर जाएँगे आप। उसकी आँखों में आपको बचपन की लाश पर टाँगे रखकर खड़ा बुढ़ापा दिखेगा; जैसी शिकार के साथ शिकारी की फोटुएँ देखी होंगी न आपने, वैसी ही। इस लड़की के बचपन की हत्या हुए अरसा हुआ। उसे छोटी-सी बुढ़िया कह लें। सो आप चिन्ता न करें। यह बड़े सँभालकर सड़क पार कराके सुरक्षित घर ले आएगी बाबा को। खूब बढ़िया ट्रेन्ड किया है मैडम ने साहब। ऐसी नौकरानियाँ आजकल मिलती कहाँ हैं—मैडम यों ही नहीं इसकी माँ को हर माह पाँच सौ रुपये दिया करती हैं।

धूप तेज़ है। दोपहर के दो बज रहे होंगे। स्कूल बसों के आने का टाइम।

मार्च से ही लू-लपट चल पड़ी है साहब। मौसम बदल गया है देश का।

धूप में तपती हुई बैठी है वह पुलिया पर। दूर सड़क पर आती हुई हर गाड़ी स्कूल बस का भ्रम दे रही है। वह बार-बार उठ जाती है, पर हर बार ही बस कोई दूसरी ही निकलती है। बैठे-बैठे पसीना बह रहा है, पर नहीं बह रहा। उसका मुँह सूख रहा है, पर नहीं सूख रहा। धूप लग रही है, पर नहीं लग रही। वह है, पर नहीं है। जब उसका होना ही बेमतलब, तो उसकी तक़लीफें भी बेमतलब।

धूल के बवंडर उड़ रहे हैं, आसपास। तेज़ हवा का एक झोंका बहुत-सा कचरा उसके मुँह पर उड़ाकर निकल गया। पर वह चुपचाप बैठी है। धूप है, तो छाता क्यों नहीं लगा लेती? वहीं बन्द छाता लिये बैठी है बेवक़ूफ! आप उसे बेवक़ूफ कह लें साहब, परन्तु वास्तव में वह ख़ासी समझदार है। उसे पता है कि छाता तो वह बाबा के लिए लाई है। तो उसके लगाने से छाता घिस जाएगा क्या? आप जो भी कह लें। वह तो कभी नहीं लगाएगी। सोच भी नहीं सकती ऐसी ग़लत बात। नौकरानी की एक मर्यादा होती है जनाब। छोटी उम्र की है, पर जानती है अपनी औक़ात। उसे धूप नहीं लगती। उसे प्यास नहीं लगती। पसीना बहे, तो उसे कभी नहीं लगता कि कोई उसका पसीना पोंछ दे। सच्ची। माँ कसम। बड़ी समझदार है साहब। आठ-नौ साल की है, तो इससे क्या?

अब दूसरी पुलिया पर उस तरफ जो 'वो' बैठे हैं, उनकी तरफ देखें। हाँ हाँ, वे ही जो उधर पुलिया पर जमे हैं।

नहीं नहीं ज़नाब, आदमी के ही बच्चे हैं। ध्यान से तो देखें साहब।

मैले-कुचैले बच्चे। फटे, गन्दे वस्त्र। वस्त्र भी क्या, कहिए कि अधनंगे। इनमें से एक तो लगभग नंगा ही। उसकी हाफ-पैंट पीछे से पूरी तरह से फटी है, जो किसी तरह से कूल्हे पर अटकी भी है और नहीं भी। छोटे-छोटे तीन बच्चे। बीमार से। पर गजब के चुस्त। बल्कि विकट दुष्ट कह लें। हैं तो स्साले ज़रा-ज़रा से, पर हैं ऐसे कि जमाने के कान काट लें। एक तो होगा दस साल के आसपास का, दूसरा लगभग

छः का और एक उनकी बहिन है, दोनों के दरमियान की उम्र वाली। वैसे भी इनकी उम्र का अन्दाज़ लगाना कठिन। स्सालों का चेहरा इतना पक्का और मेच्योर है कि जैसे किसी ने बड़ी उम्र के आदमी को जादू चलाकर छोटा बना दिया हो। ये तीनों बैठे हुए मस्ता रहे हैं उधर की पुलिया पर। धूप में ऐसे मस्त कि मानो चाँदनी में बैठे हों। टूटी पुलिया पर ऐसे ख़ुश कि मानो माँ की गोद में। ठाठ देखो बदामाशों के! दुनिया को मानो ठेंगे पर धरे।

तीनों के पास कचरा बटोरने वाले अपने अपने बोरे हैं।

कचरा बीनने वाले बच्चों और औरतों के पास आपने देखे ही होंगे ऐसे बोरे। सफ़ेद-सफ़ेद से, प्लास्टिकनुमा बोरे। लम्बे से। बड़े मज़बूत बोरे होते हैं साहब। जित्ता चाहो, उत्ता कचरा-कबाड़ भर लीजिए। कन्धे पर लटकाने में आसान। फटते नहीं। अन्दर क्या पड़ा है, बाहर से दिखता भी नहीं। ये कचरा बीनने वाले, इसी में तो चोरी करके सामान धर के आराम से निकल जाया करते हैं कॉलोनी से। अभी परसों ही जो हमारे बंगले से कोई दो टूटी बोतलें उठाकर ले गया और पिछले महीने जो आपकी टूटी चप्पलें आपकी बाउंड्री में घुसकर मार ले गया, तो वो कैसे? बस, इसी तरह। इन्हीं बोरों में सरका लेते हैं ये बदमाश और खिसक लेते हैं। बाहर से दिखता भी नहीं कि क्या उठाकर ले जा रहे हैं। कचरा उठाने की आड़ में ऐश चल रही हैं स्सालों की।

ऐसी ऐश करने वाले ये बच्चे अभी पुलिया पर बैठे धमाल कर रहे हैं।

ऐश चल रही है पट्ठों की। लड़की ने बोरी में हाथ डाला। पन्नी में लिपटी हुई सूखी ब्रेड का आधा पैकेट निकाल लिया उसने। मानो जादू से। दोनों बच्चों को गर्व से दिखा रही है। दोनों लड़के चमत्कृत हैं बहिन के इस जादुई कारनामे से।

''कहाँ से मिली?'' एक-दो नहीं, पूरा आधा पैकेट ब्रेड। है न कमाल। छोटा भाई आश्चर्यचकित हो पड़ताल कर रहा है।

''तुम आगे निकले न, तभी पीछू वाली कार वाले ने खिड़की से फेंकी। सच्ची।'' लड़की उस मायावी घटना का जिक्र कर रही है।

''इत्ती सारी फेंक दी? सच्ची?'' छोटे को भरोसा ही नहीं हो रहा कि कोई इत्ता सारा खाना यों ही फेंक सकता है। ख़ुद काहे न खाएगा? बताओ भला।

''सच्ची बताती मैं...''

''झूठ फेंक रही है रे तू...''

''हट रे...सच्ची...'' कहकर बहिन ने धकिया दिया तो छुटका खिसककर पुलिया से गिर गया। तुरन्त उठ भी गया, परन्तु मुश्किल से निबकी हुई पैंट उतरकर टखनों में गिर गयी। अलफनंगा हो गया वो। बड़ा भाई तालियाँ पीटकर हँस रहा है

उस पर। छोटे ने देखा कि उधर की पुलिया पर छाता लेकर बैठी वो बाई भी उसी की तरफ देख रही है। स्साली! खिसकाकर चढ़ा लिया उसने हाफ पैंट वापिस से और बिचका दिया मुँह पुलिया पर बैठी उस लड़की की तरफ देखकर।

"काय को दिया री मुझे धक्का?"

"दी तो दी रे...पर तू काहे को गिरा?..."

"अब दे के देख?" छुटका धमकी की मुद्रा में खड़ा है।

बहिन तो फिर बहिन। प्यार आ गया उसे। उसने दो ब्रेड निकालकर छुटके को दे दीं। गपागप खाने लगा वो। दो दूसरे भाई को। दो ख़ुद। अब बची एक। काली-सी। फफूँद लगी-सी ब्रेड का सूखा टुकड़ा। लड़की ने यह टुकड़ा उदारतापूर्वक पास खड़े कुत्ते को दिखाते हुए दूर फेंका है। कुत्ता तो फिर साहब कुत्ता ठहरा। भागा है सरपट उस तरफ। तीनों हँस रहे हैं। तीनों ब्रेड खा रहे हैं। तीनों की ऐश चल रही है, जैसा कि हमने शुरू में ही बताया।

इनकी मस्ती को देख रही है वह, पुलिया पर उधर बैठे।

बस अभी नहीं आयी है।

इसी बीच बहुत-सी गृहणियाँ आकर खड़ी हो गयी हैं।

इसी कॉलोनी की आंटी लोग।

इनके बच्चे विभिन्न स्कूल बसों से उतरेंगे। तब तक गप्पें चलने लगी हैं। गुटों में खड़ी हैं आंटियाँ।

इनको देखकर पुलिया से उतर गयी है वह। छाते वाली लड़की किनारे खड़ी हो गयी है। बाअदब। आंटियों के सामने कैसे बैठे?

इसी बीच, इधर वाली पुलिया पर मस्ता रहे बच्चों के बीच धींगा-मस्ती चल रही है।

थैले समेटकर किनारे रख दिये गये हैं।

रद्दी ख़रीदने वाला एक आदमी अपना ठेला लेकर आया है। पसीने से तर। धूप तेज़ है। ठेला ढकेलो तो ऐसी-तैसी हो जाती है साहब। ठेले पर रद्दी अख़बार और अनाप-शनाप अंगड़-खंगड़ लदा है। पुलिया के पास ही एक मकान की बाउंड्री में लगे पेड़ की पिद्दी-सी छाया बाहर सड़क तक है। सुस्ताने के लिए इसी छाँह में ठेला रोक लिया उसने।

अचानक ही एक ज़ोरदार लप्पड़ मार दिया है बड़े भाई ने, छुटके को। और यह बड़ा भी, साहब काहे का बड़ा। है दसेक साल का, पर थप्पड़ ठोकते हुए मानो लम्बे-पूरे जवान की हैसियत से ठोक रहा है।

"क्यों मारा रे तूने इसे?" रद्दी वाले ने छाँह में खड़े-खड़े कहा।

रद्दीवाला होगा यही कोई पचासेक साल का। वैसे इसकी उम्र का ठीक से कह पाना भी कठिन। ग़रीबी, बीड़ी, शराब, भूख, चिन्ताएँ और जिसे हम कथा-कहानी वाले जालिम ज़माना कहते हैं, सबने मिलकर श्रीमान की ऐसी दुर्गति बनायी है कि वे बीस से लेकर पचपन तक कुछ भी हो सकते हैं।

किसी ने रद्दीवाले की बात सुनी नहीं। बड़े ने एक लात भी घुमाई, जिसे छोटा कौशल दिखाता हुआ बचा ले गया। और न केवल बचा ले गया, बल्कि इसी को लेकर बड़े को चिढ़ा भी रहा है। बड़ा उसे घूरकर देख रहा है। दोनों के बीच में अब भरा हुआ बोरा पड़ा है। छोटे का बोरा। बड़े का तो पुलिया पर है। बहिन का उसकी गोद में है। स्थिति को बड़ा तौल रहा है कि लात मारना ठीक रहेगा कि हाथ?

"क्यों बे, काहे को मार रहा है रे छोटे से लौंडे को?" बीड़ी सुलगाते हुए रद्दी वाले ने अब इतनी तेज़ आवाज़ में पूछा है कि छाते वाली लड़की और एकाध आंटी तक चौंककर इस तरफ देखने लगे।

"मार रहे हैं, तो?"

"बताऊँ तेरे को अभी?" ठेले वाले ने बीड़ी का कश खींचकर, ज़ोर से खाँसते हुए कहा।

"बता न...बता।...तेरा भाई अभी तेरे को और तेरी भेन को गाली निकालेगा, तो तू क्या करेगा रे? चुप हो के बैठेगा कि उठ के चार लातें मारेगा? बोल न?...बड़ा आया पूछने को कि काहे को मारा..." बड़ा वहीं खड़ा बड़बड़ा रहा है, पर उसकी नज़र छोटे पर है।

"क्यों रे...अपनी भेन को गाली देता है?" ठेलेवाले के तेवर ढीले पड़ गये हैं।

"तुझे भी सुनाऊँ क्या रे?" छोटा बोला।

बड़ा हँसने लगा। बोला, ठेले वाले से..., "भोत बदमाश है ये लौंडा...सच्ची अंकल, अभी सुनाने को बोलोगे तो माँ-भेन की ऐसी-ऐसी खुल्ली सुनाएगा कि तुम्हारी...सच्ची कहते हैं।"

"गाली नहीं देने का रे—बाप मारेगा।" ठेले वाले ने छोटे को उपदेश देने की कोशिश की।

"बाप तो मर गया, कभी का..." बड़े ने हँसकर कहा।

तीनों बच्चे हँसने लगे। बाप के मरने की बात पर रो नहीं रहे वे। मरा हुआ बाप कहाँ से आकर मारेगा—इस जोक पर हँस रहे हैं। स्थिति का विद्रूप ऐसा कि हँसना

भी रोने जैसा ही। जीने का यही रास्ता भी है, नहीं तो रो-रो कर अभी तक मर जाते। माँ जाती है काम पर। झाड़ू, पोंछा, बरतन। ये इधर। काहे का रोना रे!

''बदमाश हैं स्साले!'' ठेले वाले ने सबको सुनाकर कहा।

तीनों हँस रहे हैं। हँसते ही जा रहे हैं।

कि तभी बस आ गयी।

उस तरफ की पुलिया के पास हलचल मच गयी।

माँओं ने छाते खोल लिए और बस की तरफ भागीं।

उतर रहे हैं उनके लाल। बस से उतरकर भाग रहे हैं बोतलें झुलाते, मम्मी की तरफ। छाते वाली बच्ची ने तो तुरन्त ही छाता खोल लिया था। आंटियों जैसा उत्साह उसमें न भी हो, पर उनसे भी ज़्यादा ऐहतियात से वो ठीक बस के पास पहुँच गयी है। मानो, अभी काँच का कोई बर्तन बस से उतारा जाने वाला हो। सँभालकर ले जाना होगा बाबा को। बड़ा शरारती है बाबा। सुनता ही नहीं उसकी। पिछली दफ़ा भागकर आगे निकल गया और गिरकर घुटने में खरोंच लगा बैठा था तो मैडम ने कित्ता डाँटा था।...कहाँ ध्यान रहता है रे तेरा? ज़रा-सा काम भी ठीक से नहीं होता रे तेरे से? घोड़ी हो गयी है, पर एक बच्चा तक नहीं सँभलता तेरे से? नौ साल की घोड़ी चुप खड़ी सुनती रही। क्या कहती? पर अब वो बेहद सतर्क है।

उतर रहे हैं नन्हे फरिश्ते बस से। थके माँदे। पर कैसी दमक है चेहरों पर!

दमक निश्छल, बेपरवाह, सपनों से भरे बचपन की। यह दमक तो बचपन ही देता है। परन्तु यदि बचपन ऐसी दमक देता है, तो फिर ऐसी दमक इस छाते वाली बच्ची के चेहरे पर क्यों नहीं और उस पुलिया पर अपने बोरे समेट रहे उन हमउम्र बच्चों के चेहरों पर अँधेरा-सा क्यों है?...देखिए साहब, ये सब बातें हैं फिलासफी वाली, जो फुर्सत वाले झाड़ा करते हैं। इन सबका कोई मतलब नहीं इस दुनिया में। दुनिया यही है। यहाँ भावुक होकर रोने बैठ जाएँगे, तो रोते रोते जीवन बीत जाएगा। वैसे यह भी सत्य है कि यह कहानी लिखते-लिखते हम स्वयं भावुक हुए जा रहे हैं।

बस निकल गयी है। चौराहे पर तीन तरह के बच्चे छूट गये हैं—एक तो वे, जो बस से उतरे, फरिश्ते टाइप, गोल-मटोल, साफ़-सुथरे, स्वस्थ, दमकते यानी कि वैसे बच्चे, जैसा होने के लिए ईश्वर बच्चों को इस धरती पर भेजता है; दूसरे वे बच्चे, जो अभी उस तरफ की पुलिया पर धमाल मचाकर कचरे के खेल से ही जीवन रस निकालने की जुगत कर रहे थे और जिनका ईश्वर शायद कहीं है ही नहीं; और तीसरी वो अपनी छाते वाली बच्ची, जो न इस तरह की, न उस तरह की। तो जीवन की

कहानी का सच तो यही है। चलिए। भावुकता-फावुकता त्यागकर कथा बढ़ाएँ। बल्कि ख़त्म करें। अन्यथा ऐसी कहानियों का कोई अन्त तो होता नहीं।

तो अब कहानी का अन्त देख लें।

बस से उतरे बच्चे चले जा रहे हैं घरों की तरफ। महफ़ूज़।

बाबा टेढ़ा-मेढ़ा भागा चला जा रहा है कॉलोनी की सड़क पर। सहमी-सी छाते वाली बच्ची थैला, बॉटल और छाते के बीच सामजस्य बिठाती उसके पीछे भाग रही है। इधर ये तीनों बच्चे कुछ देर तक बस से उतरे बच्चों को जाते हुए देखते वहीं खड़े रहे। नहीं। उनके मन में कोई हसरत नहीं, न ईर्ष्या, न इन्हें कुछ भी अजीब लग रह है। इनके लिए तो ये बच्चे मानो किसी और ही ग्रह के प्राणी हैं। क़िस्से कहानी वाले।

तीनों बच्चे, कन्धों पर थैला टाँगे देख रहे हैं उन्हें जाते हुए। फिर अचानक ही एक दूसरे को धक्का मारते, हो-हल्ला करते एक तरफ निकल भागे हैं।

अब?

अब क्या? खेल ख़त्म, पैसा हजम। उठिए साहब। चलिए, घर चलें।

कहानी के सारे पात्र चले गये साहब। कहानी में धूप बची है, बस। पर न जाने क्यों, इस धूप में भी अँधेरा लग रहा है मुझे। और आपको साहब?

दास मलूका की परम्परा

दुनिया में दो तरह के लोग होते हैं।

एक वे, जो ख़ूब काम करते हैं और दूसरे वे जो समझदार होते हैं।

काम करने वाले काम करने में तो अपना समय ख़राब करते ही हैं, शेष बचे समय को भी वे इस रोने में ख़राब करते रहते हैं कि फलाना आदमी तो कुछ भी काम नहीं करता है और दफ़्तर में हम-ही-हम काम कर करके हलकान होते रहते हैं। काम करने वालों को भ्रम है कि 'काम न करना' कोई बड़ा सरल-सा काम है। ऐसा नहीं है भैया! काम न करने में भी बड़ी मेहनत लगती है श्रीमान। सुबह से रात तक बिना काम किए समय काट ले जाने को आपने शायद हँसी-ठट्ठा मान लिया है। पर बड़ी तपस्या है यह। लोग आपसे काम करवाने की कोशिशें करने से बाज़ नहीं आते। तपस्या भंग करने वाले राक्षस घूमते रहते हैं। बॉस पुछवा रहा है कि चार दिन पहले वाली फाइल का क्या किया? कस्टमर सामने बैठ गया है कि आज तो काम कराकर ही जाएगा। सभी लोग हैं। इन सबके प्रेरणादायक दबावों, आग्रहों, धमकियों तथा फुसलाने की कार्यवाहियों से स्वयं को बचाते हुए काम के झाँसे में न आने के लिए कितने प्रयास, बहाने, ठनगन तथा तौर-तरीके लगते हैं—इसे जानेंगे, तभी जान पाएँगे कि काम न करना कितना श्रमसाध्य कार्य है! हम कुछ उदाहरणों द्वारा आपको समझाते हैं।

हमारे दूर के एक मामाजी मास्टर थे। उनकी पूरी नौकरी में, उनके तथा हेडमास्टरों के बीच यह सतत द्वन्द्व चलता रहा कि अध्यापक की ड्यूटी में पढ़ाना भी शामिल होता है या नहीं? मामाजी का स्पष्ट मत था कि यह विचार वस्तुतः किसी ग़लतफ़हमी के कारण उपजा है। वे बताते कि जब किताबों में हर चीज़ पहले ही लिखी है, तो मास्टर इससे ज़्यादा और क्या बताएगा? बच्चे यदि हरामखोरी पर ही न उतारू हों, तो किताबें पढ़कर वे सबकुछ सीख सकते हैं। वे कहते कि अध्यापक का काम पढ़ाना नहीं, बल्कि बच्चों की ठुकाई करके उन्हें किताबें लेकर बिठाना है। वे यही किया करते। वे कक्षा में पहुँचते और पहुँचते ही बच्चों को अपनी-अपनी किताबें खोलने को कहते। फिर एक बच्चे को कोई भी पाठ तेज़-तेज़ पढ़ने को बोलते। बच्चा पढ़ता

जाता। शेष कक्षा सुनती। तब तक मामाजी कुछ भी करते। या ऊँघते और बीच-बीच में बच्चे को लतिया भी देते कि स्साले, इत्ती ऊँची आवाज़ में क्यों पढ़ रहा है कि एक शरीफ़ मास्टर ढंग से सो भी न सके! या कभी वे जासूसी उपन्यास पढ़ते रहते। जब तक पाठ का पारायण चलता, तब तक वे जासूस के साथ हत्यारे का पीछा करते। मामाजी वैसे तो वस्तुतः किसानी का काम करते थे; मास्टरी तो यों ही खामाखाँ थी। वे बड़ी ईमानदारी से बताते थे कि यार हमें पता ही नहीं था कि मास्टरी की नौकरी में हमें लोग पढ़ाने को भी कहेंगे, नहीं तो हम तो ज़िन्दगी में कभी यह लानत न ओढ़ते। वे तो यहाँ तक बताते कि हमने तो चुंगी के क्लर्क के लिए फार्म भरा था, परन्तु प्रशासन की लापरवाही के कारण किसी ने हमें मास्टर की नौकरी पकड़ा दी। शुरू के कुछ वर्ष तो उन्होंने इसी प्रतीक्षा में नहीं पढ़ाया कि हो सकता है कि शायद सरकार अपनी ग़लती सुधारकर उन्हें वापस चुंगीनाके पर जाने को कह दे, जो वैसे भी स्कूल के पास ही था बल्कि कुछ दिनों तो वे आधा टाइम चुंगीनाके और आधा टाइम स्कूल में काटते रहे। उन दिनों वे बच्चों को फटकारते कि जिसने भी कक्षा में शोर मचाया, उसी की चुंगी काट दी जाएगी। इसी चक्कर में उन्हें न पढ़ाने की आदत पड़ गयी। वे हेडमास्टर को समझाते कि उनसे न ही पढ़वाया जाए तो ठीक रहेगा, वर्ना वे कुछ ऐसा ग़लत भी पढ़ा सकते हैं कि जो बच्चों के भविष्य को ख़तरे में डाल दे।

मामाजी गणित में कमज़ोर थे और इतिहास उन्हें आता नहीं था। भूगोल का वे बताते कि यह विषय तो हमारे बाप को भी कभी समझ में नहीं आया है। इधर अँग्रेजी में तो इज, फिज, आर, फार का स्साला ऐसा कन्फ्यूजन रहता था कि मामाजी अँग्रेजों के दिमाग़ की दाद देते नहीं थकते थे कि जिनने ऐसी अललटप्पू भाषा बनाई और साधी। इन कारणों से हेडमास्टर ने बीच में उनसे खेल-टीचर ही बन जाने की प्रार्थना भी की, परन्तु सैद्धान्तिक आधार पर इसे ठुकराते हुए मामाजी ने बताया कि वे इस बात के सख़्त हिमायती हैं कि खेलने से बच्चे बिगड़ जाते हैं। मामाजी हेडमास्टर साहब को सान्त्वना देते कि बनना हुआ तो हमारे इन्हीं छात्रों में से नेहरू, गाँधी वग़ैरह बनकर निकलेंगे—हमारे पढ़ाने या न पढ़ाने से कुछ भी नहीं होने-जाने का; क्योंकि कोर्स की किसी किताब में यह नहीं दिया गया है कि गाँधी-नेहरू बनाने का फार्मूला क्या है? ऐसी स्थिति में हम क्या कर सकते हैं? वे कहते कि आप हाइड्रोजन और ऑक्सीजन को मिलाकर पानी तो बना सकते हो, परन्तु लाठी तथा गाँधी टोपी को मिलाकर गाँधीजी तैयार नहीं कर सकते। वे कहते कि जिसे जो बनना है, वह अपने आप बनता है, और हमारे पढ़ाने से तो कोई हीरालाल भी बन जाए, इस बात की गारंटी नहीं है। हीरालाल हमारे गाँव के एक छुटभैया कांग्रेसी नेता थे, जो मात्र गाँधी टोपी लगाने के कारण ज़िद किया करते थे कि उन्हें भी छोटा-मोटा महापुरुष मान लिया जाए।

मामाजी के साथ ही मुझे अपने एक और दूर के रिश्तेदार याद आ रहे हैं। वे एक दफ़्तर में काम करते थे। दफ़्तर का नाम हम आपको बता नहीं सकते क्योंकि आख़िरी वक़्त तक स्वयं उनको भी पता नहीं चल पाया था कि इस दफ़्तर में क्या काम होता है और यह है कौन-सा दफ्तर? उन्होंने ख़ुद कभी दफ़्तर में कोई काम नहीं किया। वैसे वे सबसे पहले दफ़्तर पहुँचा करते। पहुँचकर वे यह हिसाब रखते कि आज कौन कितना लेट आया? फिर वे दिन भर सभी को यह बताते फिरते कि इस दफ़्तर में इसी चक्कर में तो कोई काम हो नहीं पाता क्योंकि यहाँ तो कोई भी टाइम पर पहुँचना ही नहीं चाहता। वे दिन भर दफ़्तर में रहते, पर काम नहीं करते। वे सबके बाद ही दफ़्तर से जाते भी। देर से जाने में यह बात भी थी कि इससे उनको दफ्तर की स्टेशनरी, पेन, स्याही इत्यादि को उठाकर घर ले जाने में आसानी रहती। वे नित्य कोई एक फाइल उठा लेते और पूरा दिन ही उसी के सहारे काट देते। फिर वे उसी फाइल को घर भी ले जाते और उसके अगले दिन भी उसी को लिए रहते। फिर कई दिनों तक वे वही फाइल लिये तब तक डोलते-फिरते जब तक कि वह गुम न हो जाए। फिर अगले कुछ दिन वे उस फाइल को खोजने में व्यतीत करते। इसी बीच यदि उन्हें कोई नयी फाइल या नया काम देने का कुत्सित प्रयास करता तो वे उसकी इस कमीनी हरकत को क़तई बर्दाश्त नहीं करते। वे कहते कि एक तो हम पहले ही उस फाइल के गुम हो जाने से परेशान हैं जिसमें हमने इतनी मेहनत की थी, और उस पर से आप और परेशान करने पहुँच जाते हैं। इसके बावजूद कभी न कभी तो यह भी हो ही जाता कि एकाध फाइल तो उन्हें निबटानी ही पड़ जाती। तब वे अपने नोट में इतने सारे यदि, किन्तु, परन्तु, लेकिन, अर्थात, जैसा कि चाहा गया है, गो कि, जहाँ तक इसका प्रश्न है तो, अनुमान है, जैसा प्रतीत होता है, सम्भव है, विवेचना के बाद ही जैसे वाक्य डाल देते कि उस नोट के आधार पर कोई निर्णय लिया जाना असम्भव होता, या जो लेता, वही फँस सकता था। कोई बाद में कहे भी कि यह आपने कैसा नोट डाल दिया है तो वे स्पष्ट कहते कि सर, हमने तो शुरू में ही आपसे कहा था कि अभी हमें चक्कर आ रहे हैं और फाइल हमें न दी जाए। फाइल अटकाने का उनका एक और तरीक़ा था। वे हर फाइल को लेकर अपने बॉस के केबिन में पहुँच जाते कि सर, इसमें हमें कुछ डाउट लग रहे थे—तनिक एक दफ़े पूरी फाइल पाइंट-टु-पाइंट समझा सकें, तो हम तुरन्त ही यह काम निबटा लाएँ क्योंकि काम पेंडिंग में रहे, तो हमें बरदाश्त नहीं होता। बॉस प्रायः व्यस्त होते। वे बाद में आने को कहते। फाइल लटक जांती। पर कई बॉस हरामीपन भी दिखाने की कोशिश करते। वे फाइल के मुद्दों को विस्तार से समझाने बैठ जाते। तब वे बॉस से भी बड़ा हरामीपन दिखाते। वे इतनी तरह के, ऐसे-ऐसे ऊलजलूल प्रश्न पूछते कि बॉस घबराकर वह फाइल किसी और को ही दे डालने का निर्णय कर लेता।

बहुत सारी पेंडिंग फाइलें इकट्ठी हो जाने पर उनमें जलती बीड़ी छोड़कर वे काम एक बार में ही निबटा देते जिनके साथ दफ़्तर की अन्य बहुत-सी फाइलें भी जल जातीं और सरकार बहुत से फालतू निर्णय लेने से बच जाती। वे काम न करने के बावजूद हमेशा ही व्यस्त दिखते। फाइल लेकर वे बड़ी तेज़ी से यहाँ से वहाँ जाते। कोई भी काग़ज़ पढ़ रहे हों तो ऐसे डूबकर पढ़ते कि मानो समाधि में चले गये हों। वे तनिक आँखें खुली रखकर ही सोने की ऐसी ट्रिक विकसित कर चुके थे कि सोते हुए भी कुर्सी से न गिरते। वे कहते कि इतना काम है कि क्या तो पहले करें, इसी चक्कर में कोई काम नहीं कर पा रहे हैं। एक बार यह तय हो जाए, तो काम तो दो मिनट में कर डाले जाएँगे। ऐसा करते करते उन्होंने जीवन निकाल दिया। वैसे उनके रिटायरमेंट पर यही कहा गया कि आपका स्थान कोई और नहीं ले सकता। यही कहने का रिवाज़ है।

और हमारे फूफाजी का केस तो और भी जटिल था।

वे काम तो नहीं ही करते थे, परन्तु इस कारण उनको कोई काम न दिया जाए तो आगबबूला हो जाते थे कि तुम लोगों को हम पर तनिक भी विश्वास नहीं है क्या? वे जिस दफ़्तर में कार्यरत थे, वहाँ के बॉस पर सिफ़ारिशें लगवाते थे कि उनको सबसे महत्त्वपूर्ण काम दिया जाए। वे छोटे काम करने को राज़ी नहीं थे। वे यही कहते कि कभी हमें कोई बड़ा काम देकर देखिए। वे मानते थे कि छोटे-छोटे कामों में ऊर्जा नष्ट करने से तो बेहतर है कि आदमी बैठकर शतरंज खेले। इसके बावजूद कभी किसी ने छोटे काम देने की हिमाक़त की तो फिर वे यह लिहाज़ नहीं करते थे कि आप अधीनस्थ हैं या उनके बॉस—वे सीधे ही गालीगलौज़ पर उतर आते थे। उनका विश्वास था कि वे बड़े कामों के लिए ही पैदा हुए हैं और यह तो सितारों के फेर के कारण वे इस छोटे से टुच्चे जॉब में फँस गये हैं। दफ़्तर के रूटीन कामों को वे छोटा काम मानते थे। यह काम तो कोई भी कर लेगा। कोई चैलेंजिंग काम बताइए। कुछ ऐसा काम हो, जैसे विदेशी एजेन्टों से नेगोशियेशन करना हो, या ऐसा ही कोई काम, तो उन्हें बताया जाए। वे जान लगाकर कर देंगे। उन्हें बताया भी गया कि यह मलेरिया का दफ़्तर है, जहाँ क्लर्क से लेकर बड़े साहब तक का काम मच्छर मारना ही है। वे हमेशा अपने दफ़्तर के ओछेपन को लेकर शर्मिन्दा रहे जहाँ बड़े कामों की गुंजाइश ही नहीं थी। वे हमेशा कहते रहे कि यदि उनका दफ़्तर कभी कुछ स्टैंडर्ड के काम हाथ में ले तो एक क्लर्क होते हुए भी वे कुछ भी ज़िम्मेदारी वहन करने को तत्पर बैठे हैं। वे इस बात के सख़्त ख़िलाफ़ थे कि सारे बड़े काम बॉस ही किया करें। वे कहते कि हम तो दिल्ली में मीटिंग में जाना चाहते थे और इंस्पेक्शन के दौरे पर जाने को भी उपलब्ध थे, पर ऐसे काम तो श्रीमान ख़ुद करते हैं और हमें बेवक़ूफ़ समझ रखा है कि यहाँ बैठकर क्लर्की करेंगे! वे काम नहीं चाहते थे, परन्तु इज़्ज़त

वैसी चाहते थे कि जैसी काम करने वालों को मिला करती है। उनके लायक़ काम मिलता तो वे कमाल कर सकते थे, यह उनका मानना था। रिटायरमेंट के दिन तक उन्हें यह मलाल बना रहा कि सरकार उनके लायक़ कोई काम नहीं खोज पायी।

इस सन्दर्भ में सबसे निराला मामला तो हमारे मौसाजी का था।

वे किसी भी काम के लिए मना नहीं करते थे। वे कहते कि हर काम को करने के लिए वे आपके साथ हैं। जाते-जाते वे अचानक लौटकर भी आते और बेहद सख़्ती से ताक़ीद करते कि हमारा इन्तज़ार ज़रूर करना, ये नहीं कि तुम अकेले-अकेले ही काम कर डालो—और ऐसा किया, तो हम तुम्हें जीवन भर माफ़ नहीं करेंगे क्योंकि हम काम करने के लिए तड़प रहे हैं, सो लाज़िमी रहेगा कि हमारा इन्तज़ार किया जाए। बस हम ये गये और ये आए। इतने आश्वासनों, वादों, दावों और आत्मीय धमकियों के बाद जो वे जाते, तो फिर लौटते ही नहीं। इधर आप उनकी प्रतीक्षा में सूख रहे हैं। काम पड़ा हुआ है। उनका पता नहीं। घर पर हैं नहीं। मोबाइल बन्द मिल रहा है। आप यहाँ-वहाँ पता कर रहे हैं। काम अर्जेन्ट है साहब। कहीं दिखे क्या? कोई बता रहा है कि बाज़ार में चाट खाते दिखे थे, तो कोई बता रहा है कि लक्ष्मी टॉकीज़ के गेटकीपर से टिकिट दिलवाने के लिए चिरौरी करते देखा गया है। आप खड़े हैं। वे आएँ, तो काम पर निकला जाए। यदि आप समझदार हैं तो अकेले जाकर काम कर ही आये होंगे। समझदार न हों, तो दो-चार बार ऐसा हो जाएगा, तब समझेंगे।...और जो वे बाद में सामने पड़ जाते होंगे, तब? तब मौसाजी उस दिन न आने का ऐसा कारण बताते, कि यदि आप उनकी रग-रग से पहले ही वाक़िफ न रहे हों, तो सहानुभूति में रोने लग जाएँगे। उस दिन आपके साथ न आने के लिए मौसाजी बेहद शर्मिन्दा होते। वे बताते कि वे तो तुरन्त ही आ रहे थे पर पत्नी रोडरोलर के नीचे आ गयी, बेटे ने पतंग की रील से अपना हाथ काट लिया, बैल ने पीछे से सींग मार दिया, अचानक छाती में दर्द उठा और डॉक्टर ने कहा कि दो दिन तक बिस्तर से हिले भी तो समस्त मेडिकल साइंस इस बात का बुरा मान जाएगी, ससुरजी मुँह में बादाम धरकर उसे चबाने ही जा रहे थे कि अचानक साँस के साथ साबुत ही निगल गये और गों-गों करने लगे, चौराहे पर एक आदमी अचानक पीछे से आया और...। कोई भी कारण। कोई भी बहाना। वे सिद्ध कर देते कि काम की इतनी बलवती इच्छा रहते हुए भी ऐसे रोड़े बीच में आ गये कि भाग्य को ही दोष दे सकते हैं। बस। ये कारण बताते हुए वे साथ-साथ यह भी एहतियातन कहते जाते कि हो सकता है कि तुमको लग रहा हो कि हम झूठ बोल रहे हैं क्योंकि इस शहर में हमारे बारे में उल्टा सीधा बकने वाले इतने विरोधी हैं कि सबसे निबटना हो तो हमें तो एक समाधान शिविर आयोजित करना पड़े। वे यह भी कहते कि हमारी हमेशा ही इच्छा रहती है

कि आपके किसी काम आएँ, अतः आगे भी कभी किसी काम में हमारी ज़रूरत हो, तो हमें याद करने से हिचकिचाना मत।

अभी कोई रो रहा था कि इस देश में कोई काम नहीं करना चाहता। तभी मुझे लगा कि बात स्पष्ट कर दी जाए कि काम न करने में भी बड़ी प्रतिभा, मेहनत, भागदौड़ तथा प्लानिंग लगती है। मेरा निवेदन है कि 'काम न करना' भी ललित कला जैसी चीज़ है। कुछ उदाहरणों से मैंने बात स्पष्ट करने की कोशिश की। शेष आप स्वयं समझदार है। दास मलूका का नाम आप यों ही नहीं लेते रहते।

भागता हुआ आदमी

मुझे ग़लत न समझा जाए, परन्तु मुझे आईएसआई के एजेन्टों से सहानुभूति है।

इतना व्यस्त तथा भागमभाग वाला जीवन व्यतीत करने वाले जासूस, मुख़बिर तथा कारिन्दे दुनिया में कम ही होंगे। जेम्स बांड इत्यादि विश्व प्रसिद्ध जासूस भी जासूसी की भागदौड़ के बीच कोमलकान्त गतिविधियों के लिए समय निकाल लेते थे। परन्तु ये आईएसआई वाले तो कभी आराम करते ही नहीं देखे गये हैं। वे तो लगे रहते हैं। वे दिन-रात भारत को तबाह करने की योजनाओं में मुब्तिला रहते हैं। भारत सरकार की बातें सुनकर तो हमें यही लगता है। यदि हम सरकार के बयानों पर भरासा करें तो पता चलता है कि अब इस महादेश में जहाँ जो हो रहा है, या जो होना है, या जो नहीं होना चाहिए था, या जो होते-होते बिलुर गया, या जिसे हम कर तो रहे हैं पर जिसमें तोड़फोड़ होने या असफल होने की आशंका बनी हुई है, बनी रहती है—इन सारे छलछन्दों के पीछे आईएसआई के एजेन्टों का ही हाथ है। भारत में इतनी जगह, इतनी मुस्तैदी से, दिन-रात ये लोग काम में लगे हैं और हर एजेन्ट ऐसा व्यस्त है कि स्साले की ज़िन्दगी नर्क बन चुकी होगी। वो उस दिन को कोसता होगा जब उसने आईएसआई की नौकरी कुबूल की।

इतने सारे कार्य एक साथ अंज़ाम देना कोई ठट्ठा नहीं है जनाब! ऐसी-तैसी हो जाती है साहब। मज़ाक की बात नहीं है आईएसआई का जासूस बनना। आप हँस रहे हैं? आप ख़ुद कभी एकाध जगह बम लगाकर दिखाइए। या कभी रेल की पटरी के एक-दो बोल्ट ही ढीला करने की कोशिश करके देखिए।...ठीक है कि बम तो पाकिस्तान ने दे दिया। आप कहते हैं कि इसमें तो कोई मेहनत नहीं लगी। सही कहा। बम बनाना नहीं पड़ता। मान लिया कि वे बना-बनाया दे देते हैं। पर अब आपको इसे पाकिस्तान से लादकर भारत लाना है। ठेले पर धरकर ला नहीं सकते और बम को पार्सल किया नहीं जा सकता क्योंकि रेलवे वाले और पोस्ट-ऑफिस वाले पार्सलों को उठा-उठाकर ऐसा फेंकते हैं कि यह बीच में ही फट जाएगा। ख़ुद ही लादकर लाना पड़ता है। फिर लाकर यहाँ झोले में धरे-धरे घूमो। कोई ठीक-ठाक जगह दिखे

तो लगाएँ। हिन्दुस्तान में आधी जगहें तो वैसे ही टूटी-फूटी हैं और वहाँ बम को लगाना समय तथा बम की बर्बादी है। फिर कहीं ठीक-ठाक जगह बम लगा भी दिया, तो वहाँ से फटाफट भागना भी लाज़िमी है। ऐसा क्यों? क्योंकि भाईजान, पाकिस्तान में बने टाइमबम का ठिकाना नहीं। वह किसी भी टाइम फट सकता है। झोला बस की सीट के नीचे धरकर फटाफट निकल भागना ही श्रेयस्कर है। चाहे, चलती बस से कूदना ही क्यों न पड़े! फिर फटाफट भागने के पीछे एक और कारण यह भी है कि अभी बहुत काम पड़ा है। दस जगह अभी और बम फिट करने हैं। इनमें से बहुत से तो फटेंगे ही नहीं। हमने बताया ही है कि पाकिस्तानी बम का भरोसा नहीं। कहो तो झोले में ही फट जाए। या न फटे, तो न फटे। दिन भर यहाँ-वहाँ लगाते डोलते रहो, तब जाकर एकाध बम फूटता है। मज़ाक समझ रखा है क्या?...और बम तो छोड़िए। यह पटरियाँ उखाड़ने का काम! रात में पटरी पकड़ते हुए चलना पड़ता है। गिट्टी में मुँह के बल गिरते-पड़ते, एक पटरी के वोल्ट ढीले करने में ही तहमत ढीली हो जाती है भाईजान।...फिर आपकी भारत सरकार ने तो आजकल न जाने क्या-क्या कौन-कौन से काम दे दिये हैं आईएसआई वालों को। आपकी सरकार चाहती है कि आपके देश में सारी बदमाशियों को हम ही अंज़ाम दें और आपके ख़ुद के बदमाश बैठकर मुफ्त की खाते रहें। बताइए।

एक आईएसआई एजेन्ट की दिनचर्या पर ध्यान दें कृपया।

बेचारा, सुबू-सुबू उठकर अल्लाह का शुक्र मना रहा है कि कल सिपाही बजरंग प्रसाद ने उसके झोले की तलाशी लेते हुए टाइमबम देखकर भी नहीं पहिचाना था और उसकी यह बात मान गया था कि यह नये किस्म की अलार्म वाली घड़ी है, जो आदमी को 'एकदम उठा' देती है। रिश्वत के तौर पर वह घड़ी ही उन्होंने अपनी ड्रेस की उस जेब में धर ली थी, जो भारतीय पुलिस की यों भी काफ़ी बड़ी तथा गहरी होती है। पता नहीं कि बाद में बम जेब में फटा कि नहीं। या कहीं, वास्तव में पाकिस्तान वालों ने बम की जगह अलार्म घड़ी ही न पकड़ा दी हो, या घड़ी के साथ बम जोड़ना रह गया हो?...यही सब सोचते हुए वह चाय सुड़क रहा है कि भारत सरकार वहाँ पहुँच गयी। "कहिए, क्या ख़िदमत कर सकता हूँ मोहतरमा आपकी?" पूछ रहा है वह, भारत सरकार से। कहने वाले सरकार को लाख मर्द कह लें, परन्तु आईएसआई वाले सरकार की असलीयत जानते हैं।

"आप वो सामने वाला पुल क्यों नहीं उड़ाते? हमें बहुत दिनों से सन्देह तथा आशा है कि आप पुल पर बम ज़रूर फोड़ेंगे..." सरकार निवेदित हुई।

“मोहतरमा, वो तो वैसे ही किसी भी दिन अपने आप ही गिरने वाला है...”

“क्यों भला?”

“आपके ठेकेदार और अफ़सर ऐसा कमज़ोर पुल बनाते हैं...”

“और आपके?”

“हमारे यहाँ ऐसे कमज़ोर पुल सेना ख़ुद बनाती है...”

“फिर भी यदि आप इसे बम से गिराते तो उसकी बात ही कुछ और होती...”

“देखिए, बम हमारे पास कम पड़ गये हैं। लाते हुए दो पेटियाँ उतार लीं किसी ने ट्रेन से।”

“हमारी पुलिस और सेना के बम मिल सकते हैं आपको बाज़ार में...काहे को पाकिस्तान से लादकर लाते हैं?”

“शुक्रिया...पर मैं अभी फ्री नहीं हूँ...बड़े काम हैं...”

“कुछ हमारा कहा भी मान लीजिए...इधर हम आपका इतना नाम लेते हैं कि सारे हिन्दुस्तान में आपको सब जानने लग गये हैं और आप ऐसी बेवफ़ाई की बातें...”

“देखिए मैडम...अभी मुझे आपके एक दफ़्तर से कुछ ख़ुफिया नक्शे चुराने के लिए निकलना है—टाइम नहीं है मेरे पास बम लगाने का...”

“हमारे यहाँ तो नक्शे बाहर ही पड़े रहते हैं—कभी भी जाकर उठा लाना...”

“आपके क्लर्क ने टाइम दिया हुआ है—वह उतनी देर के लिए ही दफ़्तर आता है—फिर वह मिलेगा नहीं...”

“दफ़्तर से लौटते में बस में ही कुछ करिए न...बम-सम? या किसी को चक्कू ही मार दें—आजकल हम ऐसी वारदातें भी आपके नाम ही कर देते हैं।”

“देखिए...जित्ता जैसी टाइम मिलेगा, करेंगे ही...”

“आप कुम्भ में भी गड़बड़ी करने नहीं पहुँचे? हम इन्तज़ार ही करते रह गये।...कुछ करते नहीं आप...”

“आप पकड़वा तो नहीं देंगी?...आपकी प्यारी तथा फुसलाने वाली बातों में फँसकर कहीं हम उसी तरह न पकड़े जाएँ...”

“किस तरह?”

“जिस तरह सलमा ने तन्हा जगह पर हमें बुलवाकर अपने बाप के हाथों सुतवा दिया था...”

“...सलमा ने पिटवा दिया, या उसका बाप संयोगवश उस दिन तन्हाई की दिली-इच्छा के तहत वहाँ पहुँच गया था, यह कौन कह सकता है? वैसे हमारा वायदा है कि हम आपको नहीं पकड़ेंगे। सलमा के बाप की तरह यदि हम वहाँ पहुँच भी गये, तो दूसरी तरफ देखने लग जाएँगे। आपको जो करना हो, सो करिए। कश्मीर से कन्याकुमारी तक बिना भेष बदले घूमिए। हमारी पुलिस आपको नहीं पकड़ेगी।”

''सारे कामों की उम्मीद आप हमसे ही क्यों करते हैं? कुछ बदमाशियाँ तो अपने लोकल लफंगों को भी करने को कहिए न?''

''यही तो परेशानी हो गयी है हमारे यहाँ। सारे लफंगे राजनीति में घुस गये हैं, सो उनके पास भी ये छोटे-मोटे काम करने का टाइम नहीं है।''

''छोटे काम करने के लिए हम भी पाकिस्तान से इत्ती दूर नहीं आए हैं...''

''तो बड़े करिए न।''

''हमारा इतना आरडीएक्स बोरों में धरा-धरा सड़ रहा है। उसे लगाने का टाइम तक तो नहीं मिल रहा। बोरियों को चूहे काट गये।''

''चूहे मरे नहीं?''

''आपके देश के चूहे बड़े स्ट्रांग हैं मैडम...''

''हमें पता है क्योंकि ये चूहे हमारे ही पाले हुए हैं...''

''मुआफ़ करें...मुझे तैयार होकर निकलना है।''

''ख़ूब निकलिए...पर लौटते हुए कुछ रेल पटरियाँ ही ढीली करते आइएगा..''

''...कहाँ से ढीली करिएगा? आपकी पटरियों के नट वोल्ट ऐसे जाम हो चुके हैं कि...''

''सौ साल पुरानी पटरियाँ हैं भैया...जंग न लगेगी क्या?''

''आपकी पटरियाँ ख़ुद ही टूटने वाली हैं...''

''फिर भी...''

''देखिए...''

''सुनिए...''

पर आईएसआई का जासूस सुनता नहीं। सुनने की फ़ुर्सत नहीं उस बेचारे को। दिन-रात लगा है वह। जैसे कुछ लोग पाँच दिन पाँच रात लगातार साइकिल चलाया करते हैं न, बस उसी तरह। वह ग़रीब भी क्या करे! इतने काम दे रखे हैं हमने उसे। फिर रहा है, भगा-भगा।

यदि कभी, कोई आदमी (नकली दाढ़ी-मूँछें लगाए) पसीने से तरबतर, हाँफता हुआ, थका-माँदा, हाथ में भारी-सा झोला लटकाए यहाँ-वहाँ दौड़ता दिखे आपको, तो बेचारे को पानी-वानी पेश कर दीजिएगा। जब वे इस देश के लिए इतना कर रहे हैं, तब उनके लिए इतना तो हम भी कर ही सकते हैं।

निबट गया स्वतन्त्रता दिवस...

कमेटियाँ बना दी हैं साहब ने।

दफ़्तर में स्वतन्त्रता दिवस 'प्रॉपरली' मन सके, बीच में कहीं से कोई 'अनफोरसीन हिच' न आए और सारा कुछ 'स्मूदली' हो जाए, ताकि स्वतन्त्रता दिवस बिना किसी 'हैसल' के 'टाइमली' निबट जाए—इस पावन उद्देश्य से बड़े साहब ने आयोजन हेतु कुछ समितियाँ बना दी हैं। दफ़्तरों का तो आपको पता ही है मित्र, यहाँ स्साला कुछ न कुछ चलता ही रहता है। कभी पन्द्रह अगस्त, तो कभी गाँधी जैंती, तो कभी, वो स्साला क्या कहते हैं, बड़ा कठिन-सा नाम है यार...वही, गणतन्त्र दिवस। करना पड़ता है आयोजन। निबटाने होते हैं दिन। भेजनी पड़ती है रिपोर्ट। रखनी पड़ती हैं फाइलें।

हमारे देश में स्वतन्त्रता दिवस निबटाना पड़ता है, गणतन्त्र दिवस के चक्कर में एक 'गजटेड होली डे' की सुबह 'स्पॉयल' होती है और गाँधी जयन्ती के लिए चार आदमी जुटाने कठिन हो जाते हैं। आदमी छुट्टी के दिन दफ़्तर के इन 'रिचुअल्स' में समय नहीं ख़राब करना चाहता। आप झंडा फहराने का कोई 'ओवरटाइम' भी तो देते नहीं। एकाध बार की बात हो तो साहब हम सोच भी लें कि चलो यार देशभक्ति के नाम पर स्साली यह एक कुर्बानी भी सही, पर यह तो प्यारे हर साल का पचड़ा है। अब हर पन्द्रह अगस्त की छुट्टी को कोई कैसे ख़राब कर सकता है? सो लोग मिलते नहीं। इसी चक्कर में यह परम्परा चली है कि आप तो कुछ कमटियाँ बना दो, आयोजन की। इससे यह हो जाता है कि कम से कम कमेटी वाले तो झंडावन्दन के टेम पर पहुँच जाते हैं। काम निबट जाता है।

सो, बन गयी हैं कमेटियाँ स्वतन्त्रता दिवस के आयोजन हेतु। अध्यक्ष या 'ओवरऑल कोआर्डिनेटर' तो ख़ैर साहब के अलावा और कौन होता। वे ही हैं! साहब चिन्तित हैं इस बार। नहीं नहीं, देश को लेकर नहीं। वह शौक़ साहब को नहीं। वे जानते हैं कि देश की चिन्ता का शौक़ पालने की औक़ात अभी उनकी नहीं। देश के नेताओं का अधिकार क्षेत्र है वह। साहब की चिन्ता दूसरी है। इस बार का स्वतन्त्रता दिवस इम्पॉर्टेंट है। दिल्ली से बड़ा साहब आने वाला है। इन साहब से भी बड़ा?...हाँ

मित्र, इस देश में हर बड़े साहब का भी कोई बड़ा साहब है। जैसे हर बाप का कोई बाप हुआ करता है, जिसे आप ग्रैंडफादर कहते हैं। सामान्य ज्ञान की बात है। बिना बाप के यह बाप कैसे पैदा होता?...सो दिल्ली से इनका भी बाप आने वाला है। विशेष तौर पर इस 'फंक्शन' को 'अटेन्ड' करने। दिल्ली का साहब चाहता है कि इसी बहाने 'पैरीफेरी' में स्थित 'ब्रान्चेज' के कर्मचारियों से 'इंटरएक्ट' करे। बेवक़ूफ किसे बना रहा है! सभी को पता है कि लड़की को बच्चा हुआ है और लड़की की ससुराल इसी शहर में है। सरकारी दौरा बनाकर आ रहा है। पन्द्रह अगस्त का तो बहाना है।...अब जैसे भी आ रहा हो। पर पचड़ा तो हो ही गया न, पन्द्रह अगस्त का।

सो समितियाँ बना दी गयी हैं दफ़्तर में।

एक स्वागत समिति, एक 'वेन्यू' कमेटी, एक जलपान समिति, एक इन्वीटेशन कमेटी आदि-आदि। दफ़्तर में कोई भी फंक्शन हो, ऐसी ही समितियाँ बन जाती हैं। अध्यक्ष या कहिए 'पैट्रन', साहब रहते ही हैं। इस बार नयी बात यह हुई है कि पुष्पहार समिति अलग से बनाई गयी है। पिछली बार 'वेन्यू कमेटी' को ही फूलों का दायित्व भी दे दिया गया था और ऐन मौक़े पर जब झंडे में बाँधने के लिए फूलों की आवश्यकता हुई, तो सभी पहले एक-दूसरे की ओर देखने लगे और फिर वहीं झंडावन्दन के चबूतरे पर ही एक दूसरे की ग़लती बताते हुए उठा कर दचक देने का संकल्प भी व्यक्त करने लगे। बड़ी किचकिच हुई। गणतन्त्रता दिवस की जो हुई सो हुई, पर साहब की भी किरकिरी हुई जो ठीक नहीं हुआ।

बाद में जल्दी-जल्दी में कोई कहीं से गुड़हल के फूल ले आया था तब जाकर झंडा फहराने का काम निबट सका। सो इस बार अलग से यह काम गंधे साहब को दिया गया है। दो आदमियों की पुष्पहार कमेटी। चेयरमैन गंधेजी बागवानी के शौक़ीन हैं। स्वयं को गुलाबों का विशेषज्ञ समझते हैं।...देखते हैं कि इस बार कि दिल्ली वाले बड़े साहब के लिए कैसा बुके लाता है!...और झंडे के लिए फूल?...अरे यार, तुमने भी एक ही बात कही। अरे हम उसकी चिन्ता नहीं कर रहे। हमें साहब के बुके की चिन्ता है। अन्यथा—कैसे भी फूल ला दे और बाँध दें तिरंगे में। कौन-सी भारतमाता आपको सस्पेंड कर देगी, जबकि साहब यह कर सकता है। इधर 'वेन्यू कमेटी' से इस बार जैन साहब की छुट्टी हो गयी है, जैसा कि सबको पिछली छब्बीस जनवरी के बाद से ही पता था कि ऐसा होगा। छब्बीस जनवरी का तो आपको पता है ही कि इस दिन भी सुबह-सुबह झंडा-वंडा फहराना पड़ता है। झंडा था जैन साहब के ज़िम्मे। फूल बाँध के श्रीमान ने उसमें ऐसी गाँठ बाँध दी कि साहब ऐन मौक़े पर खींचते रहे रस्सी, परन्तु गाँठ खुली ही नहीं। शुरू में तो साहब तुनकी-सी देते रहे। उससे क्या होना था! अलबत्ता उपस्थित क्लर्क आदि मुस्काने लगे। जैन साहब दौड़कर पहुँचे और साहब की सहायता करने लगे। उन्होंने साहब से ज़ोर से रस्सी खिंचवा

दी, तो पुष्पों का बंडल बना झंडा टूटकर सीधे साहब के सिर पर गिरा। लोग मुँह दबाकर हँसते रहे। जैन साहब 'सर-सर' करते फिरे। साहब का मुँह लाल। छब्बीस जनवरी का दिन, वर्ना ऐसी गालियाँ सुनाते कि...। साहब ने अवसर की गरिमा को पहिचाना और दोबारा सारा तामझाम करवाया। पर तभी तय हो गया था कि अगली बार जैन साहब नहीं रहेंगे। सो इस बार वे किसी कमेटी में नहीं हैं। सभी ख़ुश भी हैं।...स्साला, साहब का बड़ा सगा बनता फिरता था और हर कमेटी के फटे में अपनी टाँग अड़ाता था। अब चुपचाप खड़ा है, पीछे।

वैसे भी कोई 'वेन्यू कमेटी' में नहीं होना चाहता। बीस पचड़े। ज़मीन पर चूने की धारियाँ डलवाओ, दरी बिछवाओ, माइक फिट कराओ, झंडियाँ-डंडियाँ, कुर्सी-टेबल, बिसलेरी की बोतल, ग्लास, गमले, 'स्वतन्त्रता दिवस अमर रहे' का बैनर, गाँधी-नेहरू की एकाध तस्वीर। इस अवसर पर कबूतर लाने की भी ज़िम्मेदारी वेन्यू कमेटी वाले की। सौ झंझटें। वो तो जैन साहब थे, सो करते रहते थे। इस बार ओंकार बाबू कर रहे हैं, तब समझ में आ रहा है। जैन साहब पीछे खड़े बता रहे हैं कि बड़ी वाली दरी तो ओंकार साहब ने बिछवाई ही नहीं है। कोई सुन नहीं रहा। 'झंडियाँ भी एक ही रंग की लटका दी हैं' और 'माइक खर-खर कर रहा है' जैन साहब बता रहे हैं। सुनने वाले सुन रहे हैं। उन्हें जैन से सहानुभूति हो, ऐसा नहीं है। जिसे हटाया गया है, वह तो रोएगा ही—वे जानते हैं। सो सुनते हुए भी नहीं सुन रहे। जैसे ये—गाने बज रहे हैं...'इस देश को रखना मेरे बच्चो सँभाल के...'। इनको भी तो लोग सुन ही रहे हैं, पर ऐसा तो नहीं है कि सुनकर कोई देश को सँभालने के लिए चल ही पड़े। सब जानते हैं। गाना है। आवाज़ें हैं। सुनते रहो। गुनना किसे है! फिर जैन साहब की कौन गुने! इस मामले में खान-पान समिति का मामला सबसे तर है। आदमी ठीक-ठाक 'सेट' कर ले तो चार-पाँच-सौ तो पीट ही सकता है, खाने-पीने का जुगाड़ अलग से। और क्या चाहिए स्वतन्त्रता दिवस पर यार! पिछली बार एक किलो की काजू की थैली ले जाकर वाइफ को पकड़ा दी चौबेजी ने तो दाम्पत्य में कुछ दिनों तक एक ऊर्जा रही, जो मेवे खाने पर यों भी आती ही है। स्वतन्त्रता दिवस से लेकर शहीद दिवस तक आदमी कुछ न कुछ पीटकर बता सकता है, बशर्ते 'टेक्टफुल' हो और साहब को पटाकर रखे, तो। चौबे साहब ऐसे ही हैं। सो वे ही इस समिति के परमानेंट अध्यक्ष रहे आते हैं। इस बार भी वही हैं।...वैसे, इस बार मारा-मारी स्वागत समिति में घुसने के लिए थी। दिल्ली के बड़े साहब के सामने कौन नहीं पड़ना चाहता? सबसे ज़्यादा मौक़ा स्वागत समिति वालों के पास रहेगा। बड़े साहब को गुलदस्ता देने का अवसर मिल जाए, तभी स्वतन्त्रता दिवस की सार्थकता है। अन्यथा स्साला ऐसी-तैसी में जाए! यह दिन और ऐसे सारे दिन। इधर लोकल साहब ने राजनीति खेली। सारे चमचे स्वागत समिति में भर लिये हैं। हमारा इस साल का प्रमोशन वाला

इन्टरव्यू दिल्ली हेड-आफिस में होना है, तब भी हमें यहाँ न डालकर, जानबूझकर 'इन्वीटेशन कमेटी' में पटक दिया है। घूमते रहो, निमन्त्रण पत्र बाँटते, बेवक़ूफों की तरह। हद है यार पॉलीटिक्स की भी! आदमी स्वतन्त्रता दिवस पर भी ओछेपन से बाज़ नहीं आता।

अन्ततः स्वतन्त्रता दिवस आ ही गया।

कार्यक्रम बढ़िया रहा। कमेटियों का काम रंग लाया। बड़े साहब के चक्कर में भीड़ भी ख़ासी जुट गयी। सभी पहुँच गये। अपने चौधरी बाबू तक पौने सात बजे ऊँघते-ऊँघते पहुँच गये, जो कभी किसी जगह नहीं पहुँचते हैं। उनका कहना यही रहता है कि यार कौन-सा हमारे न पहुँचने से झंडा लहराने से मना कर देगा! वैसे तो सभी लोग पन्द्रह मिनट पहले पहुँच गये थे। कुछ तो साढ़े छः बजे ही आ गये थे और बार-बार साहब को सुनाकर यह बताते भी रहे कि भई, हम तो टाइम से पहले तब ही आ गये थे जब दफ़्तर का दरवाज़ा भी गयादीन ने नहीं खोला था। फ़िलहाल साहब, बड़े साहब को लेने गेस्ट-हाउस गये हैं। पीछे राम राज्य है। लोग जैन साहब का छेड़ रहे हैं। चर्चाएँ, धौल-धप्पा। बात जैन साहब द्वारा पिछली दफ़ा बाँधी गयी झंडे की गाँठ से शुरू होकर पाजामे तथा सलवार इत्यादि की गाँठ तक पहुँच गयी है और महिला कर्मचारियों को सुना-सुनाकर फूहड़ मज़ाक चल निकले हैं। स्वतन्त्रता दिवस पर इतनी स्वतन्त्रता का अधिकार तो पुरुषों का बनता ही है यार! झंडा तक शर्मिन्दा है, पर रतनजी बता रहे हैं कि ऐन मौक़े पर यदि पाजामे की गाँठ न खुले तो कैसी परेशानियों का सामना करना पड़ता है। ही ही, हा हा चल रहा है। नाश्ते की प्लेट पर मक्खियाँ। चौबेजी ने गयादीन को हड़काया है। वह बीच-बीच में अँगोंछे से मक्खियों को भगा रहा है। अग्रवाल ने दो गुलाब जामुन खा लिए। "यार अभी से मत खाओ।" चौबेजी ने बरजा है। "यार, स्वतन्त्रता दिवस पर भी रोकते हो—हद है!" लोग साहब की प्रतीक्षा में गुटों में बट कर गप्पें लगा रहे हैं। राष्ट्रध्वज को भी प्रतीक्षा करनी होगी। बातें चल पड़ी हैं।...यहाँ के बाद का क्या प्रोग्राम है?...हम तो फैमिली के साथ पिकनिक को जाएँगे, भदभदा। और तुम?...अरे यार, हमारा तो स्वतन्त्रता दिवस ही मटियामेट हो गया। क्यों, क्यों?..वाइफ़ के ताऊजी पधार गये हैं। लड़का देखने। सो उन्हें लेके घूमना है।...अरे, अरे...। हम तो तेरे को श्रीवास्तव जी की 'बैठक' में बुलाने की बोलने वाले थे।...यार, यह कहकर दिल और न दुखाओ। श्रीवास्तवजी के घर पर जमेगी। तीन पत्ती। बीयर-सीयर। दो की ब्लाइंड से बढ़कर चाल नहीं रखने दी जाएगी। छब्बीस जनवरी वाली फड़ में इसी चक्कर में मयंक बाबू

और जालमसिंह में जूतमपैज़ार होते-होते रह गयी थी...कौन कहता था कि शहीदों की चिताओं पर लगेंगे हर बरस मेले? भोला था वह, बल्कि मूर्ख कहिए। उसे पता ही नहीं था कि हर बरस फड़ जमेगी। उन पर लगेंगे ऐसे ही झंडावन्दन के मज़मे, जिनमें न झंडे के प्रति आदर, न देश के प्रति सम्मान।...छोड़ो, छोड़ो। बेकार की बातें मत करो यार। मनोजकुमार टाइप बातें। बड़े देशभक्त बनते हैं स्साले। छुट्टी के दिन भी बीयर न पिएँ? रोएँ शहीदों के नाम? हद है।...कम से कम स्वतन्त्रता दिवस पर तो बेकार की बातें छोड़ो यार।...यह बताओ कि रात में कवि सम्मेलन में पहुँच रहे हो कि नहीं? स्वतन्त्रता दिवस पर हर साल ही नगर निगम यह मज़मा लगवाता है। उसमें भी कम मज़ा नहीं है। आज सुना है कि पाजामाजी और दिगम्बरजी की बढ़िया भिड़न्त होगी इस बार।...बातें और बातें। साहब जब तक नहीं पहुँचते, यही चलेगा इनकी बातों में। कहीं शहीदों की बातें भी हैं क्या? भली कही आपने भी! यार, आजाद या भगतसिंह आज कैलेन्डर या पोस्टर के सिवाय और किस काम के हैं? या कविता बनाने के, या वोट माँगने के। बेकार की बातें मत करो यार।

लो, अफ़सर भी पहुँच गये।

बड़े अफ़सर। स्वतन्त्र भारत के भरतार। झंडे पर अहसान करेंगे अभी, उसे फहराकर। बड़े अफ़सर की बड़ी बातें। अभी उसको सनक आये और वह झंडे को बँधा ही छोड़ दे, ऐसा एक आर्डर निकाल दे, तो? इस देश का अफ़सर किसी की भी मुश्कें बँधवा सकता है। पर अफ़सर अभी देशभक्ति की रौ में है। बन्द गले का शेरवानीनुमा कोट पहने हैं वह। हवा का रुख भाँपने वाला और अवसर के अनुकूल तिकड़म में प्रवीण। खादी का शेरवानी नुमा कोट इसी तिकड़म का हिस्सा है। दिल्ली में वह यो ही नहीं जमा बैठा है।...सारे कर्मचारी पंक्तिबद्ध होकर परिचय दे रहे हैं। हें हें हें हें। यस सर, यस सर। माईशेल्फ शर्मा!...माईशेल्फ विश्वकर्मा।...थैंक्यू सर।...ओब्लाइज्ड सर...। आई एम फाइन सर... ।...और कैसे हैं आप मिस्टर जैन? अफ़सर ने नाम लेकर जैन से पूछ लिया है। अभी तक उदास चल रहे जैन साहब खिल गये हैं। देखो, अफ़सर ने ख़ुद पूछा। नाम लिया। लोग सनाके में... ।...स्साला साइलेंट वर्कर है। दिल्ली तक जुगाड़ है और ऐसा भुनगा टाइप बना घूमता है।...साहब को पुष्पहार...हें हें हें हें। साहब ने झंडावन्दन किया। गाँठ ठीक खुली। ओंकार साहब प्रसन्न। साहब का भाषण चल रहा है। देश इस समय कठिन समय से गुज़र रहा है से शुरू होकर वे गाँधी-नेहरू तक पहुँचे हैं और फिर वाया भगतसिंह इस कँटीले मार्ग पर आ गये हैं कि यदि हम सभी देश के प्रति अपना कर्त्तव्य निभाने का संकल्प ले लें तो देश न जाने कहाँ का कहाँ पहुँच जाए। गाँधी-नेहरू के अलावा उन्होंने लोकल आफिस के साहब का भी नाम लिया है और मुस्कराकर उनकी ओर देखकर

अच्छे कार्यों के लिए बधाई भी दी है।...फिर धन्यवाद। फिर स्वल्पाहार। हँसी-मज़ाक। साहब को चारों ओर घेरकर खड़े स्वतन्त्र देश के जागरूक नागरिक।

बड़े साहब को लेकर अभी-अभी गाड़ी निकली है। लोकल साहब ने स्वयं कार का दरवाज़ा खोलकर उन्हें बिठाया। पीछे की सीट पर पुष्पहारों का ढेर। टाटा, बाई-बाई।

अब भीड़ लोकल साहब के चारों तरफ।

लोकल साहब भी अब अपनी कार में बैठ गये हैं। बैठते-बैठते साहब ने चौबेजी से सन्तोषपूर्वक कहा—

"सब बढ़िया निबट गया चौबेजी...?"

"जी सर...अच्छे से निबट गया पन्द्रह अगस्त..."

"शाम को झंडा टाइम पर लपेटवा लीजिएगा..."

"जी सर...आप चिन्ता न करें..."

"थैंक्यू ऑल।"

ये साहब भी रवाना हुए। बहुत टाइम ख़राब हो गया यार। जल्दी निकलो।

सभी अपने स्कूटरों की तरफ लपके। चौबेजी को बचा हुआ माल स्कूटर की डिक्की में रखना है, सो वे अभी रुकेंगे।...झंडा फहरा रहा है या फड़फड़ा रहा है, कहना कठिन है।

संवाद और चुप्पियाँ

"कुर्सी बड़ी कि आदमी?"

उसने पूछा और मुस्काने लगा।

कुर्सी के पैर चार और आदमी के बस दो। दोनों की पीठ एक-एक, पर कुर्सी की पीठ आदमी के सिर से भी ऊँची। कुर्सी के हाथ आदमी के हाथ से भी लम्बे। कुर्सी के पीछे सिर टिकाने का टेका, जबकि आदमी का सिर हवा में। कुर्सी की टाँगें ज़मीन पर और आदमी की प्राय: ज़मीन से कटी।

वह कुर्सी को विशेषताएँ गिनाने लगा।

मैंने कहा, "यार, तू नऊवे की कुर्सी की बात करता लग रहा है।"

"कुर्सी तो कुर्सी। सभी कुर्सियाँ एक-सी।" वह बोला।

"यार, यहाँ आदमी तक एक से नहीं और तू कुर्सी की बात करता है!"

"पर कुर्सी तो सब एक-सी..."

"अच्छा तो बता कि नऊवे की कुर्सी बड़ी कि राजा की?" मैंने पूछा।

फिर मैंने ही उसे राजा की कुर्सी को विशेषताएँ गिनाईं।

राजा की कुर्सी गद्देदार। राजा की कुर्सी सनील से मढ़ी, रेशम से ढँकी। राजा की कुर्सी पर हीरे-मोती जड़े। राजा की कुर्सी पर चँवर डुल रहे। राजा की कुर्सी इत्ती ऊँची कि प्रजा बौनी। राजा की कुर्सी की पीठ राजा के मुकुट से भी ऊपर।

"...और राजा की कुर्सी पर खून के छींटे।" मैंने आख़िरी विशेषता बताकर उसकी ओर देखा।

"खून के छींटे तो नऊवे की कुर्सी पर भी हो सकते हैं।"

"यार, तू नऊवे की कुर्सी पर गिरे खून की तुलना राजा की कुर्सी पर पड़े खून से करता है?" मैंने आश्चर्य तथा दया से उसे देखते हुए पूछा।

"खून तो खून है..." उसने कहा।

"यार, राजा की कुर्सी पर पूरी क़ौम का खून और नऊवे की कुर्सी पर तो टुच्चों-फुच्चों का..."

''पर टुच्चे का खून भी तो उतना ही लाल...''

''लाल-पीले की किसने पूछी?''

''फिर?''

''फिर यह कि तू अन्तर ही नहीं समझ पा रहा। देख, नऊवे की...''

''तो?''

''तो यह कि नऊवा खून बहाने की माफ़ी माँगता फिरता है और खून बहाने के लिए पिट-पिटा जाता है, जबकि राजा खून बहाए तो जय जयकार...''

''यह तो है...'' उसने भी माना।

''फिर नऊवे के हाथ में उस्तरा और राजा के हाथ तलवार।'' मैंने आगे बताया।

यहाँ उसने बात पकड़ ली और पूछा—

''अच्छा, यह बताइए कि तलवार बड़ी कि कुर्सी?''

''यह कौन-सा प्रश्न बना भाई?'' मैंने कहा।

''बिल्कुल बना। कुर्सी की बात चलेगी तो हज़ारों ऊल-जुलूल प्रश्न उठेंगे ही। तुम तो बताओ कि तलवार बड़ी कि...''

''कुर्सी बड़ी।'' मैंने कहा।

''...और हम कहते हैं कि तलवार।'' उसने कहा।

''कैसे?''

''तलवार जिसके पास, उसी की कुर्सी।''

''कैसे, कैसे?''

''ऐसे कि तलवार न होती तो कुर्सी कैसे हथियाता राजा?''

''कुर्सी राजा ने हथियाई कहाँ—वह तो प्रजा ने बिठाया है उसे कुर्सी पर।'' मैंने लोकतन्त्र की शक्ति का शिगूफा छेड़ते हुए जनता के मत की ताक़त की बात करनी चाही।

''कुर्सी क्या प्रजा के बाप की है?'' उसने पूछा।

''इस प्रश्न का उत्तर कठिन है। प्रजा समझती है कि कुर्सी उसके बाप की है, जबकि वास्तविकता प्राय: यह होती है कि कुर्सी पर बैठा व्यक्ति ही प्रजा का बाप बन जाता है।''

''तो बाप की ही कहलाई न?''

''देखिए, प्रजा तो केवल कुर्सी पर बैठने वाला कौन होगा, यह तय करती है—बाप तो वह बाद में बन जाता है।''

''पर कुर्सी तो प्रजा के बाप की ही हुई न?''

''ऐसे बाप की जो बच्चों की ठुकाई करने में ही बापत्व की सार्थकता मानता है।''

''आपका मतलब यह कि प्रजा ही तय करती है कि किस बाप से जूते खाने हैं?''

''जो कुर्सी पर है, उसके जूतों में दाल बटें या कि वे आपके सर पर बजें, क्या कर लेंगे आप?''

''तो कुर्सी बड़ी कि जूता?''

''कुर्सी बड़ी, क्योंकि कुर्सी पर बैठने को मिले, तभी तो जूता चलाने का अधिकार मिल पाता है।''

''पर मान लो कि कुर्सी पर बिराज गये और जूता है ही नहीं आपके पास, तब?''

''यार, बिवाई नंगे-पैरों वाले कुर्सियों पर नहीं बैठ सकते।''

''पर लोग तो कहते हैं कि आज के समय में मात्र नंगे ही कुर्सी पर बैठ सकते हैं।''

''यार, इन नंगों और उन नंगों में बड़ा फ़र्क़ है।''

''हम नहीं समझे।''

''ये मज़बूरी में नंगे और वे शौक़ में। वे कपड़ों में नंगे और ये लंगोटी वाले नंगे।''

''अच्छा तो यह बताइए कि ये नंगे बड़े कि वे नंगे?''

''नंगा वही बड़ा, जो कुर्सी पर।''

''परन्तु कुर्सी पर बैठे राजा को नंगा कौन कहे?''

''सही कहा। जो कहे तो राजा उसी को नंगा कर दे।''

''तो फिर बताओ कि कुर्सी बड़ी कि नंगे?''

''कुर्सी।''

''क्यों भला?''

''क्योंकि कुर्सी से ही नंगेपन को संवैधानिक आड़ मिलती है।''

''आड़ ही चाहिए थी तो नंगई का शौक़ क्यों पाला?''

''भैया, संविधान के तिनके की आड़ बनी रहे तो नंगेपन की एकरसता टूटती है। परिदृश्य में सभी तरफ नंगापन हो, परन्तु बीच में एक तिनका बना दिया जाए, तो लोग चित्रकार की तारीफ़ करने लगते हैं कि साहब, चित्रकार ने कैसी 'सिमेट्री ब्रेक' करी है।''

''तो फिर बताइए कि नंगा बड़ा कि संविधान?''

''संविधान।''

''सो क्योंकर?''

''क्योंकि यह उनके नंगेपन को एक औचित्य दे सकता है।''

"तो संविधान क्या इन नंगों के फ़ायदे के लिए बना था?"

"नहीं, यह बना तो देश की नंगी-भूखी प्रजा के नाम पर था।"

"फिर?"

"पर यह रख दिया गया राजा की कस्टडी में। और आपको पता ही है कि राजा तो नंगे भी बन सकते हैं और राजा कभी भी नंगा हो सकता है।"

"फिर प्रजा?"

"वह इस पुस्तक की सिर्फ़ पूजा कर सकती है—बस। इसमें उकेरे श्लोकों को ठीक करने, नये श्लोक जोड़ने और इन श्लोकों की टीका करने का अधिकार या तो राजा को है, या उसके पंडितों को, या फिर दरबारी विदूषकों को।"

"और कोई कुछ कहे तो?"

"और कोई कुछ नहीं बोल सकता।"

"तो संविधान क्या कोई धर्मग्रन्थ है?"

"नहीं नहीं, धर्मग्रन्थ तो एक अलग ही किताब होते हैं यार।"

"तो बताइए कि धर्मग्रन्थ बड़े कि संविधान?"

"यार, आप हमें मरवाएँगे।"

"क्यों?"

"भैय्या, इस देश में धर्म से सम्बन्धित प्रश्न उठाना पाप है, और हर धर्म को अपनी संहिताएँ लागू करने की छूट है।"

"क्यों?"

"क्योंकि यह धर्मनिरपेक्ष देश है यार!"

"फिर हर धर्म के अपने कानून?"

"इसका उत्तर देने में हमारी धर्मनिरपेक्षता आड़े आती है।"

"यह कैसी धर्मनिरपेक्षता?"

"अब जैसी भी है, है।"

"कुछ तो बोलिए कि धर्मग्रन्थ बड़ा कि संविधान?"

"यह यक्षप्रश्न है मित्र। इसका उत्तर हमारे पास नहीं।"

यहीं आकर हमारे सारे संवाद समाप्त हो जाते हैं।

मैं चुप हूँ और वह भी।

दरअसल, उत्तर हम सभी जानते हैं। परन्तु कुछ प्रश्न हमें डराते हैं और उनके उत्तर भी। इसीलिए संवादों के बीच की ये चुप्पियाँ भी डरावनी हैं। वैसे, सुनो तो सबसे ज़्यादा ये चुप्पियाँ ही बोल रही हैं।

जलना और बुझना आग का

पहले बहुत अच्छी कविताएँ लिखता था वो। परन्तु अभी तो सालों बीत गये, उसने एक कविता भी नहीं रची।

बहुत तीखे तथा सधे हुए व्यंग्य लेखों से शुरुआत हुई थी उसकी। पूरी सम्भावना थी कि वह कुछ महत्त्वपूर्ण काम कर जाता। पर अब तो एग्रीकल्चर पर लेख लिखता है, कृषिविभाग की किसी पत्रिका में घुस गया है और स्थानीय टीवी पर कार्यक्रम की जुगाड़ करता घूमता है। आख़िरी बार मिला, तो अपने साहब की बेबी की लिखी शौक़िया, बचकानी कविताओं को लोकल अख़बार में छपाने के लिए, पुराने सन्दर्भों की दुहाई देता रिरियाता घूम रहा था क्योंकि प्रमोशन का समय था।

बहुत अद्भुत पेंटिंग्स बनाईं उसने शुरू-शुरू में। अभी वर्षों बाद मिला, तो देर तक शेयर-मार्केट, इन्वेस्टमेंट्स और टैक्स सेविंग्स की ही चर्चा करता रहा और बताता रहा कि कहाँ-कहाँ, क्या-क्या सम्पत्ति बना ली है उसने और बच्चे को कितना डोनेशन देकर मेडिकल में फिट कराया है। मैंने पेटिंग की बात चलाई तो वह भी जवानी के अपने इस शौक़ में ख़राब किए दिनों के विषय में मज़े लेकर बताता रहा कि कैसे, उन दिनों में, जब वह चार्टर्ड एकाउन्टेन्सी की तरफ नहीं गया था, उसने पेंटिंग जैसे कितने सारे आलतू-फालतू के टंटे पाल रखे थे!

उपरोक्त सबसे मिलकर एक कॉमन-सा जो चित्र मन:पटल पर उभरता है, वो एक ऐसी आग का है कि जो सुलगी तो थी, पर बुझ गयी। थी वो आग ही। आँच थी उसमें। रोशनी भी। ताप भी। चटखती थी, तो आवाज़ होती थी। ध्यान जाता था कि कहीं कुछ है। सुलग रहा था कुछ कि जिसके धुएँ में आँखें जलती न थीं, बल्कि जिसमें कुछ महक-सी थी। थी वह आग ही। निश्चित ही वह आग थी। इतनी थी, और ऐसी थी कि ठीक से फूँकी जाती और कोशिश की जाती तो वह धधकती भी। लपटें उठतीं। ताप दूर-दूर तक महसूस किया जाता। परन्तु हुआ कुछ ऐसा कि शुरुआती आँच के बाद यह आग ठंडी ही पड़ती चली गयी।...और आज जो उस जगह को कुरेदो, तो बस पाओगे कि आग तो ख़ैर है ही नहीं, जलकर राख हुए कोयले तक

समय की हवा में बिखर कर गुम हो चुके। बस, ज़मीन पर एक निशान-सा छूट गया है कि जो ख़बर देता रहता है कि कभी इस जगह आग जली थी। आग का दाग़। निशानी। कोई कविता, कोई व्यंग्य या कहानी-संग्रह, कोई सहेज कर रखी पुरानी पत्रिका, घर के किसी कोने में रखी या पड़ी कोई पेंटिंग। यादें उन दिनों की कि जब कोई आग थी भीतर। अब तो बस निशान। वो भी धुँधलाते हुए।

यह आग क्यों बुझ जाती है?

जो कभी यों धधकी, वो बुझती कैसे है? बुझने के कारक क्या?

एक बेचैन-सा, रचनात्मक व्यक्तित्व, जो किसी रचनात्मक विधा के क्षितिज पर यों उभरता है कि क्षितिज पर नये सूर्योदय की लालिमा का आभास होने लगे, फिर वह क्यों छोड़ जाता है सामने पड़ा आसमान? क्यों नहीं वह और ढेर-से डग भरता और नापता है, चुनौतियों का आकाश? क्यों छोड़ दिया उसने कविताएँ, व्यंग्य तथा कहानियाँ लिखना? क्यों आप आग को बुझने देते हैं? जब आग ख़त्म होकर ठंडी राख में तब्दील हो रही थी, तब उसने आग को प्रज्वलित रखने की क्या कोशिश की? उसने क्यों माना कि आग जली है तो अपने आप जलती ही रहेगी। ऐसा होता नहीं मित्र। आग जलाना तो सरल, पर उसे निरन्तर जलाये रखना बेहद कठिन। रचनात्मकता की आग निरन्तर ईंधन माँगती है। जलानी होती है निरन्तर ही, आग में, और-और आग। बटोर-बटोर कर अनुभव। बटोर-बटोर कर नये प्रयोग। जाने कहाँ-कहाँ, दूर-दराज़ से जाकर बटोरनी होती है लकड़ियाँ, समिधा। लगातार। नित्य। अग्नि यों ही नहीं भड़कती रहती। यह यज्ञ की अग्नि है, जंगल की आग नहीं। हवि देनी होती है। लगातार। चूके कि आग बुझी। पुरस्कारों, राजनीति या दुनियादारी में उलझकर ध्यान ही नहीं दिया, या सोचा कि कौन भाग-भागकर नयी लकड़ी लाये, नये अनुभव बटोरे कि आग बुझते देर नहीं लगती।

तो एक तो यह।

एक यह भी आपने आग शुरू से ही जलाई किस उद्देश्य से थी?

अन्दर कुछ आग थी या बाहर ही से कचरा बटोर कर जला ली थी क्योंकि कैसी भी आग से कुछ तो भी प्राप्त करना था? उद्देश्य क्या था आपकी आग का? छोटे उद्देश्य रखो, तो इधर उद्देश्य पूरे हुए और उधर आग बेमतलब! फिर तो समझ ही नहीं आता कि अब आग जलाए रखने का कोई कारण भी बचा है या कि यों ही खाली-पीली का टाइम ख़राब कर रहे हैं। उद्देश्य क्या रहे? क्या बीड़ी सुलगाने के लिए आग जलाई थी? या कि फिर कचरा फूँकने के लिए? या चाय की केतली

खदकाने हेतु? या दाल-रोटी का इन्तज़ाम करना था? छपी रचनाओं की कटिंग्स नत्थी करके किसी अख़बार या रेडियो में मुलाज़िम लग गये। पेंटिंग भेंट करके या बेबी को पेंटिंग सिखाकर किसी बड़े साहब के मुहासिब बनकर काम करवाने की कमीशन खाने लग गये। कविताएँ लेकर मंच पर उतर गये। हॉकी खेलकर रेलवे या एयरलाइन्स में घुस गये। बस। अब काम पूरा। अब क्या तो लिखना, पढ़ना, कविता, पेंटिंग, हॉकी या क्रिकेट। मिल गया जो मिलना था। अब काहे की तो आग और कहाँ की तपिश! उद्देश्य पूरा होते ही डाल दिया लोटा भरकर आग में। आग का अब न तो मतलब और न उसे जलाए रखने से आगे ही कुछ मिलने वाला। फ़ालतू की चीज़। खामखाँ की झंझट। सौ ठनगन आग जलाये रखने के। सो अपन ने तो 'आग' लिखकर ड्राइंगरूम में लटका दी। मुर्दा शब्द है अब आग। ठंडी आग। आग अब बस हमारे क़िस्सों में कि कभी हमने भी लिखी थीं कविताएँ। आग, अब मात्र इतिहास में दर्ज़ फुटनोट। आग, बस अब स्मृतियों में। कि कभी थी। कि कभी हममें भी थी। कि हम भी थे कि जो उतरते थे स्टेज पर तो झंडे गाड़कर ही लौटते थे। फिर?...फिर क्या! कब तक जलाए रखते इस आग को? बड़ा फूँकना पड़ता है साहब। फूँक फूँक कर फूँक सरक जाती है। मूँ दुखने लगता है। साँस भर आती है यार। सच्ची। फिर यार, टाइम भी किसके पास इत्ता? इनमें बड़ा समय ख़राब होता है और मिलता-जुलता कुछ है नहीं। 'थैंकलेस' काम। हाँ, शायद जीवन भर लगे रहो, तो शायद आखिरी में कभी कोई पूछ ले। पर इतना धैर्य किसके पास यार? बीस और भी ज़रूरी काम हैं ज़िन्दगी में। तुम क्या चाहते हो कि हम उल्लू टाइप आग फूँकते ही बैठे रहें? फिर ख़ुद की ही आग की तपिश से यदि ख़ुद ही परेशान होने लग जाओ, तो? आग जलाकर बैठ जाओ, तो ख़ुद भी बड़ा तपना पड़ता है भैया। खटिया खड़ी हो जाती है मित्र। तप जाता है आदमी। ताप सहना होता है। व्यंग्य लिखा था और शुक्लाजी बुरा मान गये। कविता लिखी थी और धमकी आ गयी। इसी तरह के ताप। कब तक सहते? अपन ने तो पानी डाल दिया भरी आग पर।

तो फिर, अन्ततः क्या कहते हैं आप इस आग के बारे में?

हम क्या कहें! हमें तो हमेशा यही लगता है कि छोटे उद्देश्यों को प्राप्त करने में बड़ी आग को ज़ाया न ही किया जाए, तभी इस तरह की आग जलाने का कोई मतलब भी है। आग का होना और फिर उसे बनाये—जलाये रखना ही अपने आप में एक महती उद्देश्य क्यों नहीं हो सकता? अपने अन्दर रचनात्मकता की आग को जलाये रखना और उसमें नित्य हवि डालते रहना—इसके बावजूद कि आपका कोई नाम न ले, आपको कोई पुरस्कार न मिले, आप किसी प्रतिनिधि सम्मेलन या समिति के लिए न लिये जाएँ, परिषदें आपको पूछें न तथा आलोचक घास न डालें बल्कि

आपकी धधकती आग को नज़रअन्दाज़ करके ठंडे कोयलों में आँच की नपती करते फिरें—इसके बावजूद। फिर भी।

आग को बस इसकी तपिश के लिए ही जलाकर कभी देखें। फिर यह हमेशा ही आप में एक आँच क़ायम रखेगी। कभी करके देखिएगा। हम जैसे छोटे लोग यही तो करते हैं, अन्यथा तो बड़ों के कब्ज़े में रखे हिन्दी के इस शीतघर में तो हमें ठिठुरा कर मार दिया जाए!

अपने एरिया और दूसरों के

हम भारत के नागरिक अवश्य हैं, परन्तु भारत में नहीं रहते।

वास्तव में, कोई भी नागरिक भारत में नहीं रहता। हमारा देश खाली पड़ा रहता है क्या? आप पूछेंगे। हम यही कहेंगे कि हमारे देश में लोग रहते तो हैं, परन्तु कोई भी हिन्दुस्तान में नहीं रहता। भारत में मानो वह ऐसा किरायेदार बनकर रहता है, जो बिना किराया चुकाये रह रहा हो। वह भारत का नहीं है। वह तो किसी एरिए से आया होता है, उसका अपना एक क्षेत्र होता है और वह किसी इलाके से 'बिलोंग' करता है। भारत के फर्श पर जब तक उसके एरिया की चटाई न बिछी हो, बैठते हुए वह बड़ा परायापन महसूस करता है। उसका एरिया ही उसका सबकुछ है। वह भारत में कहीं भी जाए, अपने एरिया से नालबद्ध रहता है और इसी नाल को सबकुछ समझता है। अपने एरिया के अलावा इस देश में जो भी है, वह व्यर्थ है, निकृष्ट है और है ही क्यों, यह वह समझ नहीं पाता। वह विश्व-नागरिक बनने के सपने देखता है, परन्तु अपने एरिया से बाहर भी कोई विश्व है, यह मानने को वह तत्पर नहीं।

"आप किस एरिया से हैं?" हमारी रोज़मर्रा की बातचीत का यह सबसे लोकप्रिय प्रश्न है। इसी प्रश्न पर जीवन के सारे उत्तर टिके हैं। इस यक्ष प्रश्न का जैसा उत्तर आप देगें, तदनुसार ही आपके साथ व्यवहार-प्यार-दुलार-चूमाचाटी या जूतमपैज़ार की जाएगी। "अच्छा-अच्छा, आप भी उसी इलाके के हैं?"

"क्यों?"

"हम भी तो उसी एरिया से 'बिलोंग' करते हैं।" उसी इलाके का आदमी मिल जाए, तो फिर मज़ा रहता है। फिर तो दोनों मिलकर, अपने इलाके से इतर अन्य सभी इलाकों की बुराई करने में समय काट सकते हैं कि जब तक अपना स्टेशन न आ जाए। कभी आयें, तो मिलिएगा। आप भी कभी इधर निकलें, तो अवश्य मिलें। ज़रूर, ज़रूर। अपने इलाके वाले वैसे भी इस तरफ कम ही हैं। इस एरिया में अपने एरिया वाले अकेले पड़ जाते हैं। सो मिलते रहा करें। अपने इलाके वालों से मिलकर तसल्ली होती है। क्यों नहीं? बिल्कुल। स्वाभाविक है कि अपने एरिया वाले से मिलो, तो

मज़ा आ जाए। इस एरिया में तो फँस गये हैं भैया। क्या करें! सेन्ट्रल गवर्मेन्ट की स्साली नौकरी ही ऐसी। कहाँ अपना एरिया और कहाँ ये गँवार लोग! उजड्ड। कमीने। उल्लू हैं सबके सब। चिढ़ते हैं अपने उधर के एरिया वालों से। पर स्साले डरते भी हैं। सामने पड़ जाएँ, तो चुप रहते हैं। जानते हैं कि अपने उधर वाले सीधे सिर खोल देते हैं। सच्ची कही आपने। इधर के लोग पीठ पीछे चाहे जो कहें, पर मुँह पर 'हें-हें' ही करते हैं। हिजड़े हैं सुसरे। सच्ची बात।...तो चलें साहब। गाड़ी 'आउटर' क्रास कर चुकी। चलिए, चलिए। अपना स्टेशन आने में तो अभी घंटा भर बचा है।

अपने-अपने एरिया को लेकर हर भारतीय परम संवेदनशील हैं। उसके पिछवाड़े पर लात मार दें, तो भी शायद वह आपको एक बार क्षमा कर दे, परन्तु उसके एरिया के ख़िलाफ़ कृपया कभी कुछ न कह दें। बच कर चलें। सब तरफ बचकर चलें क्योंकि सभी तरफ अपने-अपने एरिया हैं। देश में कुछ हिस्से हैं, जो 'ट्राइबल' एरिया हैं, तो कुछ डकैती वाले इलाके हैं। कुछ हैं जो पिछड़े एरिया हैं, जिन्हें दूसरे मुँह लगाने को तत्पर नहीं। कुछ 'हिल' एरिया हैं। कुछ लाठी लेकर चलने वालों के एरिया हैं, तो कुछ इलाके वालों के साथ मुँह न ही लगा जाए तो बेहतर। 'ट्राइबल' एरिया में फेंक दिया है सरकार ने। ट्रान्सफर की जुगाड़ में अपने एरिया के 'ऐमेले' से बात चल रही है, बीस माँग रहे हैं। डकैती वाला इलाका है और थाने में पोस्टिंग का रेट पचास हज़ार तो सिपट्टे का चल रहा है। हम तो भैया पिछड़े एरिया के हैं। हमें कोई पूछ ही नहीं रहा। ऐसा ही कह कहकर तुम स्सालों ने खूब ग्रान्ट खींची है गवर्मेन्ट से। इत्ते दिन से पिछड़े हो, तो कुछ दिन और रह जाओगे, तो मर न जाओगे। बहस छोड़ो। तुम तो असली किस्सा खोलें। क्या स्कीम निकलवा रहे हो हमारे इलाके के लिए? सूखा मामला तो नहीं? पिछड़ा इलाका चाहे सूखा रह जाए, पर वहाँ की स्कीमें तर होनी चाहिए। सम्भावनाएँ तर-ब-तर हैं पिछड़े इलाकों में। फिर देश में कुछ एरिया 'ठाकुरों' के हैं, तो कुछ 'बाम्हनों', तो कुछ 'बनिया-बक्कालों' के—हरिजनों की समुचित ठुकाई-पिटाई की उत्तम व्यवस्था सभी इलाकों में है। फिर शहरी एरिया तथा ग्रामीण एरिया का पुराना क़िस्सा तो चलता ही रहता है। जैसा कि साहित्यसेवी तक जानते हैं कि शहरी इलाके वाले ग्रामीण का शोषण करते रहते हैं। वे ऐसे बदनाम हैं, मानो रोज़ शाम को बाकायदा इसी काम के लिए निकलते हों, और जब तक एकाध ग्रामीण का ठीकठाक शोषण न कर लें, घर ही न लौटते हों। पत्नी जान जाती है कि श्रीमान आज लेट हो रहे हैं घर लौटने में—ज़रूर शोषण करने के लिए कुछ लम्बा निकल गये होंगे। एक दिन भी बिना शोषण के नहीं रहते बनता इनसे। सो ऐसे कुख्यात शहर वाले। इधर शहरी इलाके वालों का विश्वास है कि ग्रामीण एरिया वाले बड़े चालाक हो गये हैं। अजीब तमाशा चल रहा है देश में! इस एरिया में कांग्रेस मज़बूत

है, तो उधर भाजपा का गढ़ है—ओछी राजनीति दोनों में है। यह एरिया दाऊद भाई का है, तो वहाँ का पत्ता यादवजी के इशारे के बिना नहीं खड़कता—शरीफ़ लोग दोनों एरिया में पिट रहे हैं। पुलिस को हफ्ता हर एरिया में मिल रहा है। फिर इलाकों के अन्दर इलाके हैं। हर एरिया में कुछ एरिया किसी का है, तो कुछ किसी का। छीना झपटी-सी मची है। किसी गली में जिझौतिया ब्राह्मणों के मकान हैं, तो कोई गली कनौजियों की है, तो कोई बनियों का मोहल्ला है, तो कोई यादवों का। कनौजिया जिझौतियों की गली में ठुक सकता है, तो ठाकुरों के मोहल्ले में कोई भी पिट सकता है। तराई वाला मैदानी एरिया में धक्के खाएगा, तो उस एरिया वाले ठान कर बैठे हैं कि एक बार इस एरिया वाला कभी कोई उनके हत्थे चढ़ भर जाए, तो वे भी बताएँ। यह एरिया उस एरिया से, यह क्षेत्र उस क्षेत्र से, यह इलाका उस इलाके से लड़ने को तत्पर है, मुँह-तोड़ जवाब देने को तड़प रहा है तथा एक-दूसरे की अक्ल ठिकाने लगाने को बेचैन है।

किस एरिया से खड़े हो रहे हैं आप? आपके एरिया में किस 'कास्ट' का परसन्टेज ज़्यादा है? बताते हैं कि आपके एरिया में 'मुसल्लों' का ज़ोर है? आपके एरिया में इस बार बाढ़ का कित्ता पैसा निकाली सरकार? हमारे एरिया में तो स्साला इस साल न बाढ़, न सूखा—पोस्टिंग बेकार जा रही है। अपने एरिया तक ट्रेन बढ़वा दी नेताजी ने। इस एरिया में लगने वाला कारखाना अपने एरिया में फिट करवा दिया मन्त्रीजी ने। वे देश के मन्त्री हैं, पर काम बस अपने एरिया का करने को कटिबद्ध हैं। वोट वहीं से मिलने है। देश की सोचें कि एरिया की? इस एरिया वालों ने पथराव कर दिया उनकी कार पर। इलाके वाले जूता लेकर खोज रहे हैं। मिलें, तो उनकी नेतागिरी उतारें। अपने एरिया का और अपनी जात का ही पीए चाहिए मन्त्रीजी को। शादी अपने एरिया में करनी है। पोस्टिंग अपने इलाके में करानी है। डकैती अपने एरिया में करनी है। जूते यहीं चलाने हैं।

आप भारतीय हैं, यह तो ठीक कह गये आप, परन्तु हैं किस एरिया से—तनिक यह भी तो बताइएगा कि नहीं?

पहले प्यार में

पहली बार प्यार में पड़ा था वह।

पहले कभी पड़ा ही नहीं था सो इसका कोई पुराना अनुभव तो था ही नहीं। सुना भर था इस बारे में, पर जानता कुछ नहीं था। इसी चक्कर में उसे कई दिनों तक ये समझ ही नहीं आया कि हुआ क्या है? अचानक ही उसने पाया था कि उसका बदन गर्म रहने लगा है, दिल धक-धक किया करता है और दिन भर गन्नाटे-से आते हैं। इस चक्कर में जाकर एक डॉक्टर तक को दिखा आए जिसने मलेरिया के इंजेक्शन भी ठोक दिए। पैसे गये, नितम्ब में एक तरफ़ गुट्टा-सा हो जाने के कारण दर्द से तीन दिनों तक महबूब की गली की तरफ भी नहीं निकल पाया और तबीयत में इसी कारण और गिरावट-सी आ गयी। खाना छूट चला। नींद न आने के कारण रात में उठकर अँधेरे में घर में ही घूम रहा था कि सतर्क बाप ने चोर समझकर ठुकाई कर दी, और बाद में चोर न निकलने पर और भी पिटाई की कि क्या तू अँधेरे में हमें डराने की कोशिश कर रहा था रे—सोता क्यों नहीं? क्या कहता? कुछ कहने का मन ही नहीं करता है। शेविंग तक नहीं की। दाढ़ी बढ़ाए घूमने लगा। टाँगों पर चींटियाँ-सी रेंगतीं। दिमाग़ में चक्की-सी चलती रहती। गणित में कमज़ोर होने के कारण रात में सितारे तो ख़ैर न गिनता, परन्तु गिनने का मन अवश्य करता। मुँह सूखता। बार-बार पेशाब लगती। छाती में आग-सी लगी रहती। दिन-रात, रह-रहकर उसकी याद आती और छाती में आग के अलावा और भी न जाने कैसा क्या होने लग जाता! कोई कारण नहीं था परन्तु उसके लिए मर जाने को दिल करता। यह डर भी लगा रहता कि कहीं मर ही न जाऊँ? दिल हथेली पर धरा महसूस होता। अन्दर से बलवती तमन्ना उठती कि यही हथेली ले जाकर उसके सामने पेश कर दूँ कि यह धड़कती चीज़ दरअसल आपकी है सो आपके हवाले करना चाहता हूँ। ऐसे और भी फड़कते संवाद मन में बनते-मिटते रहते। पर बोल भी पाएगा, यह भरोसा नहीं बन पाता—मुँह सूख रहा हो तो साधारण बातें तक बोलना कठिन है फिर ये तो...!

उसने अपनी परेशानी अपने एक अनुभवी टाइप के मित्र को बताकर पूछा तो

उसने समझाया कि तुम्हें प्यार हो गया है। सुना है, पहले तो उसे विश्वास ही नहीं हुआ। परन्तु मित्र इस क्षेत्र का पुराना विशेषज्ञ है। उसका चाहे जब प्यार हो जाया करता है, सो मानना पड़ा। फिर सोचा तो पाया कि वास्तव में यह तो प्यार ही है।

अब?

अब अगली चिन्ता वह हुई कि हमें तो हो गया है परन्तु उसे भी है कि नहीं? प्यार करने वालों के बीच यह शाश्वत समस्या रही आती है। सन्देह तो है। आशा भी है। लगता तो है कि वह भी करती होगी। पर लगने भर से क्या होना है! मान लो कि न करती हो तो? मान लो कि यों ही भलमनसाहत में मुस्काती हो और आपको फालतू ही प्यार का सन्देह होने लगा हो? मान लो कि प्यार न करती हो और यों ही हँसती, मुस्काती हो क्योंकि उसका 'नेचर' ही ऐसा है? हो सकता है कि अकेले बैठी-बैठी भी मुस्काती हो जबकि उसके मुस्काने से ही तो आपको भ्रम हुआ कि मुस्करा रही है तो कुछ बात तो होगी!...तो अब चिन्ता यह बनी कि कैसे पता करे कि उसे भी है अथवा नहीं? वैसे वह, उसे देखकर बाक़ायदा शरमाती भी है, यह उसने नोट करके अनुभवी मित्र को बताया। मित्र ने यही कहा कि यह एक लक्षण हो तो सकता है, परन्तु यह भी हो सकता है कि वह वास्तव में शरमीली ही हो और अपनी गली के खोमचे वाले से भी ऐसी ही शरमाती हो। फिर? क्या करें? कैसे पता करें? बड़ी मुश्किल से तो पहला प्यार हुआ है और यह परेशानी! क्या सीधे ही पूछ डाले? कई बार यह भी एक तरीका होता तो है। आप सीधे पूछते ही हैं न कि क्यों साहब, क्या यह सड़क अजायबघर को जाती है? पूछो तो वे बता भी देते हैं। या कह देते हैं कि हमें नहीं पता क्योंकि हम ख़ुद शहर में नये हैं; बल्कि आप बता सको तो बता दो कि तीन बटा छत्तीस, कोटरा सुल्तानाबाद किस तरफ पड़ेगा? तो सीधे भी उससे पूछ तो सकता है वह। करती होगी तो बता ही देगी। परन्तु डर इस बात का है कि न करती रही हो तब? यह धक्का वह बर्दाश्त न कर सकेगा। पहले प्यार में ही ऐसी कल्टी वह सह न सकेगा। फिर यही बात नहीं कि वह मना कर देगी। कर दे, परन्तु यह न हो कि वह एकदम भड़क ही जाए। कहे कि ऐसा पूछने की तुम्हारी हिम्मत कैसे हुई? ख़ुद थप्पड़ मार दे या बाप-भाई को बुला ले जो ऐसे मौक़ों पर न जाने कैसे वहीं आसपास ही मिल जाते हैं और प्राय: संवाद तथा बातचीत की अपेक्षा मारपीट पर विश्वास रखते हैं। सो सीधे पूछना ठीक नहीं। फिर? किससे पता करे? बताने वाला कोई नहीं और यहाँ जान जा रही है!

फिर?

फिर क्या! देखते चलो कि क्या होता है? अभी तो वह पहले प्यार में पड़ा है और इसी धक्के से लड़खड़ा-सा रहा है। थोड़ा सँभल ले। फिर यहाँ से वह कई दिशाओं में जा सकता है। एक तो यही कि बता ही न सके कभी। कह ही न पाए

कि प्यार है तुमसे। बस, घिघियाता-सा फिरे। यह भी हो सकता है कि देर-सबेर यह बुखार उतर जाए और बाद में याद करे तो ठीक से याद ही न आए कि कभी ऐसी बेवक़ूफी भी की थी।...यह भी हो सकता है कि वह पहले प्यार की ज़िम्मेदारी से निभाने की कौल उठा ले और तब तक उठाये रहे जब तक कि पिट-पिटा न जाए। पिटे। बार-बार पिटे। यहाँ पिटे। वहाँ भी पिटे। लगे कि पिटने के लिए ही जी रहा है।...एक यह दिशा भी बन सकती है कि लड़की भी उससे प्यार करने लगे और उसका प्यार चल निकले। क्या इसे उसके प्यार का सफल हो जाना कहा जाएगा? इतनी जल्दी न करें। प्यार चल पड़ने के बाद भी कई सम्भावनाएँ हो सकती हैं। एक तो यही कि दोनों की आपस में शादी हो जाए और फिर वह रोता फिरे। एक यह कि लड़की इसे छोड़कर किसी और से शादी कर ले और फिर भी यह रोता फिरे।...एक यह भी कि इस पहले प्यार के बाद वह दूसरे, तीसरे और चौथे प्यार से गुज़रे और बार-बार गुज़रता ही रहे।

कुछ भी हो सकता है प्यार में। अभी तो वह पहले प्यार में है। देखते रहिए। आगे जो हो।

तारा जब टूटता है

बहुत प्यार करते थे एक दूसरे से, वे दोनों। बहुत ही ज़्यादा।

आज दोनों को देखो तो ख़ैर विश्वास ही नहीं हो। पर करते तो थे। और ऐसा कि बस्स...। ऐसी-ऐसी बातें! ऐसे-ऐसे वायदे! ऊटपटांग परन्तु प्यारी बातें जैसी कि प्यार करने वाले न केवल किया करते हैं बल्कि उस समय तो उन बातों में पूरा विश्वास भी करते हैं। बातें तो ख़ैर हवा हुईं सो अभी क्या बताएँ, परन्तु उन दिनों के उनके पत्र पढ़ लें—वह सितारे तोड़ लाने की बातें लिखता और ये प्यार में मर जाने की कसमें खातीं—और दोनों ही ये बातें बहुत शिद्दत से महसूस करके ही लिखते थे। उन दिनों, यदि मौक़ा आता तो वे एक दूजे के लिए मिट भी जाते। ऐसी मुहब्बत। ऐसा लगाव। जिसे हम आप सच्चा प्यार बताते हैं न, ठीक वैसा। नींद ही नहीं आती। बौराये-से भटकते। ख़्याल, बस उसी के। यादों में वही। साँसों में वही। चिन्ता उसी की। दिन उसी के नाम। रातों पर उसी का कब्ज़ा। धड़कनें सुनो तो उसी का राग। कानों में उसी की बातें। सन्नाटा उसी से भरा हुआ।...वे सारी बातें जो प्यार में होती हैं। हमने कहा न कि बहुत प्यार करते थे वे दोनों।

और आज वह मुझे मिला। कुछ वर्ष बाद मिला है। बताने लगा कि तलाक़ के लिए केस लगा रखा है और आपके पास इसलिए आया हूँ कि आप उसे ठीक से समझा दें कि यहाँ-वहाँ की कानूनी चालाकियाँ खेलकर कोर्ट में मामला न घसीटे। सीधे से तलाक़ दे दे तो मेहरबानी होगी। कहने लगा कि आप तो हम दोनों को ही जानते रहे हैं। पढ़ाया है आपने हमें। आपकी इ़ज़्ज़त करती है वह। अपना प्रभाव इस्तेमाल करें। मान जाए तो बेहतर। वर्ना, सर ऐसा है कि मैं भी कमीनेपन पर उतर आऊँ तो मैं उससे कोई कम कमीना नहीं—एक मिनट में सारे खानदान को निबटवा दूँगा।

मैं उसका मुँह देखता रह गया। वही तो है यह जो तब कहता था कि सर, मेरे घर वालों को समझाएँ कि हाँ नहीं कहेंगे तो हम दोनों ट्रेन के आगे कूद जाएँगे। वही तो है! वही शख़्स, वही चेहरा। वही तो! तब घंटों मेरे पास बैठा रोता रहता था। पिटा

भी था। छाती तानकर बाप के सामने खड़ा हो गया था कि मारना हो तो मार लो, पर उसे नहीं छोड़ूँगा। बाद में छुप-छुपकर मिलता था। कभी दूर से ही देख लेता तो ऐसा तृप्त कि क्या कहें! आँखों में इतने सपने कि पलकें झपकाने की जगह नहीं। शहर भर में बदनाम। लोग कहते कि दोनों पगला गये हैं। सुनते कि कल उसने कुछ खा लिया—मरते-मरते बची। रस्सा ख़रीद रखा था इसने भी। न जाने कब लटकना पड़े। कुएँ देख रखे थे दोनों ने कि किसमें कूदेंगे। हमेशा उसी की सोचता। जो चूड़ी देखता, मानता कि उसी के लिए बनी है। हर चुन्नी उसी को ओढ़ा देता। हर सितारा उसके आँचल में टाँक देता। हवा पर उसका नाम लिखता। किरणें सँजोता।...पगला कहीं का! और ये ही क्यों, वो तो इससे ज़्यादा ही थी।

पर अब?...हुआ क्या होगा? इतना प्यार था। फिर क्या हुआ होगा?

मैं उसकी बातें सुनकर अवाक था, यह तो नहीं कहूँगा। अपना भी बुढ़ापा आ चला है मित्रो। दुनिया इतनी देख डाली है कि अब इसमें अवाक कर देने वाली बहुत कम चीज़ें बची हैं। परन्तु आश्चर्य तो अभी भी होता है। दुख भी। घबराहट भी। बेचैनी भी; क्योंकि एक उम्र के सपने तो कहीं बने रहते ही हैं जो मरते नहीं। हाँ, प्यार और आदमी के इतने रंग तथा हश्र देख चुका हूँ कि अब ऐसी घटनाएँ भी हिलाती नहीं हैं। हर बार चकित अवश्य करती हैं। हर बार पता करने को मन करता है कि पूछूँ कि कहाँ क्या बदल गया या बिगड़ गया होगा? इतना गहरा रंग और कितनी तेज़ी से उतर गया? रंग कच्चा था या पैरहन ही ख़राब निकला? हर बार जब ऐसा होता है तो मैं कोशिश करता हूँ परन्तु कोई ठीक-ठाक बता नहीं पाता। वे बता नहीं पाते। शायद वे स्वयं नहीं जान पाते। जान पाते तो ऐसा होने ही क्यों देते? नहीं जान पाता है कोई कि यह सब कैसे हुआ?

''कैसे हुआ यह सब?'' मैंने पूछा है उससे।

क्या बताता वह? क्या तो बताना था? वही बातें। सदियों से दोहराई जा रही शिकायतें।...वो तो मुझे समझ ही नहीं सकी। शादी के बाद तो उसके रंग ही निराले। इतना शक़ करती है सर कि बस! और हर मामले में चाहती है कि उसी की चले। मानो कि मैं कुछ होऊँ ही नहीं। बहुत एडजस्ट किया सर। पर कब तक? रोज़ लड़ाई। रोज़ शिकायतें। रोज़ के टंटे। कभी किसी लड़की से बातें करते पा ले तो मान लेगी कि मेरा अफेयर चल रहा है उससे। ख़ुद अपने ऑफिस में दस आदमियों से उसकी दोस्ती।...अघा गया सर।...न जाने क्या-क्या बोलता रहा वह। वह तो मिली नहीं। मिलती तो उसके पास भी इसके लिए ऐसी ही बातें होतीं।

''फिर?''...मैंने पूछा, ''कहो तो उससे बात करूँ? समझाऊँ कि तुम लोग यों क्यों अलग...?''

''वो बात न करें सर।...भाड़ में गयी स्साली...सॉरी सर...पर आप यह ज़रूर

कह दें उससे कि बाप और वकीलों के झाँसे में आकर केस को न घसीटे...बस।'' उसने बड़ी कड़वाहट भरे स्वर में कहा और अचानक उठ गया। चुपचाप खड़ा रहा थोड़ी देर। फिर वह सीढ़ियाँ उतर गया।

मैंने थोड़ी ही देर बाद छज्जे से झाँका। सड़क पर शायद वही तो था। भीड़ के बीच। समझ ही नहीं आया। सड़क पर भागती भीड़ में बिला गया था वह।...मुझे वे दिन याद आए जब वह उसके प्यार में डूबा रहता था। तब कई बार आता था मेरे पास। फिर ऐसे ही अचानक सीढ़ियाँ उतरकर चला भी जाता था। पर तब कभी मैं छज्जे से उसे देखता था तो भीड़ के बीच वह सड़क पर एक कौंध की तरह दूर तक और देर तक दमकता-सा दिखता रहता था। अलग दिखता था। जीवन से भरा। चमकीला। दमकते तारे-सा।

प्यार का तारा जब टूटता है तो पीछे कितना अँधेरा-सा छूट जाता है आसमान में—सड़क को देखते हुए, छज्जे पर खड़ा सोच रहा हूँ मैं।

रात में अँधेरा और कहानी में भी

''रात अँधेरी है।'' लिखा उसने।

रचनाकार ने प्रथम पंक्ति काग़ज़ पर गोदकर अँगड़ाई ली।

इत्ती जल्दी थक गये रचनाकार? एक पंक्ति के बाद ही अँगड़ाई वग़ैरह लेने लग गये?

''नहीं नहीं बन्धु।'' (लेखकों के बीच बन्धु सम्बोधन अभी भी चला आ रहा है) सो 'बन्धु' और 'नहीं' को दो बार कहने से बात का वजन बढ़ता है—ऐसा भ्रम भी चला आ रहा है। सो नहीं नहीं, बात थकने की नहीं है। रचनाकार थका नहीं है। बात अटकने की है। वास्तव में लेखक यहाँ अटक गया है। प्रायः लेखक बहुत सारा लिखने के बाद अटकते हैं। वह, यहाँ, शुरू में ही फँस गया है। जैसे किसी गाड़ी में स्टार्टिंग ट्रबुल हो न, ठीक वही स्थिति। दिमाग़ घर्र-घर्र करके रह जाता है। 'रात अँधेरी है'—यह बात तो मन में एकदम तय है। आगे रचना यहीं से बननी है। या कहें कि बनानी है। पर अभी तो पता नहीं चल पा रहा कि रचना किस दिशा में जाएगी। मन में रात के अँधेरे-सा ही कुछ मचा है। एक ज़माने में वह कविताएँ रचता था। तब काम आसान था। प्रथम प्रंक्ति भर सूझ जाए—आगे की रचना किसी ऑटोमेटिक मशीन की भाँति खटाखट-खटाखट करती चल पड़ती थी। अभी वो 'अँधेरी' की तुक पसेरी, घनेरी, उघेरी से मिलाकर, और बाद में तुक न मिलने पर उससे मिलती जुलती चीज़ तेरी, मेरी, बहुतेरी, ऐ री, कैरी, गैरी, फैरी आदि में निकालकर एक ठीक-ठाक-सी कविता बना सकता था, जो काव्य के क्षेत्र में व्याप्त अँधेरी रात का फ़ायदा उठाकर, किसी आलोचक या मंच संचालक की बाँह गह कहीं भी कब्ज़ा कर लेती। परन्तु अफसोस कि वह कविता छोड़कर कथा में आ गया है। दरअसल मारपीट के दो-तीन अवसर इधर कुछ ज़्यादा ही संगीन होते-होते बचे। कविता के श्रोता इस क़दर गुस्सा भी हो सकते हैं, यह अनुभव एकदम नया तथा डरावना रहा।

सो वह कथा लिख रहा है, पर 'रात अँधेरी है' के बाद अटक गया है।

मान लो कि विचार कर रहा है वो।

मान लो कि रात अँधेरी चल ही रही है कि तभी एक साया कहीं से दबे पाँव निकले और दूसरे साये के पीछे दबे पाँव चल दे। आपको पता ही है कि कथाओं में सायों के बीच दबे पाँव चलने का रिवाज़ चला आता है। अगर ये दो साये चल दें, तो कहानी भी चल पड़े। हो सकता है कि नहीं? क्यों बन्धु? है न? एक बार कहीं से तो भी दो ठीक-ठाक सायों का इन्तज़ाम हो जाए तो एक बढ़िया-सी रहस्य कथा बनती है। है कि नहीं? इससे बढ़िया मौक़ा बाद में फिर नहीं मिलने का। रात तो पहले से अँधेरी है ही। बस, दो साये मिल जाएँ कहीं से। लगा दो एक के पीछे दूसरा। माहौल बनाने के लिए कुत्ते तो भौंकने ही लगेंगे। कुत्तों को कहानी में घुसने ही इस शर्त पर दिया गया है कि वे बीच-बीच में, जहाँ भी लेखक इशारा करेगा, भौंकेंगे। सो वे तो भौंकेंगे ही। न भौंकें तो मारो स्सालों को दो लात। मार सकता है लेखक। कुत्ते लेखक को नहीं काटेंगे। वे इतने कुत्ते भी नहीं! मालिक को पहिचानते हैं। लेखक सायों के इन्तज़ाम तथा कुत्तों को लतियाने में मुब्तिला था कि काले बादलों को चीरता हुआ चाँद अचानक ही टीकमगढ़ के आसमान में निकल आया। अब? अब हो गयी न गड़बड़! बादलों में चाँद छुपा था तो रात अँधेरी थी। कहानी में ऐसे ही अचानक चाँद को निकाल दोगे तब तो बेचारे सायों की तो ऐसी-तैसी हो गयी न बन्धु! वे तो बेचारे अँधेरी रात के भरोसे जासूसी कथा में बाहर निकल आये थे। अब यूँ अचानक चाँद निकल आया है तो साये चौंककर ऐसी अँधियारी गली में घुस गये हैं जहाँ सँकरी गली में चाँद भी नहीं घुस पाया है। चौकन्ने साये जब सतर्क क़दमों से गली में चल रहे हैं। सतर्क क़दमों से क्यों बन्धु? सतर्क होकर न चलें तो अभी नाली में घुस जाएँ। या सूअर पर पाँव आ जाए। वैसे भी जासूसी कथा में तो सतर्क क़दमों से चलने का ही नियम है। फिर दुश्मन की निगाह भी तो है साये पर यार। किस साये पर? पहले पर कि दूसरे पर? यार, कन्फ्यूजन न पैदा करो बन्धु। हम अगले साये का जिक्र कर रहे हैं कि जिस पर पिछले साये की नज़र है। ठीक?...अच्छा अच्छा, तो क्या पिछला साया अगले वाले का दुश्मन है? तभी तो। वोई तो हम कहें। यार, तुम तो बहुत बढ़िया बढ़ा रहे हो कहानी को। कहाँ तो तुम्हारे हाथ में बस एक ज़रा-सी अँधेरी रात भर थी और अब देखो--दो-दो साये, कुत्ते, चाँद, दुश्मन...देखते-देखते, कित्ता सामान इकट्ठा कर डाला बन्धु।

लेखक प्रसन्न है कि कथा खड़ी हो रही है। जासूसी कथा ही सही।

पर लेखक उतना सन्तुष्ट भी नहीं। जासूसी या रहस्य-कथाओं को साहित्यक हलकों में बहुत इज़्ज़त की निगाहों से नहीं देखा जाता। जानता है लेखक। तो कहानी आगे लिखे कि न लिखे?...बन्धु, वैसे तो इज़्ज़त तो आज के ज़माने में आदमी अपने बाप की भी नहीं करता पर इस कारण क्या लोगों ने बाप बनना या बनाना बन्द कर दिया? फिर? तुम तो यही कहानी लिखो। अभी कहीं चाँद बादलों में वापस घुस गया

तो फिर मुसीबत। फिर कुत्तों का भी कोई भरोसा? अभी दूर कहीं कुकरहाव होने लगे तो तुम्हारी कहानी छोड़कर उस तरफ दौड़ जाएँ। और सायों को गुम होते देर लगती है क्या? देखो, हम तुमको समझा रहे हैं लेखक जी। पर यह लेखक का बच्चा भी अच्छी-ख़ासी बन रही जासूसी कहानी को छोड़कर दलित विमर्श वाला कोई माल तैयार करने की हँड़िया धर रहा है। 'रात अँधेरी है' का मतलब यह नहीं कि लेखक को जासूसी कहानी ही लिखनी होगी। उधर 'रात अँधेरी है' तो इधर दलित-विमर्श का अँधेरा भी तो कम नहीं। इस अँधेरे में कितनों ने कहानी के मकान में सेंध मार ली, यह पता भी है आपको बन्धु?

लेखक ने जासूसी कथा का इरादा त्याग कर दलित कथा लिखने का इरादा किया है, जैसा कि आजकल सभी कर रहे हैं। वह 'रात अँधेरी है' को ही आगे बढ़ाकर एक दलित कथा बनाने को कृतसंकल्प है क्योंकि दलित कथा बनाने में सामग्री से अधिक आपके बुलन्द तथा जिद्दी इरादों का रोल ज़्यादा होता है।

सो नये सिरे से कोशिश में जुट गया है रचनाकार।

'रात अँधेरी है' और अब इस अँधेरी रात में ही दलित-विमर्श को घुसेड़कर कहानी बनानी है।

चलो, इसी 'रात अँधेरी है' से दलित-विमर्श निकालते हैं। अपन को तो जैसी हवा चल रही हो, वैसी कहानी लिखनी है। आजकल दलित विमर्श का जलवा है। तो वही सही। वही करते हैं।...इन सायों को तो चलता करो यार। 'रात अँधेरी है'— अभी तो बस इत्ता ही रखो।...और इन कुत्तों को भी लतियाओ कि स्साले, भौंकना बन्द करो। कुत्तागिरी करते हुए पट्ठों की पूरी उम्र निकल गयी, पर एक ज़रा-सा अँधेरा क्या होता है कि भौंकना शुरू कर देते हैं। कुत्ते कहीं के!...और बन्धु, यह स्साला चाँद कहाँ से निकला चला आ रहा है?...यार आप कथा में एक तरफ तो चाँदनी बिखेर देंगे, प्रेमकथा का वातावरण रच देंगे और फिर हमसे उम्मीद करेंगे कि हम दलित-विमर्श की कहानी खड़ी करें! मज़ाक बना रखा है क्या!...तुम दलितों की प्रेमकथा क्यों नहीं रचते, हे रचनाकार? वैसे दलित भी प्रेम करते होंगे, अभी इस बात को हिन्दी कहानी वाले अफवाह मात्र मानते हैं। पर तुम तो लिखो।...पर कितना भी कहो, हमारा रचनाकार झाँसे में आने को तत्पर नहीं। बता रहा है कि उसने कहीं दलितों की कोई प्रेमकथा लिखी, तो हिन्दी आलोचना के दलित-विमर्श के थोक तथा रिटेल एजेन्ट उसे कथा की मंडी से बाहर करवा देंगे। उनके कने दलित की हर कथा अन्ततः दलित पर जुल्म की कथा बननी लाज़िमी है। इधर रात बढ़िया अँधेरी है ही। बस एकठो अत्याचार का कोण निकल आए तो दलित-विमर्श तैयार करते देर कितनी लगनी है! रात अँधेरी है। दलित पर अत्याचार तो ख़ैर दिन में भी होते ही हैं, फिर अपने पास तो एक अदद अँधेरी रात का इन्तज़ाम है। इसका तो कहना ही क्या! अच्छी बात यह

है कि इधर कहानी में अँधेरी रात है, उधर दलितों की बस्ती में भी रात अँधेरी ही है। वैसे अपने लेखक को दलितों के विषय में एक धेले की भी ख़बर नहीं। न तो स्वानुभूति, न सहानुभूति। फ़िल्मों में, या उड़ते-उड़ते कभी कहीं कोई दलित देखा हो, तो वह स्साला भी अभी याद नहीं आ रहा। लेखक अन्दाज़ से ही दलित के कष्टों का एक ठाठ खड़ा कर रहा है कहानी में।...लिख रहा है लेखक।...भूखा लेटा है घीसू। दलित को भूखा दिखाना आवश्यक है। ऐसा दलित-विमर्श के गजट में लिखा है। वर्ना कहानी ही न बनेगी।...दलित पानी पी-पीकर पेट भर रहा है। वह उचक-उचककर चल रहा है अपनी झोंपड़ी में। घड़े से कथरी के बीच।...उचक कर क्यों बन्धु?...वह सवर्णों के जुल्मों का शिकार है न! अभी हम फ्लेशबैक में जाकर बताएँगे न कि कैसे दौड़ा--दौड़ा कर मारा है इन लोगों ने। देखते तो चलो। अभी तो रात अँधेरी चल रही है। सुबह होने में अभी तीन चार घंटे बचे हैं। कम लगा तो और ठुकवा देंगे। कहानी की प्रामाणिकता के लिए यह तो करना पड़ेगा।

परन्तु बन्धु, यह तो बड़ी दकियानूसी क़िस्म की दलित कथा हुई जा रही है तुम्हारी। ऐसी तो पहले ही पचासों लिखी जा चुकीं। पर क्या करे लेखक? दलित के विषय में न तो आपको कुछ पता, न उससे कोई सहानुभूति। कहानी के बाहर तो दलित उसे जहाँ भी मिला है, लेखक ने हमेशा ही उसे लतियाया है या उस पर ध्यान ही नहीं दिया है। इसी कारण आज वह एक फैशनेबुल दलित-विमर्श की कहानी रचने के प्रयास में वैसे ही दयनीय नज़र आ रहा है, जैसा कि कुछ बड़े कहानीकार हाल ही में नज़र आये हैं।...

तो क्यों नहीं तुम अपना भोगा हुआ यथार्थ लिखते? दलित-विमर्श त्यागकर स्त्री-विमर्श को क्यों नहीं पकड़ते? उसका भी तो खेल खासा बड़ा है। फिर इस मामले में तुम्हारे अनुभव भी काफ़ी रंगीन तथा संगीन क़िस्म के रहे हैं। तुम एक प्रेमकथा लिखो न? किसी भी कथा पत्रिका के बलात्कार-विशेषांक में छप जाएगी।

रचनाकार उस स्थिति में है, जिसे देवकीनन्दन खत्री भूतनाथ का तरद्दुद में पड़ जाना कहते थे।

क्या करें? लेखक वापस आकर फिर वहीं आ खड़ा हुआ है कि रात अँधेरी है।

अब? तो फायनली तय किया है लेखक ने कि चलो स्त्री-विमर्श वाले फार्मूला फोर्टी-फोर पर ले आते हैं।

सो रात अँधेरी है और अँधेरे में एक प्रेमकथा पक रही है।

चाँद अभी बादलों में है। परन्तु प्रेमकथा का यही तो मज़ा और सुभीता है कि चाँद बादलों की ओट में हो, तब भी काम का, और जो निकल आए तो फिर तो कहना ही क्या! सो अब चाँद की परवाह नहीं है रचनाकार को। रहा आए बादलों

की ओट में, या भाड़ में जाए। कुत्तों को अलबत्ता चुप कराना पड़ेगा बन्धु। ये भौंकें, तो नायिका घबराकर लौट भी सकती है। या इनका भौंकना सुनकर नायिका का बाप बाहर निकल आया, तो नायक को भागना पड़ जाएगा। प्रेमकथा में कुत्ते न ही रहें तो बेहतर। तो थोड़ा देखिए इनको, भगाइए कुत्तों को, मित्र। रात अँधेरी है। नायक प्रतीक्षारत है। लेखक भी। नायिका आये, तो कहानी शुरू हो।

रात अँधेरी है।

लेखक ठानकर बैठा है कि वह इस एक पंक्ति से ही एक ठीक ठाक कहानी बनाकर ही उठेगा। वह कहानी उसके अन्दर से नहीं उठेगी, बल्कि कहानी जगत में व्याप्त आलोचना, फतवेबाज़ी, विमर्शों और सम्पादकों की अपनी सनक के अँधेरे से निकलेगी। जब तक कहानी में यह अँधेरा है, लेखक किसी भी पंक्ति को कहानी में तब्दील कर सकता है। 'रात अँधेरी है' का तो हमने मात्र उदाहरण देने के लिए जिक्र किया, वर्ना रात इतनी अँधियारी भी नहीं—न यहाँ, न कहानी में।

कहीं सुनवाई नहीं

गयी रात किसी ने चाँद चुरा लिया।

रात ने, अच्छा-भला चमकता हुआ चाँद आसमान के बीचों-बीच रात भर छोड़ा था। एकदम बीचों-बीच। खुले में। आपने देखा ही होगा। हमेशा ऐसा ही करती है रात। है कि नहीं? वोई तो।...और लाखों तारों के बीच धरा था कि ये भी एक नज़र धरे रहेंगे रात भर। रात तो चाँद को यों धर के, पूरी दुनिया में डोलती-फिरती रही रात भर। सोचा था कि सुबू को वापस उठा ले के जाएँगे अपन। रोज़ का काम। 'रोज ऐसेई तो करती थी अपन। शाम को धर देती फिन सुबू को वापस उठा ले जाती।'...बता रही है रात जो चाँद के यों अचानक ग़ायब हो जाने से घबराहट में एकदम ज़र्द हो गयी है।...रात को, रात की नौकरी बजाते सदियाँ गुज़र चुकीं। कभी चाँद अपनी जगह पर न भी मिला या दिखा तो वह जान जाती है कि बादलों में इधर-उधर हो गया होगा। ऐसा ही होता भी। पहले भी ग़ायब होता तो मिल भी जाता था। कहाँ जाएगा चाँद? हमेशा की तरह इस बार भी पहले तो रात ने यही सोचा कि छुप गया होगा काले-भूरे बादलों की गुदड़ी में। मिल ही जाएगा। भोत बदमाश है चाँद। एक नम्बर का पाजी। छेड़ता है रात को। छुपा होगा यहीं कहीं। ख़ूब ढूँढ़ा। चारों बाजू। दसों दिशाएँ। पर मिला ही नहीं। कहीं नहीं मिला।...''सच्ची बोलती मैं सरकार। इद्रीच् धरा था मैंने। इद्रीच्च्! ये बड़ा चाँद। वो पूरनमासी का बोलते न आप लोक, वोईच् वाला। इन तारा लोक से पूछ लो मालिक जो मैं झूठ बोल रही हूँ तो।...ये ज़रूर है मालिक कि सुबू-सुबू हमारी तनिक आँख झपक गयी थी। पन क्या करें बाबूजी कि रोज़ रात भर नाइट ड्यूटी करती मैं। रोज़ की रोज़। एक नागा नईं मारती। ऐसे में एकाध झपकी तो लाज़मी न सरकार? बस्स, ऐसेई एक-दो घड़ी को झपकी लगी होगी कि आँख खुली तो क्या देखती मैं कि चाँद ग़ायब! सच्ची।''...बता रही है रात, चाँद की चोरी का क़िस्सा, जैसे मकान मालिक पुलिस को सुनाता है रात हुई चोरी का क़िस्सा कि सुबह नींद लग गयी—खटका भी नहीं हुआ और नींद खुली तो देखते हैं कि खिड़की की ग्रिल वहाँ पड़ी है और लॉकर खुला पड़ा है, माल ग़ायब!

रात सुना रही है चाँद के अचानक ग़ायब हो जाने का क़िस्सा। लोग सुनकर उसे लानत दे रहे हैं और सलाहें भी। ''बाई, तूने ऐसे बेपरवाही से कैसे रख छोड़ा था री चाँद को?...पता है न कि पूरी दुनिया की नज़रें पेले ही से हैं तेरे चाँद पे! ज़माना स्साला कैसा ख़राब है सो पता है कि नहीं? फिन? फिन ध्यान क्यों नईं रखा? अरे, आदमी की नीयत का कोई फिक्स है क्या? क्यों साब। कोई बता सकता है क्या? नहीं न? नहीं बता सकता कि कब बदल जाए। सही बोले न हम? आँख फिरी कि माल यारों का। आलू-प्याज की थैली भी इदर-उदर नईं छोड़ने का। छोड़े तो चार जान-पिचान वाले जन को चेता के जाने का कि बाबू, तनिक हमारे सामान का ध्यान रखना, हम अभी निस्तार करके आते हैं।...ऐसा ख़राब टेम चल रहा है और तू यहाँ खुल्ले में छोड़ के निकल गयी चाँद को? हद है। है कि नहीं सा'ब? सच्ची बताना। हमारे कने तो पाँच का नोट भी धरा हो तो हम तो दस बार पॉकिट में हाथ घुसेड़-घुसेड़ के तसल्ली करते रहते हैं भैया कि किसी ने मार तो नहीं दिया? सच्ची बताता हूँ बॉस। इस कंट्री का लोक स्साला, भोत पाजी हो गया है। कसम से।...'' सुबह- सुबह चाय का ठेला लगाने वाला रामू रात को समझा रहा है कि ज़माना बहुत ख़राब आ गया है। बेवकूफ़ कहीं का! अरे, रात से बेहतर कौन जानता है इस ज़माने को। सारे खटकरम तो दुनिया के रात में ही रात के सामने होते हैं भैया।...रात जानती है ज़माने को। पन धोखा खा गयी न! अबी चाँद तो ग़ायब होईच गया न! अबी क्या करना?...पुलिस में रिपोर्ट दर्ज़ कराऊँ क्या?

''कुतवाली जाके रिपार्ट लगाना, न लगाना—सब बरोबर। सच कहती मैं भेन! पुलिस वाला तो जेसेई औरतजात को देखता है न, तो उसी को मामले में फँसाने की कोशिश करता।...तू चाँद की चोरी के लिए जा, चाहे मरद के मर्डर की शिकायत ले के, वो तेरे से एक ही बात उगलवाने में लग जाएगा कि तेरा किस-किससे क्या लफड़ा चलता है और तू चाँद छोड़कर रात में किसके साथ थी रे? सच्ची। ऐसेई। सीधे पूछता वो लोक। तेराईच चोरी हुआ है और तेरेईच से पूछेगा कि तेरे खसम ने जुए में तो नहीं निकाल दिया रे? कुतवाली नईं जाने का रे बाबा! पुलिस लोक को पता कि तेरा खाविन्द कंट्री लिकर पीता और काम-धाम एक्को नईं करता। तू ही तोड़ती रहती है अपने हाड़। वो तेराईच्च पइसा उड़ा के दारू पी जाता। पुलिस का लोक कहेगा कि तूने ही करी है अमानत में खयानत। उठवा दिया चाँद को अपने खसम से और अब नौटंकी करती है। बेच आया होगा वो सूअर अब तक तो। पेले तो तेरे खसम को लॉकप में डाल के हड्डी तोड़ता उसकी, फिन तेरे से ही पैसे माँगता कि देती है तो बोल नईं तो करूँ लोग लुगाई दोनों को अन्दर?...नईं भेन, कुतवाली न पहुँच जाना रपाटे लिखाने। केस बना दिए तो न जमानत, न पेसी।...'' समझा रही है जाती हुई रात को, ऐन सुबह चौका-बर्तन के काम पर निकली बाई।

पर दूसरी तरफ कुछ लोग कुछ और ही समझा रहे हैं रात को।

"ये ऐसेई भंसक मारती रे। डरने का नईं। बिन्दास पूरी रपट लिखाने का। ऐसा थोड़ेई है। रपट तो लिखा।...वैसे एक बात बोलूँ? तू इन भेन के सगे तारों से तो पता कर। इन पिल्लों को सब पता होगा कि कहाँ गया चाँद? ये दिखते तो छोटे-छोटे हैं, पन हैं स्साले एकदम नम्बरी। भोत पाजी। चुपचाप रहते हैं, पर अन्दर ऐसा कुत्तापना भरा है कि बस। ऐसे टिमटिमाते खड़े रहते हैं कि जैसे इनसे शरीफ़ मानो कोई दुनिया में हो ही नहीं, पन भरोसा नईं स्सालों का। कहीं पन्नी, खोखा, कचरा बीनते-बीनते चुपके से इनने ही न उठा लिया हो! सच्ची। हैं बंटानी, पन भोत चालाक। कहो तो हम तुमारे साथ चलके पूछते सबसे कि जब तुम स्सालों रात भर टिमटिमाते यहीं बैठे थे तो इत्ता बड़ा चाँद जाते कैसे नईं देखा किसी ने? देखा तो होगा।...चलकर धमकाते हैं कि बेट्टा हमें न बताओगे तो जब पोलिस का लोक तुमारे पिछवाड़े दे डंडा बजाएगा तब तो उगलना ही पड़ेगा रे। पोलिस का डंडा भोत करतबी होता है भेन। सच्ची।..." बिल्डिंग का चौकीदार आग तापते हुए रात को समझा रहा है।

रात को समझ ही नहीं आ रहा है कि वह क्या करे?

और रमेसरी को भी।

रमेसरी की चौदह साल की चाँद-सी बिटिया ग़ायब है रात से। सीधी-सादी थी छोटी, सरकार। रात को दिशा मैदान को निकली तो फिर लौटी ही नहीं। तब से रात-भर खोजती रही है उसे। कहने वालों की सौ बातें। कोई बोलता कि आवारा लड़का लोग झाड़ियों से उठा ले गया, तो कोई बताता है कि कार में खींच के डाल लिया आदमी लोग। भोत घबराहट हो रही है मालिक। क्या करूँ?

चाँद आसमान से चोरी हो जाए या झोंपड़ी से, लोग यों ही भटकते हुए, असमंजस में निराश बैठ जाते हैं, जैसे रात क्षितिज में जाकर कहीं बैठ गयी है और रमेसरी कुतवाली के बाहर, सड़क पर।

जन्मदिन पर झाड़ना

इस बार का व्यंग्य लेख यदि कुछ कुछ फिलॉसफिकल-सा लगे, तो कृपया क्षमा कर दें, क्योंकि आज सुबह से ही मन फिलॉसफी झाड़ने पर उतारू है। आज मेरा जन्मदिन है। मैं बावन वर्ष का हो गया। वैसे, यह कतई आवश्यक नहीं कि आप बावन के हों तो फिलॉस्फर हो जाएँ। वो तो आप किसी भी उम्र में हो सकते हैं। बचपन तक में हो सकते हैं। तीसरी कक्षा में मेरा एक सहपाठी मित्र था, जो तब फिलॉस्फर बन चुका था। वह फिलासफिकल होकर कहता था कि यदि बच्चे को बड़ा होकर हेडमास्टर ही बनना है, तो फिर वह बच्चा ही क्यों न बना रहे? एक बार कक्षा में मुर्गा बने हुए उसने पड़ोसी मुर्गे (अर्थात् मुझसे) कहा कि तुम तो वास्तविक मुर्गों के स्कूल के हेडमास्टर की परेशानी की कल्पना करो, जो अपने शिष्यों को मुर्गा बनने की सजा नहीं दे सकता क्योंकि वे पट्ठे पहले से ही मुर्गा हैं। एक बार उसने मास्साब से विज्ञान का यह जटिल फिलॉसफिकल प्रश्न पूछ लिया था कि बताइए कि नल के पाइप में तो पानी ऊपर को चढ़ता है, जबकि हम पेशाब करते हैं तो फिर पानी नीचे क्यों गिरता है? मास्साब ने उत्तर में उस नन्हें फिलॉसफर की वो ठुकाई की कि उसकी पेशाब निकल गयी। धूप अगर रात में निकलती, तो बिजली पैदा करने वाले भूखों न मर जाते? छाते की नोंक यदि आप किसी के पिछवाड़े गड़ा नहीं सकते, तो फिर इसे नुकीला बनाना समय तथा 'स्किल' का दुरुपयोग क्यों नहीं घोषित किया नहीं चाहिए? पेट अन्दर की तरफ पिचकाओ, तो हॉफ-पैंट क्यों निबक जाती है? कुत्ते को लात पूँछ की दिशा से ही क्यों मारी जाती है जबकि वह बेचारा पीछे की तरफ न देख पाने के कारण मौक़े पर ठीक से सँभल भी नहीं पाता है? ऐसे अनेक ऊटपटाँग विचार तथा प्रश्न वह हम लोगों के समक्ष उठाया करता था, जो निश्चित ही ऊँची फिलॉसफी से जन्म लेते रहे होंगे। बाद में उसके पिता का ट्रान्सफर किसी और शहर में हो गया। आख़िरी ऐसा प्रश्न जो उसने बस-स्टैंड के लिए विदा लेते समय, ताँगे पर सवार होते हुए हम लोगों से किया था, वह कुछ यों था कि घोड़े को बकरा क्यों नहीं कहा जाता है? और अगर घोड़े को बकरा कहा जाने लगे तो फिर बकरे की माँ किसके लिए

ख़ैर मनाएगी—घोड़े के लिए या बकरे के लिए? फिर उसने ताँगे के गति पकड़ते-पकड़ते अन्तिम पते की बात यह कही थी कि यदि हम भी घोड़े की भाँति घास तथा चने खाने लगें तो क्या हम कालान्तर में ताँगे को खींच पाएँगे तथा क्या कतिपय महत्त्वपूर्ण दिशाओं में हमारा विकास भी घोड़े के समकक्ष हो सकेगा?

इसके बाद उस फिलॉस्फर मित्र से जीवन में आज तक मेरा मिलना नहीं हुआ है। पता नहीं, अब वह कहाँ, किस ऊँचाई या गहराई का चिन्तन झाड़ रहा होगा। पर आज अपनी बावनवीं वर्षगाँठ पर अचानक ही उसकी बड़ी याद आ रही है क्योंकि मेरे मन में भी आज सुबह से वैसे ही ऊटपटाँग विचार उठ रहे हैं जो मेरे मित्र की पहिचान थे। जीवन, उम्र, मृत्यु आदि को लेकर आज बड़े गम्भीर विचार उठ रहे हैं और बैठने को तत्पर नहीं। गम्भीर चिन्तन के लिए न तो मैं जाना जाता हूँ, न ही बदनाम हूँ। परन्तु आज ऐसे-ऐसे विचार अन्दर घुमड़ रहे हैं कि यदि पूरे-पूरे प्रकट कर दूँ तो अपने उस मित्र की भाँति कुख्यात हो जाऊँ। सो, पूरे तो नहीं, परन्तु कुछ ऐसे विचार प्रस्तुत करने की अनुमति चाहता हूँ।

जैसे कि मैंने अभी-अभी सोचा है कि यदि एक व्यक्ति, जो दो अगस्त को बावन वर्ष का हो जाता है, और वह तीन अगस्त से, अपने शेष जीवन में नित्य ही चालीस मिनट कैसे-तो-भी चुराकर किसी डिब्बे में सहेजता चला जाए, और मान लें कि उसकी उम्र अन्ततः साठ वर्ष की हो, तो मरने वाले दिन उसके डिब्बे में कितने दिन का समय बन्द होगा? और यदि यह सीलबन्द डब्बा वह यमदूत को प्रस्तुत करे, तो अल्प बचत को प्रोत्साहन देने की सरकारी नीति का प्रशंसक वह यमदूत क्या उसे, उतने दिन और जीने देगा? फिर यह प्रश्न भी मेरे जिज्ञासु मन में उठा है कि बाद में यमदूत उस खाली डिब्बे को फेंक देगा, कबाड़ी को बेचता हुआ यमलोक लौटेगा, या मेरी सन्तान को बाप की निशानी के तौर पर सहेज कर रख जाने को देता जाएगा? फिर मेरे बच्चे इस डिब्बे का क्या करेंगे? वे इस डिब्बे में तम्बाखू, हल्दी, सौंफ, कैरम की गोटियाँ या डिटर्जेन्ट पावडर—क्या रखा करेंगे? या कहीं, वह यमदूत सिपाही की भाँति दो थप्पड़ मारकर साँसों भरा वह डिब्बा छुड़ाकर यह तो नहीं कहेगा कि 'चल बे साले', और बाद में डिब्बा अपने किसी पहिचान वाले को बेच देगा? धाँधली तो कहीं भी हो सकती है।

एक और विचार अभी-अभी सीधे आत्मा की गहराइयों से बाहर आया है। सन्त, महात्मा कहा करते हैं कि आत्मा इस शरीर रूपी चोले में बन्दी है। बन्दी है, तो मुक्ति के लिए तड़पती भी होगी। हर जन्मदिन पर जो आत्मा प्रसन्न प्रतीत होती है, वह इसी कारण तो नहीं कि चलो यार, क़ैद का एक साल और कट गया? आज सुबह से जो मन में प्रसन्नता की अनुभूति हो रही है, वह आत्मा के इसी आनन्द का हिस्सा तो नहीं? तो फिर तो मेरा और आत्मा का उद्देश्य ही अलग-अलग हुआ क्या?

मैं तो इधर व्यायाम कर कर के, संयमित आहार खा-खाकर, विटामिन की गोलियाँ भकोस कर अपनी उम्र बढ़ाने की कोशिश कर रहा हूँ और उधर आत्मा मुझे ऐसा करते देखकर कोसती होगी कि यह बदमाश मेरी क़ैद को लम्बा खींचने के प्रयास कर रहा है। कहते हैं कि सुबह-सुबह घूमने जाओ तो जीवन लम्बा होता है। घूमने हेतु सुबह जल्दी उठने के टाइम पर जो आवाज़ मेरे मन में उठा करती है कि 'यार, सो जा, इतनी बढ़िया नींद आ रही है' कहीं वह इसी बदमाश आत्मा की ही आवाज़ तो नहीं है जो नहीं चाहती कि मैं लम्बा जीकर उसकी क़ैद बढ़ाऊँ? आज जन्मदिन पर बुज़ुर्गों ने जो आशीर्वाद दिया कि 'बेटा, सौ वर्ष तक जियो'—इसे सुनकर आत्मा ने उनको कौन-सी गाली दी होगी? आत्मा को गाली देना आता भी होगा, या नहीं? इतने वर्ष क़ैद में रहते-रहते सीख ही गयी होगी। हमारे मित्र रामलाल जेल में अफीम खाना सीखकर आए थे और इसकी ऐवज़ में वहाँ कई लोगों को ऐसी मौलिक गालियाँ सिखाकर आए थे कि जेल-स्टाफ तक उनकी प्रतिभा से चमत्कृत रह गया था।

यह आशा की जाती है कि आदमी, कम से कम जन्मदिन पर तो अपने जीवन का पुनरावलोकन करेगा ही और एक बार तो विचार करेगा कि आख़िर मेरे इस जीवन का क्या हेतु है? ईश्वर ने मुझे इस धरा पर क्यों पैदा किया है? चिन्तकों तथा तपस्वियों के बीच तो ऐसा विचारने का पुराना रिवाज़ चला ही आता है। वे तो हमेशा ही पता करते रहते हैं। मैंने भी कम से कम आज के दिन तो इस पर विचार करने की कोशिश की है। मैंने पाया है कि अभी तक मुझे ठीक-ठीक पता नहीं है कि ईश्वर ने वास्तव में मुझे क्यों पैदा किया? ईश्वर ऐसा करके चाहता क्या था? पता नहीं चल पा रहा। कोई कुछ कहता है, कोई कुछ और। बताइए। जीवन के बावन वर्ष निकल गये और अभी तक कन्फ्यूजन ही चल रहा है। पता नहीं, अभी कितनी उम्र शेष बची है? यदि मान लें कि अट्ठावनवें वर्ष में जाकर मुझे ईश्वर की असल इच्छा का पता चले और मेरी कुल उम्र उसी ईश्वर ने साठ वर्ष तय कर रखी हो तो बचे हुए दो वर्षों में मैं कितनी भी जल्दी-जल्दी करूँ, मैं कहाँ से उसकी इच्छा पूरी कर सकूँगा? फिर मरने के बाद ईश्वर के समक्ष पहुँचने पर उसके दूत मेरी शिकायत करते फिरेंगे कि इसने आपका दिया कार्य पूरा नहीं किया! इधर ईश्वर की तरफ भी सरकारी दफ़्तरों वाली धाँधली चल रही है साहब। कोई भी कुछ बताता नहीं। बस, धरा पर भेजकर छोड़ देते हैं। ख़ुद ही पता करते रहो। ख़ुद ही जो काम समझ में आ जाए, हरि इच्छा मानकर वही करते रहता है आदमी। जैसे मैंने यह समझा कि ईश्वर ने मुझे इस धरती पर व्यंग्य लिखने के लिए पैदा किया है। सो मैं इतने वर्षों से व्यंग्य लिखता रहा और ख़ुश रहा। अब, बाद में यदि मुझे पता चले कि बेट्टा, ईश्वर तो चाहता था कि तू आलोचना लिखे, या कविता लिखे, या फिर दोनों ही लिखे (क्योंकि समझ में तो दोनों ही नहीं आती) तो? तब तो मर गये न हम! सो कोई सिस्टम तो साफ़-साफ़ बनाया जाना चाहिए।

ईश्वर पैदा करे तो जीवन का एक टेन्डर-सा खोलकर साथ में दे, जिसमें किए जाने वाले कार्य, समय सीमा तथा अन्य बातें साफ़-साफ़ बताई गयी हों। यह नहीं कि आपको तपस्या करनी पड़े, तब जाकर जीवन का उद्देश्य समझ में आये।

देखा आपने कैसे एक से एक ज़ोरदार विचार चले आ रहे हैं। रखने की जगह तक नहीं मिल रही।

जैसे कि एक ताज़ा-ताज़ा, गरमागरम विचार अभी-अभी मन में यह आया है कि यदि मनुष्य अपने हर जन्मदिन पर एक अच्छी आदत सीखने की ठान ले, और ऐसा ठानते समय उसकी उम्र मान लीजिए कि सत्रह वर्ष की हो चुकी हो, तो अन्तत: किस उम्र तक पहुँचकर उस मनुष्य में इतनी सारी अच्छी आदतें तथा गुण पैदा हो जाएँगे कि वह एक महापुरुष बन जाएगा? यहाँ, यह प्रश्न भी उठ रहा है कि एक महापुरुष में कितने सद्‌गुण होने आवश्यक हैं? न्यूनतम अहर्यताएँ क्या हैं एक महापुरुष के पद की? कितनी अच्छी आदतों के रहते आप मुझे महापुरुष मान लोगे? इतनी सारी तो नहीं माँग रहे आप कि इस चक्कर में एक शरीफ़ इन्सान की सत्रह वर्ष के बाद की सारी ज़िन्दगी ही सद्‌गुण सीखते-सीखते ख़राब हो जाए? (मैं बार-बार सत्रह वर्ष की उम्र की जो बात कर रहा हूँ, सो यों क्योंकि हमारे देश में सत्रह वर्ष से पूर्व तक की आदतों तथा गुणों का निर्णय तो बाप किया करते हैं और तब तक आप चाहते हुए भी अपनी तौर पर महान नहीं बन सकते। बनने की कोशिश की, तो बाप ठोक सकता है कि स्साले उल्टे-सीधे कामों में लगे रहते हो, ट्यूशन में मन नहीं लगाते!)

अब तक के विचार सुन-सुनकर आप घबरा गये होंगे, जैसे हम अपने बचपन के मित्र से घबरा उठते थे। सो अन्तिम विचार सुनाकर विराम लेता हूँ।

एक ज़ोरदार विचार यह भी आया है कि यदि मनुष्य, अपने हर जन्मदिन पर बीस गुब्बारे फुलाए, और एक गुब्बारे को फुलाने में वह अपनी दस क़ीमती साँसे ख़र्च करे और ऐसा वह पचास वर्षों तक करता चला जाए तो अन्ततः वह कितनी साँसें एक व्यर्थ की बात में ज़ाया कर चुका होगा? यदि वह इन साँसों को जोड़ता जाता, तो क्या वह इतना और जी पाता कि मरते-मरते उस पोते का मुँह देख लेता, जो पैदा होने ही वाला था? फिर, हर गुब्बारे को फुलाने के फेर में, जो गाल उसने फुलाए, यदि वे पिचकने की जगह हर बार फूले ही रह जाते, तो क्या पचास वर्षों में वे स्वयं एक बड़ा गुब्बारा न बन जाते? क्या इससे उसके गुब्बारों का ख़र्च बचता? वह कितने पैसे बचाता? क्या वे पैसे इतने होते, कि उसकी कब्र अन्ततः संगमरमर की बन पाती? फिर वह विचार भी बना कि यदि यह आश्वासन रहे कि मरने के पश्चात् संगमरमर की समाधि या कब्र बनेगी, तो क्या आप मरते हुए गर्व, सन्तोष या आनन्द अनुभव करेंगे? फिर यह भी, कि मिट्टी में यों ही मिल गये आदमी और संगमरमर की समाधि में दफ़्न आदमी की आत्माओं के बीच भी वर्ग-भेद बना रहता है क्या? कहीं यह

तो नहीं कि संगमरमर वाले की आत्मा स्वयं न उड़ती हो, बल्कि मिट्टी वाले की आत्मा को चपरासी की नौकरी देकर, उसके कन्धे पर चढ़ी-चढ़ी यहाँ से वहाँ जाती हो? यों भी आदमी के बीच वर्ग-भेद इतना गहरा हो चुका है कि वह उसकी आत्मा तक उतर गया है।

तो मित्रो, विचार तो आते चले जा रहे हैं। आदमी एक बार फिलॉसफी झाड़ने पर उतारू हो जाए तो फिर लालबत्ती पर भी ठहरता नहीं। रोकना मुश्किल हो जाता है। आज जाकर मुझे अपने बचपन वाले मित्र की मज़बूरी समझ में आ रही है। क्या करता वह भी बेचारा? मुझे उससे सहानुभूति हो रही है। कृपया मुझे भी क्षमा करें। जन्मदिन पर आज यदि मैं भी फिलॉसफी में कुछ दूर और कुछ गहरे चला गया, तो मेरे साथ भी सहानुभूति रखें। वापस व्यंग्य की भूमि पर लौट आऊँगा, यह तय है। व्यंग्य के बिना मेरी गत नहीं।

ग़रीब-विमर्श वाली कथा

आज हम आपको एक ग़रीब की कहानी सुनाते हैं।

कुछ यूँ कि एक था ग़रीब और एक था अमीर।

अब आप कहोगे कि ग़रीब की कहानी सुनाने की कहते हो, पर उसमें भी अमीर को घुसेड़ रहे हो। परन्तु इसके कई जायज़ कारण हैं मित्र। एक तो यही कि ग़रीब की कहानी बहुत सूखी-सूखी और नीरस लगेगी आपको। आधी पढ़कर बीच में ही छोड़ देंगे। वही रोना-धोना, भूख, चिन्ताएँ, असफलताएँ। ऐसी कहानी आज के उत्तर-आधुनिक समय में कोई सुनना नहीं चाहता। मार्केट ही नहीं है इसका। सो कहानी में अमीर को डालना पड़ा। अमीर के बहाने कहानी में पचासों रोचक प्रसंग तथा मोड़ डाले जा सकते हैं—षडयन्त्र, सेक्स, उत्सव, चकाचौंध—सबकुछ। कहानी के धन्धे में टिकना है तो मात्र ग़रीब के सहारे तो टिका नहीं जा सकता।...दूसरी बात यह भी कि हम-आप न भी चाहें तब भी, ग़रीब की कहानी में अमीर तो आएगा ही क्योंकि कहीं कोई अमीर होता है, तभी ग़रीब पैदा होते हैं। हज़ारों ग़रीब तैयार करके एक अमीर बन पाता है।...तीसरी बात यह भी कि मान लो हम अकेले ग़रीब की कहानी को भी किसी तरह रोचक और श्रेष्ठ बना भी दें, तब भी वह कहानी अमीर के हाथों ही चली जाएगी क्योंकि जीवन की हर रोचक और श्रेष्ठ शै पर काबिज़ होना उनका शगल है।

तो कहानी सुनें। कहानी ग़रीब की है, परन्तु किताब की ज़िल्द पर अमीर की ही फोटू छपी है। ग़रीब की कहानी बेचने के लिए भी फोटू तो सही वाली ही चाहिए न!

तो एक था ग़रीब। ग़रीबों जैसा ही आम ग़रीब जानिए क्योंकि 'ख़ास ग़रीब' जैसी कोई चीज़ तो होती नहीं इस दुनिया में। इस ग़रीब में यह बात अच्छी थी कि इसे पता था कि ग़रीबी के साथ कैसे जिया जाता है। दरअसल, उसने अपना पूरा जीवन ही यह कला सीखने में लगाया था कि ग़रीबी के बावजूद मरने से कैसे बचा जाये? वह लम्बे समय तक अन्न का एक दाना खाए बिना भी रह लेता था और मरता नहीं था। वह भूखे पेट भी मेहनत के काम करता रहता। वह बीमार पड़ता, परन्तु बिना दवाइयों के ही ठीक हो जाता ठंड आती, तो काँप-काँप कर ही बदन में इतनी गरमी

पैदा कर लेता कि जितनी अमीर लोग कोट-स्वेटर में नहीं ले पाते हैं। गर्मी की तेज धूप में भी मज़दूरी करता रहता। आधी रोटी से ही पूरा पेट भर डालता पट्ठा और चिन्दी भर कपड़े से पूरा बदन ढँक लेता। समझदार ग़रीब था वह। कभी भी अमीरों के रास्ते में आड़े नहीं आया। वह जानता था कि उसकी पगडंडी अलग है। वह जानता था कि उसकी कहानी अलग है और अमीरों की अलग। वह अमीरों की कहानी में कभी नहीं आया, जबकि वे लोग उसकी हर कहानी में आते-जाते रहे। वह जानता था कि वह ग़रीब है। और ऐसे ग़रीबों की देश में बड़ी इज़्ज़त थी जिन्हें न केवल अपनी औक़ात का पता हो बल्कि जो अपनी औक़ात में ही रहते हों।

तो यह कहानी उस आदरणीय ग़रीब की है, जिसके विषय में साहित्य से लेकर संसद तक यह ग़लतफ़हमी बनाई गयी थी कि वह अपनी ग़रीबी में ही बड़ा ख़ुश है। लोग उसे प्यार तथा आदर से दरिद्रनारायण तक कहते थे।

फिर?

फिर कहानी में पेंच वहाँ आया जब अमीर को और भी अमीर बनने की सूझी। पूरी दुनिया को ही अचानक इस विचार ने प्रेतबाधा की तरह पकड़ लिया था कि ख़ूब पैसे बनाए जाएँ। सभी बना रहे थे। वैश्वीकरण का ज़माना। वर्ना तो हमारी कहानी का अमीर पहले से ही बेहद अमीर था और पहले से ही उसे समझ ही नहीं आता था कि इतनी अमीरी का आख़िर किया क्या जाए! वह इसीलिए भी और अमीर बनना चाहता था क्योंकि अमीर बनने के बाद उसके पास और कोई काम ही करने को रह नहीं गया था, सिवाय और अमीर बनने के। बस, यही उद्देश्य जीवन का कि और अमीर बनूँ। दूसरों को ज़्यादा अमीर होते देखता, तो अपनी कहानी के ग़रीब से ज़्यादा ग़रीब महसूस करने लगता। सो उसे और अमीर तो होना ही होगा। न हुआ तो उसकी अमीरी भी ग़रीब टाइप लगने लगेगी। तो कथा अब यों बढ़ रही है कि अमीर यह पता करता घूमने लगा कि और अमीर बनने के लिए कैसे क्या करना होगा?

कहानी का यह वो मोड़ है जहाँ हमारी कहानी के ग़रीब पर इस अमीर की नज़र पड़ी। और सही बात तो यह कि ग़रीब को तो उसने देखा ही नहीं क्योंकि उतनी फ़ुर्सत ही उसके पास कहाँ थी? उसकी नज़र तो उस ज़मीन पर पड़ी जिस पर ग़रीब खड़ा रहता था।

अमीर ने कहा कि मुझे तेरे पाँवों के नीचे की ज़मीन चाहिए। वह ग़रीब को उचित मुआवज़ा देने को तैयार था। यही कहा कि मुआवज़ा लो और दफ़ा हो जाओ यहाँ से। पाँव के नीचे की ज़मीन का क्या कोई मुआवज़ा दे सकता है भला? पर अमीरी के अपने मुग़ालते होते हैं। उसे वह ज़मीन तो चाहिए ही थी। सरकार ने भी समझाया कि 'सेज़' बिछनी है यहाँ अमीर सैंया की सो यह ज़मीन तो चाहिए ही तेरे से। ग़रीब आनाकानी करने लगा। हिम्मत देखिए स्साले की! कहने लगा कि मेरे पाँव तले की

ज़मीन ही न रही, तो मैं कहाँ जाऊँगा? हवा में तो रह नहीं सकता। वहाँ रहने की आदत आपकी। मरने-मारने पर उतारू हो गया ग़रीब। ऐसा कि तान सीना कर खड़ा हो गया बदमाश कि न देंगे ज़मीन। अमीर ने सरकार से शिकायत की। सरकार कहलाती ग़रीबों की थी, पर थी अमीरों की।

और सरकार जानती है ग़रीब से निबटना। सरकार का इशारा काफ़ी था। पुलिस, नेता, बिचौलिए, गिरोह, मीडिया, पैसे, अदालतें, समन, आयोग, अध्यादेश, बैठक, बातचीत, सभाएँ, धर्म, झंडे, दौरे, पुचकार, फटकार, अँधेरे, भय, संविधान...न जाने किन-किन हथियारों से लैस सत्ता ने ग़रीब को घेर लिया।

कहा अमीर से कि ज़मीन तो आपको दिलवाएँगे ही हम।

ग़रीब का आगे क्या बना?

क्या हुआ उसका? बता तो देता मैं पर बताने पर कानूनी मनाही है। मामला न्यायालय में है और आपको पता ही है कि यहाँ जायज़ प्रश्न उठाने पर भी न्याय बुरा मान सकता है। बड़ी जल्दी अवमानना हो जाती है उसकी। सो हम भी चुप हैं और ग़रीब भी चुप है। सरकार और अमीर ख़ुश तथा आश्वस्त हैं ग़रीब की चुप्पी से। वे कदाचित जानते ही नहीं कि ग़रीब की इस चुप्पी के नीचे कितना क्या दबा पड़ा है!

कभी यह चुप्पी टूटी तो?

ग़रीब की चुप्पी टूटेगी ही। कब तक नहीं टूटेगी। और तब ही इस कहानी की आख़िरी पंक्तियाँ लिखी जाएँगी। ईश्वर मेरी कलम को वह दिन अवश्य दिखाएगा, इसी विश्वास पर तो मेरा लेखक ज़िन्दा है।

वो मैं नहीं, और हूँ भी

सुबह उठकर कुल्ला करते-करते अचानक दर्पण पर नज़र चली गयी।

वॉश बेसिन के ठीक ऊपर बड़ा-सा दर्पण है।

कुल्ला करने का तो आपको पता ही है कि इस क्रिया के दौरान मुँह में पानी भरकर, फिर मुँह को ऊपर की दिशा में उठाकर, कल-कल, गड़-गड़ की आवाज़ निकालते हुए मुँह को तब तक ऊपर रखना होता है कि जब तक कि उसमें भरे गड़गड़ाते पानी के, गले के रास्ते, फेफड़ों में घुसने से आपके मरने की नौबत ही न आ जाए—बस, ठीक उस क्षण में मुँह को अचानक ही नीचे की दिशा में लाते हुए इस पानी को ज़मीन, नाली, नदी, सड़क या वॉश बेसिन में डाल दिया जाता है। मैं यही कर रहा था। प्रात:काल की बहुत-सी मधुर-अमधुर ध्वनियों में से एक कुल्ले की भी होती है। और ख़ूब होती है साहब। ख़ासा हो-हल्ला टाइप मचता है। वही मचाकर मैंने हाथ में पानी का चुल्लू-सा बनाकर अपने परिचित चेहरे पर पानी मारकर जो दर्पण में झाँका, तो वहाँ एक नितान्त अपरिचित से अधगंजे आदमी को, अपनी तरफ घूरते हुए देखकर चौंक-सा गया।

मेरे दर्पण में यह कौन शख़्स खड़ा हुआ मुझे घूर रहा है?

कौन है यह भला? इसकी खुपड़िया के बाल छितरे हैं, जिनके बीच में गंजापन यों झाँक रहा है, मानो कोई बिजूका झाड़ियों से छुपकर झाँके। दाढ़ी के अधपके बाल। आँखों के पपोटे सूजे-से। माथे पर लकीरें और आँखों की कोरों पर झुर्रियाँ। गाल लटके से। चेहरे पर यत्र-तत्र झुर्रियों की आमद की सूचना, यहाँ-वहाँ चिपकी। टेंटुआ इत्ता बड़ा कि बिना किसी दुश्मनी के ही, यों ही दबाने की इच्छा हो उठे। कुर्ता गुच्चड़-मुच्चड़, चश्मे की डंडी के निशान नाक पर। चपटकर फैली हुई नाक। मुर्गे-सी निकली गर्दन।...एक बीमार-सा निस्तेज, फालतू फंड-सा आदमी दर्पण से मुझे घूरने की हिमाक़त कर रहा है।

"क्यों बे?" कहने की इच्छा हुई। मुझे कोई यों घूरे, तो मैं तो भाईसाहब, भिड़ लेता हूँ। इसी पॉलिसी के तहत मैं 'क्यों रे', 'अबे ओ', 'ऐ मिस्टर' आदि सम्बन्धनों

में से छँटाई कर ही रहा था, कि अचानक मैं धक्क रह गया। मुँह पर एक चुल्लू भर पानी और डालने पर तस्वीर एकदम साफ़ हो गयी।

दर्पण में जो खड़ा था, वह तो मैं ही था।

"क्यों बाबू ज्ञान चतुर्वेदी जी, आजकल ख़ुद को ही भूल जाते हो क्या?" दर्पण वाले ने पूछा है। लहज़े में शिकायत है। "पहिचानते नहीं ख़ुद को?" वो पूछ रहा है।

क्या कहें? ख़ुद को क्या उत्तर दें? कवि होते, तो कह लेते कि इस ज़माने में आदमी की पहिचान गुम हो गयी है। कवि कहते रहते हैं। कोई बुरा भी नहीं मानता, न ही सीरियसली लेता है। हमने एक कविता पढ़ी थी, जिसमें कवि कहता है कि उसका चेहरा गुम हो गया है। हँसते थे हम कि यार तेरा चेहरा कहाँ गुम हो जाएगा? और कहीं गिर-गिरा भी गया, तो जिसे मिलेगा, वही वापस कर जाएगा कि यार, तुम्हारा यह चेहरा वहाँ गिट्टी में पड़ा था, सो सँभालकर रख लो—अभी हमारी ही लात-वात धरा गयी होती, तो यह पिचका हुआ चेहरा और पिचक जाता! पर मैं कवि नहीं। फिर अपना चेहरा ऐसा उजबक कि कहीं गुमाना भी चाहें, तो गुमा न सकें। पर यह तो सच बात निकली कि जो कवि ने कही कि पहिचान गुम हो जाती है। मैं खुद ही नहीं पहिचान पाया स्वयं के चेहरे को।

आजकल कितनी बार ऐसा हुआ है कि मैं ख़ुद को ही नहीं पहिचान पाता।

कितनी बार मैं स्वयं को ऐसे-ऐसे काम करते पाता हूँ कि पहिचान ही नहीं पाता कि यह मैं ही हूँ। पहिचानने का मन ही नहीं करता। लगता नहीं कि यह मैंने किया। लगता है कि कोई हमशक्ल होगा। होता मैं ही हूँ, पर लगता नहीं कि यह मैं हूँ। वह जो कल बॉस के सामने रिरियाकर माफ़ी माँग रहा था जबकि ग़लती उसकी थी ही नहीं, वह शख़्स क्या मैं ही था? नितान्त जायज़ काम कराने के लिए रिश्वत देकर जो ख़ुशी-ख़ुशी घर लौटा कि चलो काम तो हुआ—वह आदमी क्या मैं ही था? वह, जो छोटी-छोटी बेईमानियाँ करने में हिचकिचाता नहीं, लगता तो ठीक मेरे जैसा ही है; पर यह मैं कैसे हो सकता हूँ? वह जो बर्थ के लिए टीटी को पैसे पकड़ा रहा है या सिपाही को पैसे दे रहा है कि ग़लत जगह पार्क की गयी गाड़ी को छोड़ दे, वह भी तो ठीक मेरी शक्ल का है। मैं इतने काम जीवन में ऐसे किया करता हूँ, जो मैं शायद कभी न करता अगर मैंने स्वयं को पहिचानना छोड़ न दिया होता।

दपर्ण वाला शख़्स घूर रहा है मुझे। और मुझे यह चेहरा पसन्द नहीं आ रहा। यह उड़ा-उड़ा चेहरा मेरा नहीं। यह आम जन-सा पिटा-पिटा चेहरा मेरा नहीं हो सकता। वैसे मेरा असली चेहरा यही है, पर इसे आप क्या, मैं तक नहीं पहिचानना चाहता।

अभी बदल डालूँगा मैं इस चेहरे को।

शेव करके, फटाफट नहा-धोकर, शेम्पू कर-करा के, क्रीम पालिश पोत कर, टाई-शाई लगाकर मैंने आख़िरी बार झाँका है दर्पण में। हाँ, यह हुई न बात!

एक नकली चेहरा अब तेरे सामने है, जिसे मैं भी पहिचानता हूँ और दुनिया भी।

हाँ, अब ठीक है। नकली चेहरों का मुक़ाबला करने के लिए मैं भी अपने नकली चेहरे के साथ बाहर निकल पड़ा हूँ। पर यह मैं किससे कहूँ कि नकली चेहरे के साथ जीते-जीते मैं आजकल अपना असली चेहरा भूल चला हूँ।

दस मिनट वाला सनसनीखेज प्रेम

सड़क जगह-जगह से उखड़ चुकी है। नालियों का पानी बहकर सड़क के गड्ढों में भर गया है। फिर इसी सड़क पर ईंटें, पत्थर, गिट्टी, बजरी, कचरा, धूल—सब है। कुत्ते उत्साहित होकर आ-जा रहे हैं। सूअर अलबत्ता निराश-से हैं कि गड्ढे उनकी साइज़ के नहीं हैं। अब जैसे भी मिले, सूअरगण उन्हीं में घुसने की जुगत में धक्कामुक्की कर रहे हैं। नालियों पर यहाँ-वहाँ पत्थर के पटिए पड़े हैं, जिन्हें डालकर यह मान लिया गया है कि बजबजाता कीचड़ गहरे तक दफ़्न हो गया है।

ऐसे घनघोर अनरोमांटिक माहौल में एक खामखाँ टाइप की प्रेमकहानी बनते बनते रह गयी। कैसे?

बताते हैं आपको। सुनिए।

लड़की खड़ी है वहाँ काफी देर से

क्यों खड़ी है यह और क्या कर रही है?

लड़कियाँ क्यों खड़ी होती हैं इस तरह? प्रतीक्षा होगी उसे। कदाचित कॉलेज की बस की। हाथ में किताब-कापियाँ तो लिये है। कॉलेज जाने को खड़ी है शायद। आँखों पर गहरा काला चश्मा लगाये है, सो पता नहीं चल पा रहा कि किसे देख रही है। हो सकता है कि सूअर को ही देख रही हो क्योंकि सूअर भी कभी-कभी रोचक दृश्य पैदा कर देते हैं। या कहीं कुत्ते को न देख रही हो!...पता नहीं।...वैसे इधर सोच यह बन रही है कि वो इस तरफ अपन को ही देख रही है।

ऐसा कौन सोच रहे हैं भैया?...अरे वही जो सड़क के दूसरी तरफ बह रही नाली के पटिए पर खड़े-खड़े इस लड़की को ताक रहे हैं। हाथ खाली हैं, पर इरादा उनका भी कॉलेज जाने का ही भी है! दोस्त अभी फटफटिया लेकर आने वाला है। यहीं से पिक करेगा। तब तक समय काटने के लिए ताक-झाँक में कोई बुराई भी नहीं।

लड़का लगभग बेशर्मी से ताके जा रहा है उसे। शर्म या बहाने की आड़ नहीं। एकदम, सीधे-सीधे घूर रहा है। लड़कियों के मामले में उसका स्पष्ट मत है कि उन्हें

भ्रम में नहीं रखना चाहिए और साफ़ बता देना चाहिए कि इधर अपने पापी मन में क्या, कैसा चल रहा है! तिरछी नज़र, छुपकर घूरना और बचकर के देखने के विरुद्ध है वह, क्योंकि ऐसे देखो तो या तो लड़की को आपके द्वारा घूरे जाने की महत्त्वपूर्ण कार्यवाही का पता ही नहीं चल पाता है या उसे लग सकता है कि आप सूअर में दिलचस्पी ले रहे हो। इसी कन्फ्यूजन में पहले भी कई लड़कियाँ उसके हाथ से निकल चुकी हैं—ऐसा मानना है उसका। सो आजकल तो यही है अपना कि सीधे घूरकर देखना कि बाई, मानती है तो बता, नहीं तो अपनी पोजीशन तो तेरे सामने है। साफ़ कहना, ख़ुश रहना। बाद का लोचा नहीं माँगता। ठीक है कि नहीं भाई सा'ब?

लड़की घड़ी देख रही है। चेहरे पर चिन्ता के भाव आए भी हों, तो पता नहीं चल रहा। काले चश्मे से भाव छुप जाते हैं।...पहले कभी देखा नहीं इसे। नयी आयी है क्या इस मोहल्ले में? या पहले कहीं और से बस पकड़ती रही हो? मोहल्ले में नयी आयी हो, तो धिक्कार है कि पता भी नहीं चला। या शायद मोहल्ले में इसकी कोई आंटी-वांटी रहती होंगी और उनसे मिलकर अभी लौट रही हो। लकड़ी ने फिर से घड़ी देखी है। आंटी बीमार थी क्या?...यही पूछ लिया जाए तो कैसा रहे?

लड़की ने फिर घड़ी देखी है। घड़ी देखकर अब वह सड़क पर दूर तक देख रही है। सड़क पर गाड़ियाँ आ-जा रही हैं। पता नहीं कि कौन-सी वाली बस इसकी निकल आए। डर तो रहता है न भाईसाहब कि इधर घूरने पर उसने तनिक रिस्पांस मारा ही था कि तब तक बस आ जाए। है कि नहीं भाई सा'ब?...या न कहो कि कोई फटफटिया लेकर आने वाला हो, जिसके पीछे बैठकर, उसकी कमर में हाथ डालकर निकल ले, अभी के अभी। लड़का फालतू ही ईर्ष्या से भर गया है।...ये स्साली लड़कियाँ होती ही ऐसी हैं। नज़रें हमसे मिलाएँगी और बाद में हमें ही टापता छोड़कर दूसरे के साथ निकल जाएँगी।

लड़का अचानक ही सन्देह में पड़ गया है।

कि वो नज़रें मिला भी रही है कि ऐसेई? काले चश्मे में पता तो नहीं चल पाता बॉस। वर्ना मिला तो शायद पक्के से रई है। उसने अभी ऐसे गर्दन घुमाई थी न तो थोड़ी देर तक हमें भी देखती रही थी। पक्के से बॉस। सच्ची।...वैसे गर्दन घुमाने के दौरान उसने सूअर को भी देखा और एक कुत्ते पर भी उतनी ही देर निगाहें टिकाए रही जितनी देर हम पर टिकाई थी। पर इससे क्या! सूअर की, भैया सूअर जाने। पर हमें तो देखा और बीच-बीच में देख भी रही है। बल्कि एकाध बार मुस्काई भी शायद। काले चश्मे के कारण मुस्कान का भी स्साला पता नहीं चलता। एकदम जासूसी टाइप करेक्टर निकल आता है। पर मुस्काई तो थी!...लड़के को मीठा भ्रम है कि लड़कियाँ उसे देखकर मुस्काया करती हैं। ऐसा दावा करता रहता है वह दोस्तों के बीच। महीने भर में सौ-सवा सौ तो मुस्का ही देती होंगी। कभी बीमार वगैरह पड़ गये और घर

से न निकल पाएँ, तो अलग बात।

लड़का घूरते हुए पटिए के किनारे आ गया है। आश्चर्य न कीजिएगा, नाली में घुस जाए तो। उधर लड़की बेचैन हो रही है। शायद बस न आने के कारण। या 'उसके' न आने से। आ जाता तो हम भी पहिचान लेते स्साले को और बाद में कभी ठोकते या गाड़ी ही भिड़ाकर भाग निकलते। यार, हम किसी से डरते थोड़ेई हैं। प्यार किया तो डन्ना क्या!

लड़की अचानक ही चल दी है। जा रही है। अब?

अब लड़का क्या करे? कर्त्तव्य तथा लफंगई पुकार रहे हैं कि लड़की के पीछे जाओ। पर यह भी है कि इधर दोस्त आकर निकल गया तो वाट लग जाएगी प्यारे क्योंकि आज एक्ज़ाम के फार्म जमा करने की आख़िरी तारीख है। फिर? फिर क्या! लड़की चली गयी। इन दस मिनटों में ही, लड़के ने घूर-घूर कर उस पर इतना प्यार बरसा दिया था कि लड़की यदि तनिक किफ़ायत से बरते, तो उसके जीवन भर चले। कसम से।

फटफटिया पर मित्र के पीठे बैठा हुआ लड़का सुना रहा है अब सारा सनसीनखेज क़िस्सा।

''बॉस तू बस दो मिनट पहले पोंच जाता न, तो देखता उसे। ऐसी सुन्दर टनाटन लड़की थी कि बस! और बाकायदा मुस्काई भी। ख़ूब आँखें लड़ाई। एकदम घूर के। सच्ची। तेरी जान की कसम, बॉस। पर हम क्या करते? हमने कहा कि लग तो लें पीछे, पर फिर कॉलेज छूटता है। लड़की तगड़ा रिस्पांस दे रही थी, पर फार्म भी जमा करना था न, नईं? सो दिल पर पत्थर धर के जाने दिया उसे कि जा, तू भी क्या याद करेगी कि कोई दिलदार मिला था।...''

फटफटिया पर दिल पर धरे पत्थर का बोझ भी है, तभी शायद गाड़ी पिकअॅप नहीं ले रही?...अरे नहीं। यह बोझ तो हमेशा ही रहा आता है फटफटिया पर।

महँगाई से लड़ाई

सरकार ने कहा है कि वह मँहगाई से लड़ेगी।

पर अपने पाठकजी सरकार के भरोसे नहीं बैठे हैं।

पाठकजी अपने तौर पर पहले ही महँगाई से लड़ रहे हैं।

वास्तव में पाठकजी तो दुतरफा लड़ाई लड़ रहे हैं—ग़रीबी से भी और महँगाई से भी। उन्हें रिटायर हुए दस वर्ष हुए होंगे। एक बेटा। नालायक़ तो ख़ैर नहीं निकला, परन्तु बेरोज़गार निकल जाने के कारण अन्तत: नालायक़ ही कहाएगा क्योंकि इस दुनिया में मात्र लायक़ होना तो रोज़गार की गारंटी नहीं है, पर बेरोज़गार होना नालायक़ी की सनद अवश्य मानी जाती है। एक लड़की थी। उसकी शादी में सारा प्रोविडेन्ट फंड निबट गया। पत्नी बीमार रहती है। बीमारी कुछ ऐसी कि मरती भी नहीं, और उसका जीना दिनोंदिन महँगा होता गया है। मेडिकल साइंस ने तरक्की तो अवश्य की है, पर दवाइयाँ इतनी महँगी! एक छोटा-सा घर है किराए का, इसी ग़रीब-सी गली में। नित्य सुबह उठकर पूजा करते हैं, दो घंटे तक। भगवान तो ख़ैर क्या सुनता होगा पर पाठकजी को इस टोटके से एक आशा अवश्य बँधी रहती है कि पूजा के फलस्वरूप, क्या पता कि कभी कहीं कोई चमत्कार हो ही जाए। कहीं खोदें और गड़ा हुआ सोने का कलश निकल आए या लाटरी-वाटरी। ऐसी ही असम्भव और निरर्थक आशाएँ। क्या करें! ग़रीबी का डरावना यथार्थ सामने है। चक्कर यह भी है कि वे दिनोंदिन और ग़रीब होते जा रहे हैं। महँगाई बढ़े, तो ग़रीबी अपने आप बढ़ जाती है। ऐसे में निरर्थक आशाएँ भी महत्त्वपूर्ण हैं। क्योंकि वे अन्तत: हैं तो आशा ही।

इधर महँगाई बढ़ी है।

और इन दिनों पाठकजी भी ज़्यादा ही सात्विक हो गये हैं। खाना बिना प्याज का खाते हैं। पंडित होने के कारण नहीं। दरअसल प्याज इतना महँगा कि सात्विक होने में ही भलाई। उन्होंने पाया है कि बिना प्याज की दाल-सब्जी भी खासी स्वादिष्ट लगती है। बस, आदमी को इन बेस्वाद चीज़ों में अपना स्वाद पैदा करना होता है। फिर तो आदत-सी हो जाती है। आख़िर यही पाठकजी वर्षों से पनीली दाल और

सब्जी के दो टुकड़ों में ढेर-सा पानी डालकर बनाई पनीली सब्जी को कैसा स्वाद लेकर खाया करते हैं, कभी यह नज़ारा देखिए तो उनसे रश्क करने लगेंगे। तो माना कि सब्जी और दालें महँगी हैं, परन्तु उनसे लड़ने के शस्त्र भी पाठकजी ने खोज लिये हैं। पाठकजी का छोटा-सा घर, शस्त्रागार बना हुआ है महँगाई से लोहा लेने के लिए। जज़्बा है उनमें महँगाई से लड़ने का। वह न होता तो मर गये होते, कभी के।

वैसे पिछले वर्ष पेंशन बढ़ गयी पाठकजी की। जितनी भी बढ़ी हो, पर बढ़ी तो न, परन्तु पाठकजी जब तक घर जाकर पत्नी के साथ इस ख़ुशी को शेयर कर पाते, तब तक सरकार ने अचानक ही डीजल के भाव बढ़ा दिये। बाज़ार में मानो आग लग गयी। पैसे बढ़ने की ख़ुशी को बर्दाश्त करने की तैयारी कर ही रहे थे कि वह चिन्ता ही ख़त्म हो गयी। वैसे डीजल या पेट्रोल से यों तो कोई सीधा सम्बन्ध नहीं है पाठकजी का। कार, स्कूटर तो है नहीं। कभी रखा ही नहीं। ख़ूब पैदल चलते हैं वे। कहते हैं कि इससे उनका स्वास्थ्य ठीक रहता है। दूर-दूर तक पैदल ही जाते हैं। कभी बस या टैम्पू। इधर टैम्पू वालों ने सदर तक जाने के लिए किराया अचानक ही तीन रुपये से पाँच रुपये कर दिया। कहते हैं कि डीजल महँगा हो गया है। सो पाठकजी तो अब वहाँ तक भी पैदल ही जाते हैं। देखने वाले पूछ लें तो हँसकर यही कहते हैं कि पैदल चलने से जोड़ ठीक रहेंगे भैया और टाइम भी कटता है, वर्ना तो रिटायर्ड आदमी को तो समय काटना भी एक समस्या। पर सच्ची बात यह है कि हाँफ जाते हैं आजकल। रुक-रुक चलना होता है। इसी तरह रुक-रुक वे महँगाई से लड़ते हैं। जब वे पैदल चल कर हाँफते हुए घर लौटते हैं, तब ठीक उस योद्धा-से प्रतीत होते हैं जो दुश्मन से लड़कर शाम को अपने शिविर में लहूलुहान वापस लौट रहा हो।

अभी उस दिन वे कहीं अपने ही जैसे अन्य बूढ़ों के बीच बैठकर साबुन की बुराइयाँ बता रहे थे। साबुन लगाओ तो बाल झड़ जाते हैं, एलर्जी की समस्याएँ और ऐसी ही अन्य दस तरह की बीमारियाँ। सो साबुन से नहाना ही बन्द कर रखा है उन्होंने। और भैया, इन टूथपेस्टों से लाख गुनी बढ़िया चीज़ तो अपनी देसी चीज़, दातुन ठहरी। वे चाहे जहाँ बताने लगते हैं कि हमारी ये चप्पलें चार साल से चल रही हैं। उन्हें गर्व है इस बात पर। पता नहीं कि सर पर रखकर चलते हैं कि हाथों में टाँगकर। दो कुर्ते हैं, तीन पाजामे। नया कपड़ा बनवाने के सख़्त ख़िलाफ़ हैं। ठंड में पुराना कोट निकल आता है। उस दिन बूढ़ों के बीच अपने कोट की तारीफ़ कर रहे थे। बता रहे थे कि फलानी कम्पनी का गर्म कपड़ा है, जो ऐसा गर्म करता है कि ठंड का पता ही नहीं चलता। उस दिन बगल से सिलते हुए दर्ज़ी ने यही कहा कि अब कपड़े में जान नहीं बची पाठकजी। रफ़ू की गुंजाइश ही नहीं है—नया बनवा लें। हँसकर रह गये। जान का तो ऐसा है बरख़ुरदार कि रहती ही है—ख़ुद में भी और

कपड़े में भी। ठीक जगह पैबन्द लगाते रहो, तो जान अटकी रहती है। बताओ कि महँगाई कितनी भी बढ़े, वे ज़िन्दा रहने की जुगत किए जाते हैं कि नहीं? ऐसा ही कपड़े का।

पाठकजी लड़ रहे हैं महँगाई से। सरकार ने उस दिन जो बयान दिया है कि जल्दी ही महँगाई पर काबू पा लिया जाएगा, उसे सुनकर पाठकजी यदि मुस्काए हैं तो वह ख़ुशी की मुस्कान नहीं थी, यह तय है। असलियत जानने और भुगतने वालों के चेहरे की मुस्कान ऐसी ही होती है मित्रो!

इतिहास के चोर दरवाज़े

इतिहास में दर्ज़ होना कौन नहीं चाहता?

उत्तर है—सभी। कहें, न कहें। चाहे कहते लाख रहें कि हमारा क्या है, हम तो वीतरागी हैं और इन सांसारिक इच्छाओं से ऊपर उठकर बस अपना कर्त्तव्य करते हैं, हम तो बस लिखते हैं, हम तो बस समाज-सेवा में लगे हैं या हम तो बस देश को लेकर एक सपना लिए वैसे बैठे हैं, जैसे मुर्गी अंडे पर बैठती है, पर ये बातें कहने के लिए हैं, यह आप भी जानते हैं और वे भी। बल्कि ऐसी बातें भी वे इसी सुखद सम्भावना पर तिरछी नज़र रखते हुए कह रहे हैं कि ये बातें भी इतिहास में यों दर्ज़ होंगी कि ऐसे महान लेखक, समाज-सेवी, नेता या वैज्ञानिक होते हुए भी वे कैसे संन्यास भाव से भरे थे और संसार के ओछे कीचड़ में कमल-से थे। सो इतिहास के बन्द मर्तबान में मुरब्बा बनने की नियति एकबारगी चाहे आदमी को एक घुटन के अहसास से पल भर को भर देती हो, परन्तु चाहता वह यही है कि इसी मर्तबान में विशेषणों तथा अतिशयोक्तियों के मसालों में लपेटकर आकर्षक बने उसके व्यक्तित्व को भी कोई कोना मिल जाये।

पर इतिहास में दर्ज़ होना कौन-सा ऐसा आसान काम है!

इतिहास में दर्ज़ होने के दो तरीके रहे हैं। वह फिर कोई-सा भी इतिहास मान लें आप। राजनीति, राष्ट्रीय, विश्व-इतिहास, साहित्य का इतिहास, कुर्मी या सनाढ्य, जिझौतिया या कान्यकुब्ज या अग्रवाल समाज का इतिहास—हमारे यहाँ इतिहास भी तो हज़ारों हैं। सौ झरोखों का हवामहल। हर झरोखे से घुसने का मन करे। पर घुसें कैसे? एक तरीका तो यह है कि आप इतिहास बनाएँ। करें कुछ ऐसा अद्‌भुत तथा महान कार्य कि इतिहास की धारा को एक मोड़ दे दें। इतिहास रचने वाले लोग ऐसे ही हुए हैं। गाँधी, नेहरू, भगतसिंह, प्रेमचन्द और बाबा आमटे जैसे लोग। अपने-अपने क्षेत्र में नया इतिहास बनाने वाले लोग। ये तो इतिहास में दर्ज़ होते ही हैं। पर इतिहास में घुसने का यह वाला तरीका बड़ा झिकझिक वाला है। लगे रहो तो लगे ही रहो। यह हमसे होता नहीं। आराम-आराम से इतिहास में न जाने दोगे क्या? हम

फलाने राष्ट्रनेता की लंगोट की पट्टी, और हम ढिकाने महान आलोचक की चिलम भरने वाले। फिर भी नहीं? यार, यह हमारा न सही पर राष्ट्रनेता का अपमान तो कहलाएगा ही। लंगोट से क़रीब भी कोई होता है? और हमारा ही उल्लेख इतिहास में नहीं? नहीं, इतिहास में दर्ज़ होने का यह तरीका तो बड़ा किचकिच वाला है। बड़ी मेहनत माँगता है, जो देश का नेता या लेखक नहीं करना चाहता। बड़ा टाइम माँगता है यह, जो हमारे पास है नहीं। अभी सी.एम. के बँगले पर पहुँचना है, अभी नामवर सिंहजी को स्टेशन पर रिसीव करना है। नहीं भैया, यह तरीका बड़ी प्रतिभा माँगता है। यह तरीका निर्मल मन माँगता है। इतनी सारी चीज़ें तो यार इलाके का पटवारी भी आपके नाम पट्टा करने के लिए नहीं माँगता!

सही बात तो यह है कि इतिहास रच सकें, ऐसे व्यक्तित्व हर क्षेत्र में इक्के-दुक्के ही पैदा होते हैं। सदियों से चला आ रहा है। कुछ हैं, जो इतिहास रचते हैं, शेष तो समय की लहरों पर अपने समय में कितना भी ऊँचे तक उठे हों, अन्ततः लहरों द्वारा ही तट के कचरे में समाहित कर दिए जाते हैं; और कचरे को इतिहास में घुसेड़ने की परम्परा अभी चली नहीं है। सो इतिहास में उनका नाम दर्ज़ होने से रह जाता है। पर कठिनाई यह है कि इतिहास में घुसने तथा बाक़ायदा दर्ज़ होने की मारक इच्छा तो हज़ारों प्रतिभाहीनों, तिकड़मियों, बेईमानों, आलसियों, कमीनों तथा जुगाड़ को ही जीवन-रस मानने वालों के पापी मन में भी ठाठें मारती रहती है। ये समाचार-पत्र में अपने नाती के मुंडन के विज्ञापन-समाचार तक की कटिंग सहेज कर रखते हैं और इस तरह अपने बौने इतिहास की मोटी-सी फाइल तैयार करते हैं। ये सभी आगे बढ़कर इतिहास में घुसना चाहते हैं। ये चाहते हैं कि उनकी यह फाइल भी इतिहास की अलमारी में धर ली जाए।

फिर हमारे देश में महापुरुष भी ख़ूब हुए हैं। इनमें से बहुतों का उल्लेख हमारे पक्षपाती इतिहासकारों ने जान-बूझकर नहीं किया है। हर जाति और सम्प्रदाय के अपने महापुरुष हैं। कुछ हो चुके हैं, कुछ रहे आते हैं और कुछ ठाने बैठे हैं कि वे होकर रहेंगे। इन सबको हमें इतिहास में घुसेड़ना है। ये सभी इतिहास-पुरुष हैं, यह हमारी मान्यता है। हम कौन? अरे भैया, हम इन्हीं महापुरुष की जाति और गोत्र के। सनाढ्य ब्राह्मण, कुर्मी, यादव, जाटव, राजपूत, कान्यकुब्ज ब्राह्मण, मैथिली ब्राह्मण, श्रीवास्तव समाज या ऐसी ही किसी जाति-उपजाति और गोत्रों के गिरोह। उनके महापुरुष। हमें इतिहास लेखकों से शिकायत है। हमें यदुनाथ सरकार, थापर आदि पर भरोसा नहीं। इतिहास लेखकों ने हमेशा ही सरयूपारी बामनों के साथ अन्याय किया है साहब। जाट महापुरुषों पर अलग से चैप्टर क्यों नहीं? स्वतन्त्रता संग्राम के इतिहास में हमारे चन्द्रिका बाबू का कहीं ज़िक्र ही नहीं! कौन चन्द्रिका बाबू? हद कर दी आपने। मोहल्ले के साथी ही अपने मोहल्ले के इतिहास-पुरुषों को नहीं जानेंगे, तब हम दूर बैठे इतिहास

लेखक से क्या शिकायत करें? भैया, चन्द्रिका बाबू वही, अपने चन्द्रिका प्रसाद जी अग्निहोत्री। भारत छोड़ो आन्दोलन में दो दिन के लिए जेल गये और कौल खाई थी कि जब तक अँग्रेज भारत से नहीं जाते, तब तक तम्बाखू और रबड़ी नहीं खाएँगे। और कौल निभाया भी। पर इतिहास चुप है।

तो ये तथा इन जैसे हज़ारो हैं, जो इतिहास में प्रवेश के आकांक्षी हैं। अपनी क्षुद्र सीमाओं में बौने-से, नीच महापुरुष! ये इतिहास में कैसे घुसें?

जैसा कि हमने कुछ देर पूर्व अभी इतिहास में घुसने का पहला तरीक़ा बताते हुए निवेदन किया ही है कि यह इतिहास रचने वाला चक्कर बड़ा झिकझिक वाला है। दो-चार-दस दिन की बात हो तो चलो, आदमी लग भी ले। पर इतिहास बनाने में पूरी उम्र लगा दी इन महापुरुषों ने! और भी काम हैं यार हमें। हमें कोई दूसरा तरीक़ा बतलाइए इतिहास में जाने का। है, वह भी है। चिन्ता न करें। हमारे देश की यही बात तो मुझे अभिभूत करती है और इस बात पर बलि-बलि जाने का इसीलिए तो हमारा मन करता रहता है कि हमारे यहाँ हर जगह पहुँचने के लिए चोर रास्ते भी बनाए गये हैं। पुराने क़िलों के विषय में आसपास के निवासी दावा करते ही हैं कि साहब, यहाँ एक सुरंग इस तहखाने से निकलती है, तो बीस कोस दूर फ़लाने जंगल में खुलती है। आप दुर्ग के मुख्य-द्वार पर लाख पहरे बिठाए रखिए, हम इस चोर सुरंग में आपके सुदृढ़ क़िले में दाख़िल होकर दुर्ग पर कब्ज़ा कर लेंगे और अन्ततः मुख्य फाटक ही आपके हाथ में रह जाएगा—शेष दुर्ग हमारा!...इतिहास के दुर्ग में घुसने के भी चोर रास्ते शनैः-शनैः हमने तलाश लिए हैं। इन चोर रास्तों पर छोटे-छोटे पोशीदा फाटक हैं। फटकिया कहिए। दरवाज़े छोटे हैं, परन्तु हर्ष का विषय यह है कि आपका क़द भी ख़ासा बौना है। चोर दरवाज़े के आगे पतली सुरंग का रास्ता है, परन्तु ख़ुशी की बात यह है कि जीवन में तनकर चलने की जगह आप पहले ही रेंगने में अधिक विश्वास रखते रहे हैं। आपको आसानी रहेगी। ये चोर रास्ते आपके क़द तथा प्रवृत्ति के अनुकूल हैं।

अब ये चोर रास्ते कई तरह के हैं।

आप किसे पकड़ें? वास्तव में यह इस बात पर निर्भर करता है कि इस 'इतिहास' शब्द से आपका तात्पर्य क्या है? 'इतिहास' को लेकर आपकी सोच क्या है? आपका नाम या आपकी हरकत कहाँ दर्ज़ हो जाए कि आपको लगे कि 'इतिहास' में दर्ज़ हो गये? किस बात को 'इतिहास' में दर्ज़ होना माना जाएगा तथा यह 'इतिहास' क्या है, यह भिन्न-भिन्न व्यक्तियों के लिए भिन्न-भिन्न हो सकता है। बल्कि होता ही है। एक उदाहरण द्वारा समझाने की अनुमति चाहूँगा क्योंकि इतिहास में घुसने की लाख तमन्ना आपकी हो, पर आपकी खोपड़ी में साधारण बात भी चोर रास्तों तक से नहीं

घुस पाती है।...मैं उदाहरण साहित्य से दूँगा क्योंकि वहीं का आदमी हूँ। सो, मान लें कि आप एक लेखक हैं। अदने से हैं या बड़े, इससे फ़र्क़ नहीं पड़ता। मुख्य बात यह है कि 'इतिहास' में घुसने को आप दासमलूका की भाँति तड़प रहे हैं। और साहित्य के 'इतिहास' में घुसने के विषय में आपकी समझ यह हो सकती है कि यदि दिल्ली, बनारस, पटना, इलाहाबाद या भोपाल के कोई आलोचकश्री अपने किसी भाषण, इंटरव्यू, वक्तव्य या यों ही किसी चलताऊ टिप्पणी में आपका भी उड़ता-सा ज़िक्र भी कर दें कि साहब, फ़लानेजी की ढिकानी रचना की फ़लानी पंक्तियों में जैसी उत्तर-आधुनिकता छाँटी गयी है, वह फ़लानेजी को अलानों-फ़लानों-ढिकानों की पाँत में धरती है और यदि हम अब श्री फलानेजी से भविष्य में ढिकानी उम्मीदें बाँधते हैं, तो उचित ही कहाएगा—ऐसा कहीं कुछ कह दें, तो मानिए कि घुस गये आप साहित्य के 'इतिहास' में क्योंकि 'इतिहास' की यही समझ आपको है। यह इतिहास की नहीं, आपकी समझ की सीमा तथा मज़बूरी है। पर है। अब ऐसे इतिहास में घुसना हो, तो इसके चोर दरवाज़े भी तय हैं। आप यदि ढिकाने आलोचक को अपने शहर किसी भी बहाने से निमन्त्रित करते रहें, हें-हें करें, उनकी पेटी उठाए घूमें, उनकी पसन्द की दारू का ब्रांड जेब में डालकर चला करें, उनकी चिलम भरें और उनकी झाँकी गली-गली और गोष्ठी-गोष्ठी सिर पर धरकर घूमें, तो जानिए कि आपने इस टुच्चे इतिहास में घुसने के चोर रास्ते तलाश लिए हैं। अब आप इस टुच्चे इतिहास की चिन्दी को जहाँ चाहे, लपेटिए और सुखद भ्रम में रहिए कि आप ऐसी हरक़तों के पश्चात भी नंगे नहीं हैं!

तो जैसी 'इतिहास' की समझ, वैसे ही चोर-दरवाज़े भी मौजूद हैं। साहित्य से लगाकर क़स्बे की राजनीति के इतिहास में इन्हीं रास्तों पर भीड़ मची है। लोग जा रहे हैं। चोर रास्तों पर मेले हैं और मुख्यद्वार पर सन्नाटा है। पुरस्कार, सम्मान, उल्लेख, नाम, मलाई, रबड़ी—सबके स्टॉल चोर रास्तों पर। इन्हीं चोर रास्तों के तहत अपनी षष्ठिपूर्ति समारोह स्वयं आयोजित करना, अपना अभिनन्दन ग्रन्थ स्वयं तैयार करना, अपनी किताब की समीक्षा स्वयं लिखकर सम्पादक के चरणों में धरना, स्वयं को सिक्कों से तुलवाना, समाचार पत्रों में अपने अभिनन्दन के विज्ञापन अपने पैसों से छपवाना, अपने छोटे-से समारोह की बड़ी-सी ख़बर लिखकर ले जाना और भैया-दद्दा करके अपने सामने कम्पोज कराके आना आदि आते हैं। पिद्दी से दुर्ग को भी जीतना है, तो चोर रास्ते हैं।

पर बड़े दुर्ग भी हैं, जिन्हें हम इन्हीं चोर-रास्तों से जीतना चाहते हैं। जैसे कि इस देश का इतिहास। भारत के इतिहास के विषय में हल्ला चला करता है कि इसे फिर से लिखा जाए क्योंकि हमारी पार्टी के बहुत से महापुरुष छूट गये हैं और बहुत

से ऐसे शख़्स अन्दर आकर बैठ गये हैं, जिन्हें हमारी पार्टी महापुरुष नहीं मानती। इतिहास लेखक किस रुझान का है, अब इस देश का इतिहास इस बात से तय होगा। हुआ भी है। इतिहास लेखक कांग्रेसी रुझान का है तो, तथा भाजपाई सोच का है तब, यदि वामपन्थी गुट का सक्रिय सदस्य है तो, और यदि अँग्रेजीदाँ है, तो—हर स्थिति में कुछ ऐसे शख़्स इतिहास में घुस ही जाएँगे कि जिनका इस देश में कभी कोई भूगोल भी नहीं था! राजनीतिज्ञ प्राय: कहते रहे हैं कि भारत का इतिहास पुन: लिखा जाए। उनको पता है कि यदि इतिहास ठीक तरह से ही लिखा जाता रहा तो फिर अपना नाम तो इसमें आने का नहीं। पुन: इतिहास लिखाएँगे। अपने बन्दे को लगाएँगे काम पर। तब न केवल अपना तथा अपनों के नाम घुसवाने का सुअवसर रहेगा, वरन दुश्मनों का नाम भी निकाल बाहर करने का आनन्द लेंगे। कुछ का विश्वास है कि अकबर महान नहीं था, तो कुछ मानते हैं कि सम्राट अशोक के पश्चात् महान सम्राटों की फैक्टरी में ताला लग चुका है। अब कोई महान नहीं हो सकता। यदि किसी और को महान घोषित किया, तो उस महान की टाँग तो नहीं तोड़ी जा सकती क्योंकि पट्ठा मर चुका है, पर उस इतिहास लेखक की अवश्य तोड़ी जाएगी।

यार, बनिए भी कभी महान हो सकते हैं? फिर आप गाँधीजी-गाँधीजी की रट क्यों लगाते हो? कांग्रेसी हो क्या? हमारी पार्टी शासन में आयी, तो देखना, ये इतिहास लेखक भगे-भगे फिरेंगे। प्रमोशन-ट्रांसफर क्या चन्द्रगुप्त मौर्य या गाँधीजी दिलवाएँगे तुम्हें? सो सोच-समझकर इतिहास लिखो प्यारे! बीवी-बच्चे हैं कि नहीं?

इतिहास में दर्ज़ होने के लिए अब ऐतिहासिक उपलब्धियों की आवश्यकता नहीं है। आप अपने सम्पूर्ण टुच्चेपन तथा लुच्चेपन के साथ भी इतिहास में महान घोषित हो सकते हैं, बशर्ते कि आपकी पार्टी का शासन हो, इतिहास-लेखक आपका आदमी हो और अपने सफ़ेद झूठ को भी परम सत्य मानने वाली काली आत्मा हो आपकी। हिन्दी साहित्य में आलोचना का अपना इतिहास ही देखें। यह हमें प्रेरणा देता है। यहाँ कई गुट हैं और हर गुट का एक गुटका इतिहास है, जिसमें उनके अपने-अपने महान लेखक दर्ज़ हैं। इतिहास के इस गुटके में आना हो, तो हमारे गुट में आओ। ऐसे ही गुटके अब भारतीय इतिहास में भी आने वाले हैं। वह दिन दूर नहीं कि जब ऐसे गुटके ही स्कूलों में चलेंगे। सरकार बदली कि इतिहास बदला। कांग्रेस की आयी तो उसका गुटका और भाजपा की बनी, तो उसका गुटका। मुख्यमन्त्री नया आया कि नये महापुरुष आ गये। प्रधानमन्त्री गये कि चन्द्रगुप्त मौर्य गये। दल-बदल हुआ कि मुगल सल्तनत गयी। अविश्वास प्रस्ताव पास हुआ कि इतिहास में अशोक महान नहीं रहे। वे आए, अम्बेडकर आए। ये गए, गाँधीजी लाठी सहित बाहर हुए। अब भारतीय इतिहास में यह सब चलेगा। हम अपने बच्चों को इस देश के इतिहास के विषय में दिग्भ्रमित करके ही छोड़ेंगे।

हम इतिहास के चोर दरवाज़ों से घुसेंगे। हम इतिहास से खेलते रहेंगे। हिन्दी के आलोचकों, बुद्धिजीवियों, सम्पादकों और गुटबाजों से इतनी सीख तो ली ही है हमारे राजनीतिज्ञों ने। कौन कहता है कि बुद्धिजीवी देश को मार्गदर्शन नहीं देता?

रतजगा की सम्भावनाएँ

इधर रतजगे की सम्भावनाएँ बढ़ी हैं।

उदार अर्थव्यवस्था और वैश्वीकरण का सीधा लाभ यह हुआ है कि आदमी न केवल रतजगे का आदी हुआ है, बल्कि अब वह इसे जीवन का अभिन्न भाग मानकर इसमें मज़ा तक लेने लगा है।

रतजगा के मायने?

रतजगा, माने देर रात तक जागना, या पूरी रात ही जागते हुए निकाल देना। रतजगा हिन्दी साहित्य का बहुत जूना-पुराना शब्द है। हिन्दी इतिहास के रीतिकाल में ख़ूब रतजगा चलता था। बाद में भी हमारे पूर्वज यदा-कदा देर रात तक जागा करते थे। मिट्टी के तेल की ढिबरी के झिलमिल प्रकाश में, या निचाट अँधेरे में वे क्या तो रतजगा करते थे और क्यों ऐसा करते थे, यह चिन्तन का विषय हो सकता है। वैसे यह भी कहा जा सकता है कि रतजगे के दौरान होने वाली बहुत-सी महत्त्वपूर्ण गतिविधियों के लिए बहुत ज़्यादा प्रकाश की आवश्यकता होती नहीं, बल्कि अँधेरा ही मुफ़ीद माना गया है। पर यह साफ़ है कि तब रतजगे की परम्परा आम नहीं थी। लोगों में आदत थी कि वे जल्दी सो जाते थे और बहुत सुबह जल्दी उठकर नहा-धो लेते और फिर फालतू बैठे रहते या सुबह की धूप में बैठकर ऊँघते। रतजगा तब लोगों की दिनचर्या का हिस्सा नहीं था। लोग यदि कभी रतजगा करते भी तो उसके पीछे कुछ सीमित कारण हुआ करते थे। श्रृंगार रस की कविताओं में इन कारणों पर विस्तार से प्रकाश डाला गया है। नायिका से मिलन की रात्रि में लोग रतजगा किया करते थे, ऐसा कवि लोग बताते हैं। वस्ल की रात जागते बीतती थी, ऐसी अफवाह उर्दू के शायरों ने भी उड़ा रखी है। पता नहीं कि सच क्या है क्योंकि अपन तो नायिका से मिलन की रातों में भी कभी रातभर नहीं जागे। रात बारह बजते-बजते हमेशा ही हम श्रृंगार रस की दुकान के शटर गिरा देते थे। कभी किसी ने हमसे पूछा भी कि प्यारे, सुना है तेरी महफिल में रतजगा हुआ, तो हम साफ़ कह देते थे कि आपने ग़लत सुना है और बत्ती यों ही जलती रह गयी होगी। वैसे भी, कभी हमने रतजगा खींचने

की कोशिश की भी तो नायिका जमुहाइयाँ लेने लग जाती। ऐसी परिस्थितियों में, जैसा कि अनुभवी मित्र जानते ही हैं, रतजगे को लम्बा नहीं खींचा जा सकता था।

कहने का कुल तात्पर्य यह है कि अभी हाल तक रतजगा के कारण अत्यन्त सीमित हुआ करते थे। जो लोग रातों में जागते थे, वो कुछ अलग ही लोग होते थे। चोरी-चकारी करने वाले, दाद-खाज-खुजली से पीड़ित व्यक्ति, नर्सें, डॉक्टर, चौकीदार, रात की गश्त पर निकले सिपाही, जवान बेटी के बाप, डकैत, दमे के रोगी, नाइट-बस के ड्राईवर इत्यादि ही ऐसे थे, जो नियमित रतजगा किया करते थे। शेष लोगों के जीवन में जागने वाली ऐसी रातें कभी-कभी ही आतीं। खटिया की अदवाइन ढीली होना, मच्छर बढ़ जाना, रामलीला होना, गाँव में नौंटकी का आना, मशान में पिशाचसिद्धि के लिए आधी रात को खीर-पूड़ी पकाकर मरघट ले जाना, दस्त लग जाना, दारू की दुकान देर रात तक खुली रहना, खटमलों का सक्रिय होना, बैरन सौत का खटका लगा रहना, संयुक्त परिवार में रहते हुए बड़े-बूढ़ों के सो जाने की प्रतीक्षा में पत्नी के साथ जागना, खूनी पेचिश हो जाना, गबन में फँस जाने पर—अब क्या करें, यह सोच-सोचकर नींद न आना, पेट पिराना, चिल्ला जाड़ों में फटे कपड़ों में रातभर सिहरना, परिवार नियोजन को लात मारना, पका काँटा पाँव में लौंकना, मुन्नी बाई का कोठा, रात में घर में मौत हो जाना, उधार में झटका पैसा ख़त्म हो जाने के बाद अब कोई गाँठ का पूरा नज़र में न होना, छत चूना, साँप निकल आना, नानी को हैजा हो जाना, अखंड रामायण बैठना, रात में क़त्ल या डाके के लिए निकलना, भागवत बिठाना, मरने का डर लगना, दिल का लगाना (विशेष तौर पर परदेसियों से दिल का लगाना), कविता बनाना, बहुमूत्र का रोग हो जाना, आधी रात को ही गाँजे का नशा टूट जाना और चिलम के लिए प्राणान्तक तलब लगना, रात में पिछवाड़े से किसी के चलने की आवाज़ें आना, पिटने के बाद कमबख़्त पत्नी का रातभर रोते रहना, थाने में उल्टा लटकना, गर्भ में जो है, वह यदि लड़की हुई तो उसकी शादी के लिए दहेज का इन्तज़ाम कैसे होगा इसकी चिन्ता अभी से करना आदि कुछ ऐसे शाश्वत कारण हुआ करते थे, जिनके रहते हमारे पूर्वज और बाद में हम भी यदा-कदा रतजगा करते रहे।

पिछड़ा युग था वह। तब निशाचर शब्द का तात्पर्य हम राक्षस मानते थे और यह सोच नहीं पाते थे कि कोई मनुष्य भी कभी रात रातभर यों ही जागेगा। तब, यदि आदमी जागता भी था, तो कई बार ऐसे कारणों से जागता था कि आज हमें उनकी सोचकर या तो हँसी आएगी, या फिर शर्म! स्वयं हमारे दादाजी ऐसे दकियानूसी थे कि एक बार किसी से लिया उधार दो दिन देर से चुका पाए थे, तो महीनों नहीं सो पाए। बैंकों आदि के कर्ज़ से घी पीने वाले हम, आज दादाजी के पिछड़े सोच पर हँस ही सकते हैं। 'लोग क्या कहेंगे'—यह भी एक महत्त्वपूर्ण कारण होता था रतजगा

का तब। आदमी कोई भी कार्य करने से पहले और बाद में चिन्तित रहता था कि समाज के लोग उसके कार्य को कहीं अनुचित तथा निन्दनीय तो नहीं मानेंगे? तब समाज को ठेंगे पर और सामान्य जन की राय को जूते पर धरने के सुनहरे दिन नहीं आए थे। बाप तब मारता था और बड़े भाई साहब को देखकर लोगों की पेशाब निकल जाया करती थी। तब बेटा इसी डर से रातभर नहीं सो पाता था कि किसी ने कहीं बाप को यह तो नहीं बता दिया है कि वह आजकल बीड़ी पीने लगा है या शहर जाकर तिरछी माँग काढ़ने लगा है। बेटे और बाप, तब दोनों ही दकियानूसी प्रवृत्तियों में उलझे रहते थे और ग़लत कारणों से रतजगा किया करते थे। बाप क्या सोचेगा, तब बेटे यह चिन्ता किया करते थे, और बाप भी ऐसे बाप होते थे कि वे सोचते भी थे। इसी चक्कर में दोनों जागते रहते। पिछड़े लोग थे तब। उत्तर-आधुनिकता का नाम उन्होंने सुना नहीं था और लम्बी कलम और बैल बॉटम वाली पैंट को ही वे आधुनिकता मान बैठे थे। ऐसे माहौल में रतजगा भी दकियानूसी क़िस्म का रतजगा ही होता था।

परन्तु फिर देश में उदारीकरण की हवा चली। लू जैसी चली, पर कहलाई हवा ही। देश सीधा उत्तर-आधुनिकता में उतर गया। आर्थिक उदारीकरण और वैश्वीकरण ने आदमी की वह खटिया ही खड़ी कर दी, जिस पर वह ठाठ से सोता था। रतजगा के कारण बदल गये। बिस्तर गोल हो गया। रतजगा फैशन भी हो गया, मज़बूरी भी, बीमारी भी। वे जो रात आठ बजे के समाचार सुन ईसबगोल फाँककर सो जाया करते थे, बारह बजे रात को बरमूडा पहनकर आइसक्रीम की दुकान को जाते हुए मिलने लगे। इस देश की रातें बदल गयीं। रात जागने की चीज़ हो गयी। लोग जाग रहे हैं अब। कुछ तो यों जाग रहे हैं कि ज़माना ऐसा तेज़ी से बदला है कि देखकर उनकी आँखें फटी रह गयी हैं। फटी आँखों वाला आदमी रतजगा करता ही है। सदियों से फटी आँखों और सूनी आँखों वालों का इस देश में यह शौक़ रहा है कि वे सोते नहीं। फिर पुराने कारण तो रतजगे के बने ही रहे, नये और जुड़ गये। जो पहले प्रेम में पड़कर रतजगा करते थे, वे प्रेम में रतजगा तो कर ही रहे हैं, पर देर रात यार की गली का चक्कर मारने के बाद वे शेष रात एड्स हो जाने की सोच-सोच कर नहीं सो पाते। प्रेम में यह जो नया कोण आया है, कालिदास के ज़माने में नहीं था। फिर रतजगा के लिए और भी सौ कारण, हज़ार चिन्ताएँ। छँटनी का डर और जबरिया ऐच्छिक सेवानिवृति का भी। कम्पनी डूब जाने का भय। कल सुबह पेट्रोल के भाव फिर बढ़ जाने का डर। फैक्टरी में तालाबन्दी की आशंका। गली में ही कच्ची दारू की भट्टी खुल जाना। सेंसेक्स गिर गया। अतिक्रमण विरोधी दस्ता घूम रहा है शहर में और स्थानीय पार्षद आपका दुश्मन है। बीमार पड़ जाने पर डॉक्टरों द्वारा परिवार का काफिला लूट लिए जाने का भय। ट्रेन की बर्थ पर लेटे हुए ट्रेन के टकरा जाने का डर। सड़क पर जो गाड़ी रोकने का इशारा करता वर्दीधारी खड़ा है वह पुलिसवाला है, या डाकू,

इस बात का भय। लोग प्रेम में तो रतजगा कर ही रहे हैं, पर आतंकवादियों से डरकर भी जाग रहे हैं। लोग देर रात तक अँग्रेज़ी फ़िल्म इस उम्मीद में देख रहे हैं कि वह सुबह कभी तो आएगी कि जिसके पहले कोई गर्मागर्म सीन देखने को मिलेगा। दिन रात वाले क्रिकेट मैच। ब्लू फ़िल्में। कोने कोने में बीयर बार। बैंक का कर्ज़ इस बार भी माफ़ होगा या नहीं? किसी भीड़ में फँसकर या क्रॉस फायर में आकर मर तो नहीं जाएँगे, यह चिन्ता। न जाने कितने नये कारण जुड़ गये हैं रतजगा के। अमेरिका से भगा दिए गये तो? वीज़ा के लिए फिर से मना कर दिया तो? बेटा ऐन क्रियाकर्म के टाइम पर यू. के. से न आ पाया तो मुक्ति का क्या होगा?...कितनी चिन्ताएँ, कैसी चिन्ताएँ!

देश में रतजगा की सम्भावनाएँ यकायक बढ़ गयी हैं। देश में रतजगा चल रहा है। परन्तु कबीरदास कह गये हैं कि जो जागे, सो रोबे। सारा देश क्या इसी कारण रो रहा है? पता नहीं। या रोने के कारण सो नहीं पा रहा? बहरहाल। रतजगा जारी है।

बाढ़ में 'खटिया-फ्लोटर' तथा अन्य उपाय

दीपावली, दशहरा, होली, ईद की भाँति बाढ़ भी प्रतिवर्ष आती है। सावन के महीने में, जब कविता की दुनिया में झूले पड़ते हैं और उफनती नदी देखकर कवि के मन में एकमात्र चिन्ता यह उठती है कि हाय, अब नायिका किस भाँति उस पार तड़प रहे प्रेमी से मिलने जा सकेगी; तब कुछ अरसिक प्रकृति के लोग मात्र इस बात का रोना रोते हुए पेड़ पर लटक कर सावन को कोसते रहते हैं कि बाढ़ में उनकी झोंपड़ी बह गयी। बताइए! बस, इतनी सी बात! इसी को कवि हृदय लोग 'छोटी-सी बात का अफ़साना बनाना' कहा करते हैं। जब अपने सुरक्षित बरामदे में बैठकर आप मनभावन बरसात को निहारते, कालिदास की पंक्तियों का स्मरण करते हुए शृंगार रस अथवा दारू में डूबने का मन बना रहे होते हैं, तभी इसी देश की इसी बारिश के मौसम में बहुत से अनाम, अनजान लोग बाढ़ के पानी में गोते खाते, डूबते-उतराते, टाँड पर बैठे, पेड़ की किसी फुनगी पर टँगे और वहाँ से टपककर किसी तैरते पटिए-पेड़-झाड़ी आदि ग़ैर-पारम्परिक ऊर्जा द्वारा संचालित साधनों की सहायता से आवागमन करते, हेलीकाप्टर द्वारा पटकी गयी राहत सामग्री की बोरी के नीचे आकर दबने से दैवीय चमत्कार की कृपा से बचते और जादुई चमत्कार द्वारा ही उसे लपकते हुए, जीवन भर की कमाई गयी दौलत अर्थात पिचके-टूटे एल्यूमिनियम, तथा प्लास्टिक के बर्तन-चीथड़े वस्त्र-टीन की पुरानी जीर्ण-शीर्ण पेटी में धरी कुछ रेज़गारी—गिलट के कड़े आदि को झोंपड़ी सहित बाढ़ की भँवर में गुड़प होते देखते हुए, राहत की नाव में सवार छोटे-बड़े अफ़सरों की घुड़की सुनते, बच्चों को कन्धे पर टाँगे और बीवी को आगे कर उन्हीं अफ़सरों के आगे रिरियाते हुए बाढ़-उत्सव में उत्साहपूर्वक भाग लेते देखे जा सकते हैं। उत्साह किस बात का? वही जान बचाने का उत्साह! यदि आपको ज्ञात हो कि आपकी जान बचाने के लिए अन्यत्र, अन्य किसी में धेले भर का भी उत्साह नहीं है, तब आपका भी उत्साह ऐसा उफनेगा कि वह भी बाढ़-टाइप ही हिलोरे मारेगा।

हमारे देश में भारत-महोत्सव, सूखा-महोत्सव तथा बाढ़-महोत्सव के बीच

एक बात समान है कि इन सभी महोत्सवों में लोक-कलाकारों का बड़ा रोल होता है। गाँव के गाँव बह जाते हैं। प्रतिवर्ष। हर वर्ष डूबते हुए आदमियों को सरकार आश्वासन देती है कि वह बाढ़ रोकने हेतु दीर्घकालीन योजनाएँ बना रही है। सरकार कहती है, पर बनाती नहीं। या कहें कि बना नहीं पाती क्योंकि जब तक वह कमर कसे कि तब तक पानी उतर जाता है, नदियाँ ख़तरे के निशान से नीचे बहने लगती हैं, बहता हुआ आदमी डूब जाता है और तैरता हुआ आदमी किनारे के कीचड़ में खड़ा होकर सरकार की जय-जयकार करने लगता है। फिर सूखा आ जाता है। फिर किसी स्थान से कोई हमारे यहाँ आ जाता है, जिन्हें हवाई-अड्डे से लाने-ले जाने में वे व्यस्त हो जाते हैं, जिन्हें ये दीर्घकालीन योजनाएँ तैयार करनी थीं। फिर? फिर उनके चले जाने के बाद? यार, आप भी बस प्रश्न उठाते रहते हो। क्या उनको यही एक काम करने को रह गया है? देश में अफ़सर कम हैं, काम ज़्यादा। इसी चक्कर में होता यह है कि फिर वे स्वयं उस स्थान चले जाते हैं, जहाँ उन्हें कई महत्त्वपूर्ण समझौतों पर हस्ताक्षर करने हैं, जिनमें (अलबत्ता) बाढ़ नियन्त्रण शामिल नहीं। फिर वे 'यूथ-फेस्टीवल' में फँस गये। फिर उधर दंगे हो गये, तो मन्त्रीजी को वहाँ जाना पड़ गया, जहाँ वे एक-एक सिर पर दो-दो लाख रुपये की राहत बोल आये। बोलने में उनके या अपने बाप का कुछ यों भी नहीं जाता है। बाढ़ नियन्त्रण का आपको बोला ही था। बोल के निकले ही थे कि उधर आदिवासी क्षेत्र की तरफ जाना पड़ गया। आपको पता ही है कि आजकल ये स्साले आदिवासी भी बड़े पाजी हो गये हैं, सो उनको साधने के लिए वे उधर भी कुछ बोल आए। फिर 'फ़िल्म-फेस्टीवल' आ गया। फिर वो धर्माचार्य आ गये। फिर वो...तात्पर्य हमारा यह है कि सरकार इतनी दिशाओं में टाँगे फेंकती एक साथ यात्रा रत रहती है कि टाँगे उलझी रहती हैं और यात्रा होती नहीं। सरकार कुछ कर नहीं पाती कि अगले वर्ष फिर बाढ़ आ जाती है। सरकार को समय नहीं मिल पा रहा कि वह बाढ़ नियन्त्रण पर दीर्घसूत्री योजनाओं पर सोच सके। फ़ुर्सत हो, तो सोचे।

इधर मेरे पास फ़ुर्सत की कमी नहीं।

सो मैंने सरकार का काम किया है। मैंने इसी बीच बाढ़-नियन्त्रण के उपायों पर गहराई से सोचा है। वैसे, आप भी जानते हैं कि बाढ़ में ज़्यादा गहराई तक जाना कठिन ही होता है क्योंकि बहाव काफ़ी तेज़ होता है। फिर भी मैं जितना गहरे उतर सकता था, उतरा हूँ। बाढ़ में एक पचड़ा और है। ज़्यादा गहराई में उतर जाओ, तो कीचड़ ही हाथ आता है। सो, जो हाथ आया, सो सहृदय पाठकों के समक्ष प्रस्तुत कर रहा हूँ। बाढ़ को रोकने, या बाढ़ से हो रहे जान-माल के नुकसान को रोकने की योजना बनाने में मेरे ये फुटकर, टूटे-फूटे विचार कुछ मदद करेंगे, इस विश्वास के साथ गहराई में उतर कर किया गया यह उथला चिन्तन प्रस्तुत है।

एक तो मुझे लगता है कि हमें नदियों को गहरा करना होगा।

बाढ़ रोकने का सर्वश्रेष्ठ उपाय मुझे यही प्रतीत होता है कि नदी को ख़ूब गहरा कर दो। इतनी बरसात होती है, परन्तु कभी कुएँ में बाढ़ आते हुए न देखी होगी आपने। कुएँ गहरे होते हैं। ऐसे ही नदियों को गहरा करना होगा। ख़ूब गहरा—ऐसा, कि यदि कभी इनसे पानी निकालना हो तो किनारे पर खड़े होकर रस्सी से बाल्टी या डोलची लटकाना पड़े। गर्मी के दिनों में, जब नदियाँ सूखी हों, तब खुदवा दीजिए। खुदवाइए और खुदवाते चले जाइए। कई बार खोदते-खोदते और भी पानी निकल सकता है। परन्तु उसे उलीचकर खुदवाते चले जाएँ। इतना गहरा खुदवा दें कि जब बाढ़ का पानी इधर से निकले तो स्वयं चकरा जाए कि यार, इस बार यह चक्कर क्या है? नदी गहरी हो जाने से यह फ़ायदा अलग होगा कि आमतौर पर लोग नदी की तरफ जाने से भी घबराएँगे क्योंकि उन्हें पानी में डूबने से अधिक गिरकर हाथ-पाँव टूटने का भय अधिक रहेगा। इस प्रकार नहाने, कपड़े धोने तथा नदी किनारे बैठकर नित्य-क्रियाओं से निवृत होने आदि की वजह से नदी का जल जो गँदला हो जाया करता है, उससे नदी का बचाव होगा।

नदियाँ गहरी करने से बाढ़ से बचाव होगा क्योंकि कितना भी पानी आ जाए, ऊपर किनारों तक वह नहीं आ पाएगा। इसके अलावा भी अनेक अन्य फ़ायदे होंगे। नदी गहरी करने के चक्कर में उसकी तलहटी में किसी जूनी-पुरानी सभ्यता का पता चल सकता है क्योंकि सारी पुरानी सभ्यताएँ ऐसे ही नदियों के आसपास पाई गयी हैं। इससे हमें यह कहने का एक बार फिर अवसर मिलेगा कि भारतीय सभ्यता बहुत पुरानी है और हमें इस पर गर्व है। खोदने से मिट्टी भी ख़ूब निकलेगी, जिससे हम अपनी सड़कों के गड्ढे भर सकते हैं, या उसी मिट्टी से घड़े भी बनाए जा सकते हैं, जिनमें रस्सी बाँधकर इसी गहरी नदी से पानी निकाला जा सकता है। तेरा तुझको अर्पण टाइप मामला। इन घड़ों को हम बांग्ला देश, पाकिस्तान आदि उन अदूरदर्शी देशों को निर्यात भी कर सकते हैं, जिन्होंने नदियाँ गहरी करने का बुद्धिमत्तापूर्ण कदम नहीं उठाया। वहाँ के लोग बाढ़ के समय इन घड़ों के सहारे तैर सकते हैं। इससे हमारा, इन देशों के साथ सद्भाव का वातावरण बनेगा। फिर नदियाँ गहरी हो जाने से आदमी नदी के इस पार से उस पार यों मुँह उठाकर नहीं जा पाएगा, जिस तरह आजकल निकल जाया करता है। पुलों की आवश्यकता पड़ेगी। गहरी नदियाँ, इधर-उधर पुल। पुल बनेंगे, तो सीमेंट-लोहा-रेत तथा ठेकेदारी के धन्धे को बढ़ावा मिलेगा, जिससे न मालूम किस प्रकार स्टॉक-मार्केट का 'सेंसेक्स' नयी ऊँचाइयाँ तक उछल जाएगा। और मज़े की बात यह कि बाढ़ के टाइम इन्हीं पुलों के टूट जाने से पुन: इन्हीं धन्धों को और काम मिलेगा, जिससे बाज़ार में पुन: तेज़ी आ जाएगी। इस प्रकार हम बाढ़ को देश के विकास की दिशा में मोड़ सकते हैं क्योंकि आज देश में विकास का अर्थ

मात्र शेयरों की क़ीमत में उछाल तथा स्टॉक मार्केट के सेंसेक्स की ऊँचाई से ही लिया जाता है। तो इस मायने में यहाँ तो विकास की गंगा उफन आएगी। दृश्य की कल्पना करें कि देश में मीलों लम्बी नदियाँ, मीटरों गहरे गड्ढों में बह रही हैं और उन नदियों पर इधर-उधर हज़ारों पुल बने हैं। वर्ष भर नये पुलों के उद्‌घाटन समारोह चल रहे हैं और पुराने पुलों की मरम्मत चल रही है।...उन हाथों को रोज़गार मिलेगा, जो बाढ़ के समय ही काम पाया करते थे, वह भी पेड़ों पर लटकने का। और बेरोज़गारों का दिल यदि इस पुलों से भरी दुनिया में न लगे और वे चाहें, तो नदी सभी जगह ख़ूब गहरी रहेगी—वे कहीं से भी कूद कर आत्महत्या कर सकेंगे। मरने के लिए बहुत दूर आपको न जाना पड़े, इससे ज़्यादा और क्या चाहते हैं आप?

अगर खुदाई का कार्य आपको पसन्द न आता हो, या इतनी मेहनत करने में आपकी नानी मरती हो, या दूसरों की कब्र खोदने से ही आपको फ़ुर्सत न मिल पाती हो तो बाढ़ रोकने का दूसरा तरीका यहाँ प्रस्तुत है। ग़ौर करें। एक सरल-सी योजना यह हो सकती है कि बाढ़ वाली नदियों से पाइप निकालकर सूखे इलाकों में ले जाकर छोड़ दीजिए।...ऐन बाढ़ आने पर नहीं यार! पहले से। बाढ़ के टाइम पर पाइप लादकर न चल देना।...पाइप लगाकर छोड़ दें। जब बाढ़ आए, तब पाइप पर लगे वॉल्व खोल दीजिए—पानी सूखे इलाकों तरफ निकल जाएगा। दोनों ओर तर मामला। परन्तु दो बातों का ख्याल धरिएगा। एक तो यह कि ज़्यादा कमीशन मिलने के चक्कर में चटखे हुए पाइप न डलवा देना कि रास्ते में ही लीक कर जाएँ। दूसरे यह कि वॉल्व खोलने-बन्द करने की ड्यूटी पर हमारे बाबूलालजी-टाइप शख़्स को न लगा देना कि मालूम पड़े कि रात में वॉल्व खुला ही रह गया और सुबह-सुबह जब आप निवृत्त होने की सदिच्छा से वहाँ पहुँचे तो नदी ही खाली मिले।

एक और योजना पर तो सरकार भी सोच रही है।

जब मैं बच्चा था (और यह बहुत दिनों पहले की बात है), तब मैं सोचा करता था कि यदि हम सभी नदियों को आपस में जोड़ दें, तो बाढ़ का पानी इधर से उधर निकल जाया करेगा और कभी सूखा भी नहीं पड़ेगा। समझदार हो जाने पर (और यह अभी हाल ही की बात है) मैं अपने इस बचकाने विचार पर हँसा करता था। पर अभी-अभी सुना कि सरकार भी सारी नदियों को आपस में मिलाने की सोच रही है। गंगा का पानी नर्मदा में, नर्मदा का महानदी में, महानदी का कृष्णा में, कृष्णा का बेतवा में—और सबका मिलाजुला पानी आपकी खुपड़िया पर! काम इतना लम्बा चलने वाला है कि पता नहीं कि आपकी खोपड़ी तब तक कहाँ होगी! सुझाव बचकाना अवश्य है, परन्तु सरकार बचकानी हरकतें करती रहती है (और यह बहुत दिनों पहले की बात है) और इन हरकतों पर शर्मिन्दा भी नहीं होती (और यह भी बहुत दिनों पहले की ही बात है।)...मेरा तो मानना है कि यदि नदियाँ जुड़ भी गयीं तो भी बाढ़

तो आती रहेगी। हाँ, यह अवश्य होगा कि उड़ीसा की बाढ़ में बहते-बहते आप, जोड़ने वाली नहर से होते हुए यूपी या मद्रास की तरफ निकल सकते हैं। आपकी बहती हुई खटिया आपको जहाँ तक ले जाए। हाँ, यह अवश्य होगा कि तब ग़रीबों को देश की अन्य भाषाएँ भी सीखनी पड़ेंगी क्योंकि पता नहीं कि इस बार की बाढ़ आपको कहाँ ले जाकर छोड़े और वहाँ किस भाषा में आपको भीख माँगनी पड़ जाए—बहते पटिए या पेड़ की डाल की दिशा का क्या भरोसा! इससे देश की एकता को अवश्य बल मिलेगा, जो हमारे देश में पदयात्रा से लेकर 'क्रॉस-कंट्री-रेस' आदि किसी भी बात से मिल जाया करता है।

परन्तु नदियाँ मिलाने में बड़ा टाइम लगने वाला है। ठीक कह रहे हैं आप। तब? तब हम आपको कुछ और फुटकर छोटे-छोटे सुझाव देते हैं। ग़ौर कीजिए। कदाचित पसन्द आएँ, आपको। एक तो यह कि हर नदी के बगल में एक और नदी खुदवा दें। बाढ़ आए, तो पानी बहकर बगलवाली खाली नदी में बहने लगे। मान लो पानी और भी आए, तो? तो एक और खुदवा कर रखें। मतलब यह कि एक नदी के दोनों तरफ दो-तीन और खुदवा कर रखें। या मान लें कि जगह की कमी है तो दूसरा काम यह कर सकते हैं कि 'डबल-डेकर' टाइप कुछ चीज़ नदी पर बना दें—नदी के ऊपर एक सतत 'फ्लाई-ओवर'-सा। जब बाढ़ आए, तो मोटर या डीजल पम्प चलाकर पानी इसमें चढ़ा दें। पानी नीचे और ऊपर बहता चला जाएगा। बिजली या डीजल अवश्य ख़र्च होगा और कभी करंट भी लग सकता है या कभी पानी के भार से 'फ्लाई-ओवर' टूट जाए, तो ऊपर की नदी नीचे वाली नदी के सिर पर भी गिर सकती है परन्तु इन छोटी-मोटी बातों की परवाह न हमने ही कभी की है, न आप करेंगे। काम होना चाहिए, बढ़िया कमीशन मिलना चाहिए, बस!...नदी के दोनों तरफ चीन की दीवार जैसी ऊँची दीवारें भी बनवाई जा सकती हैं। दीवारों के साथ दुकानें या 'ताज-कॉरीडोर' जैसा कुछ बनवाकर पैसा भी पीटा जा सकता है। दीवारों पर छत डालकर ऊपर फ्लेट बनाए जा सकते हैं। नींव में बाढ़ का पानी और ऊपर आप—इसे ही अँग्रेज़ी वाले कह गये हैं कि 'लिविंग डेंजरसली'।...हमारा कुल तात्पर्य यह है कि बाढ़ रोकने के नाम पर कैसा भी अललटप्पू सुझाव हमें स्वीकृत है, बशर्ते उसमें पैसा पीटने का अवसर मिलता हो।

इतना विमर्श करने के बाद हम कह सकते हैं कि इस विमर्श का हश्र भी अन्य बुद्धिजीवी विमर्शों जैसा ही हुआ है। बाढ़ रोकी नहीं जा सकती, यह लगने लगा है। तब? तब भी हम कुछ सुझाव गाँव वालों के लिए अवश्य देंगे क्योंकि गाँव वालों के लिए हम कुछ भी करने को तत्पर हैं। बस शर्त यही है कि प्रोग्राम में पैसा पीटा

जा सके। तो प्रिय ग्रामीण वोटरों, बाढ़ तो ख़ैर आएगी ही, परन्तु हम उसके लिए यह करने वाले हैं कि हम विदेश से 'ऑटोमेटिक खटिया-फ्लोटर' बनवाकर सबसिडी के साथ आपको बैंक-लोन से दिलवाने वाले हैं। वास्तव में यह हवा से भरा पुराना ट्यूब रहेगा, जो आपकी खाट की अदवाइन के नीचे हुक द्वारा बँधा रहेगा। रात-बिरात बाढ़ का पानी यदि आपकी झोंपड़ी में घुस आया, तो खटिया 'ऑटोमेटिकली' तैरने लगेगी और आपकी नींद 'डिस्टर्ब' न होगी।...हम हर ग्राम-पंचायत के बरामदे में लकड़ी के पटिए, लट्ठ आदि के ढेर भी धरवाने वाले हैं—हरेक के नाम का एक पटिया। बाढ़ आए तो अपना-अपना पटिया इश्यू कराके मज़े से तैरने लगें। हाँ, बाढ़ के बाद पटिया पंचायत में वापस जमा कराना मत भूलना, नहीं तो हम तुम्हारी झोंपड़ी की कुड़की करा डालेंगे।...फिर हम यह भी सोच रहे हैं कि गाँव-गाँव में ट्रेनिंग-सेंटर खोल दें कि जहाँ लोगों को बैल, गाय आदि ढोरों पर बैठकर पानी में इधर से उधर जाना सिखाया जाए। आपने बाढ़ के दौरान इन ढोर-डंगरों को तैरते देखा होगा। यदि बाढ़ के टाइम पर ट्रेनिंग पाया व्यक्ति इन पर बैठकर निकल जाए, दिशा बताता जाए, तो ढोर की जान भी बचे और आदमी की भी। वही अन्धे और लँगड़े की कथा वाला मामला। हाँ, कुत्ते पर मत बैठ जाना क्योंकि तैर तो वह भी जाता है, परन्तु वह काट कर आपको पटक भी सकता है।...

ऐसी ही हज़ारों योजनाएँ तैयार कर रहे हैं हम। हम कटिबद्ध हैं कि जैसे आपको प्रतिवर्ष हम सूखे, दंगे, हैजा, दस्त, पीलिया आदि से बचाते हैं, वैसे ही बाढ़ से भी बचाते रहेंगे। फिर आपमें भी तो बढ़ी जीवनी शक्ति है यार, अन्यथा इस देश में, हमारे रहते आप इतने दिनों तक बचे रहते क्या?

एक समानान्तर संसार

एक संसार है, जो है भी और नहीं भी है।

है, पर हमें दिखता नहीं। दिखता भी हो, तो हमें उसके होने की परवाह नहीं। यों समझें मानो किसी वृहद नाटक के मंच के पीछे परदा लटका हो। आदमी नाटक देखे कि परदा। लाख फड़फड़ाए परदा, पर नज़र तो नाटक पर। बल्कि ज़्यादा फड़फड़ाए, तो कहें कि फालतू डिस्टर्ब करता है। मानो पेंटिंग में पीछे के बैकग्राउंड के कुछ फालतू-से प्रतीत होते रंग। पीछे का आसमान। हम ध्यान से देखते ही नहीं। वह तो होता ही है यार। वह तो होगा ही। हम भूल जाते हैं कि पेंटिंग की मुकम्मल शक्ल बनाने में इन फालतू के रंगों का भी हाथ है। तो ऐसा ही एक समान्तर संसार वंचितों और ग़रीबों का। आपके समृद्ध जीवन के साथ-साथ। आप ध्यान ही नहीं देते। कि यह तो साहब, होगा ही। अब दुनिया होगी तो उसमें ग़रीब भी होते ही हैं। भिखारी भीख माँगते हुए घूमते ही हैं। सड़क किनारे फालतू बैठे बुड्ढे होते ही हैं। सिग्नल पर गाड़ी रुकते ही गाड़ियों के काँच साफ़ करने के बहाने इकट्ठे होने वाले बच्चे वहाँ होते ही हैं, जो आपकी गाड़ी निकल जाने के बाद न जाने किस संसार में बिला जाते होंगे। वही संसार। हम उसी की चर्चा कर रहे हैं। वही जो है, पर नहीं है।

वैसे आप ऐसे अन्धे भी नहीं। बड़ी-बड़ी बटेर जैसी आँखें हैं आपकी। आपको भी दिखता तो है। देख तो लेते हैं कि यार, कुछ है तो। पर यह है क्या? यह पता नहीं। पता कर सकते थे पर क्या है कि अपन के पास पता करने का टाइम नहीं कि पता करें। माना कि सम्भावना है कि पता करें तो कोई इंटेरेस्टिंग चीज़ निकल सकती है। पर यहाँ इंटेरेस्टिंग चीज़ देखने का भी टाइम किसके पास है यार? यहाँ हाल यह है कि ताजमहल के सामने से निकल जाएँ, तो उसे तक तो देखने की फ़ुर्सत नहीं। और आप इन भूखे-नंगों की बात करते हैं। फिर आदमी क्या-क्या तो देखे! कबीरदासजी कह गये हैं (या हो सकता है कि उनकी जगह किसी और ने कहा हो, वैसे हमें

कबीरदासजी पर ही शक़ हो रहा है क्योंकि वे न जाने क्या कह-कह गये हैं जो कहीं भी फिट हो जाता है) कि साधो इस संसार में भाँति-भाँति के लोग। साधो भी उन्हीं भाँति-भाँति की चीज़ों में से एक था। तो यह (ऐसा है कि आप साधो को देख) बैठ जाएँ और कबीर छूट जाएँ! तो आदमी क्या तो देखे और क्या महसूसे! वह एक संसार को जीता है, दूसरे को हसरत की निगाह से देखता है, तीसरे को देखकर आहें भरता है, चौथे की तरफ़ ध्यान ही नहीं देता, पाँचवें की तरफ़ पीठ कर लेता है और छठे पर भरोसा ही नहीं कर पाता कि वह भी है। इतनी तरह का जीवन चहुँओर। जी एक पाते हो, छूटता पचास तरह का है।

फिर क्या करे आदमी?

कैसे हो कि वह संसार को पूरी तरह देख सके? और देख भी ले, तो क्या करे देखकर—यह भी सही पूछा आपने कि पूरी तरह देख भी लो तो करोगे क्या? यह जो एक संसार है—अंडरवर्ल्ड-दुनिया के नीचे जी जाती हुई दुनिया—ग़रीबों की, वंचितों की, दुखियों की, असफल लोगों की—इसको जान भी लो तो करोगे क्या? आपने ऐसा पूछा, तो हमें आश्चर्य नहीं हुआ। बहुत से हैं, जो यह पूछते हैं। वे कहते हैं कि यह संसार तो बनने के बाद से ऐसा ही है। ऐसा ही। यही ग़रीबी, यही दरिद्रता, यही खाली हाथ, खाली आँखों और खाली पेट। सब यही। इसे कौन बदल पाया है? यह तो करमों का खेल। यह तो डेस्टिनी। यह तो भवितव्य! यह तो पूँजीवाद। यह तो समाजवाद। यह तो वो। यह तो ये! फिर यह सब यों ही भाग्यवश होना ही है, अनिवार्य-सा, नियति-सा, तो काहे का टंटा यार! हम अपने संसार में ख़ुश। वे अपने में रहें और हो सके तो खुश भी हो लें—हमें कोई ऑब्जेक्शन नहीं। बना रहे वह संसार, पर हमें डिस्टर्ब न करे। होता रहे वो संसार भी। क्या करें हम भी! कुछ कर नहीं सकते, बदल सकते नहीं। दुनिया में सब अमीर तो हो नहीं सकते क्योंकि ग़रीब होने पर ही तो अमीरी होती है। फिर? तभी तो कहते हैं कि क्या करेंगे जानकर इस संसार को हम? क्यों जानें इस संसार को, जो फुटपाथ पर रेंगता है और अँधेरे में कहीं पड़ा होता है?

एक तरह से देखें तो ठीक ही कह रहे हैं आप। ऐसा भी सोचा जा सकता है। ऐसे भी सोच तो सकते हैं। आपकी सोच भी ग़लत नहीं। वैसे भी आप जिस संसार के वासी हैं, वहाँ के वासी कभी ग़लत होते ही नहीं। आप तो देश चलाते हैं। आप तो अफ़सर। आप तो व्यवस्था, आप तो सरकार। आप हमेशा सही। सो आप ऐसा भी सोचें, तो कोई क्या कर सकता है आपका? जूते मारे नहीं जा सकते और मुँह काला करना कठिन। फिर भी कहने की इजाज़त दें तो कहूँ कि मुझे लगता है कि यह जो आपके संसार के अलावा वाला डरावना एक संसार है, घिनौना गन्दा-सा तथा

गलीज़ भी यदि कह लें तो हमें ऐतराज़ नहीं, पर इसे जानना आवश्यक है सबके लिए। आपके लिए भी। क्योंकि इसे जाने बिना आप जीवन को सही तौर पर पूरा नहीं जान सकते। इस संसार को नज़रअन्दाज़ करके आपकी दुनिया बेहद इकहरी, कटी-कटी, अकेली और बोदी हो जाएगी। साथ ही ख़तरनाक हद तक कमज़ोर और ख़तरे में भी। क्योंकि यह समान्तर, गलीज़, गन्दी और ग़रीब दुनिया कभी भी फैलकर सारे संसार को कब्ज़े में ले सकती है। आपके संसार को भी। तब?

❑ ❑ ❑